PORTUGEES

WOORDENSCHAT

THEMATISCHE WOORDENLIJST

NEDERLANDS
PORTUGEES

De meest bruikbare woorden
Om uw woordenschat uit te breiden en
uw taalvaardigheid aan te scherpen

7000 woorden

Thematische woordenschat Nederlands-Braziliaans Portugees - 7000 woorden

Door Andrey Taranov

Woordenlijsten van T&P Books zijn bedoeld om u woorden van een vreemde taal te helpen leren, onthouden, en bestudering. Dit woordenboek is ingedeeld in thema's en behandelt alle belangrijk terreinen van het dagelijkse leven, bedrijven, wetenschap, cultuur, etc.

Het proces van het leren van woorden met behulp van de op thema's gebaseerde aanpak van T&P Books biedt u de volgende voordelen:

- Correct gegroepeerde informatie is bepalend voor succes bij opeenvolgende stadia van het leren van woorden
- De beschikbaarheid van woorden die van dezelfde stam zijn maakt het mogelijk om woordgroepen te onthouden (in plaats van losse woorden)
- Kleine groepen van woorden faciliteren het proces van het aanmaken van associatieve verbindingen, die nodig zijn bij het consolideren van de woordenschat
- Het niveau van talenkennis kan worden ingeschat door het aantal geleerde woorden

T&P Books Publishing
www.tpbooks.com

ISBN: 978-1-80001-787-0

Dit boek is ook beschikbaar in e-boek formaat.
Gelieve www.tpbooks.com te bezoeken of de belangrijkste online boekwinkels.

BRAZILIAANS PORTUGESE WOORDENSCHAT
nieuwe woorden leren

T&P Books woordenlijsten zijn bedoeld om u te helpen vreemde woorden te leren, te onthouden, en te bestuderen. De woordenschat bevat meer dan 7000 veel gebruikte woorden die thematisch geordend zijn.

- De woordenlijst bevat de meest gebruikte woorden
- Aanbevolen als aanvulling bij welke taalcursus dan ook
- Voldoet aan de behoeften van de beginnende en gevorderde student in vreemde talen
- Geschikt voor dagelijks gebruik, bestudering en zelftestactiviteiten
- Maakt het mogelijk om uw woordenschat te evalueren

Bijzondere kenmerken van de woordenschat

- De woorden zijn gerangschikt naar hun betekenis, niet volgens alfabet
- De woorden worden weergegeven in drie kolommen om bestudering en zelftesten te vergemakkelijken
- Woorden in groepen worden verdeeld in kleine blokken om het leerproces te vergemakkelijken
- De woordenschat biedt een handige en eenvoudige beschrijving van elk buitenlands woord

De woordenschat bevat 198 onderwerpen zoals:

Basisconcepten, getallen, kleuren, maanden, seizoenen, meeteenheden, kleding en accessoires, eten & voeding, restaurant, familieleden, verwanten, karakter, gevoelens, emoties, ziekten, stad, dorp, bezienswaardigheden, winkelen, geld, huis, thuis, kantoor, werken op kantoor, import & export, marketing, werk zoeken, sport, onderwijs, computer, internet, gereedschap, natuur, landen, nationaliteiten en meer ...

INHOUDSOPGAVE

UITSPRAAKGIDS

T&P fonetisch alfabet	Portugees voorbeeld	Nederlands voorbeeld

Klinkers

[a]	baixo ['baɪʃu]	acht
[e]	erro ['eʀu]	delen, spreken
[ɛ]	leve ['lɛvə]	elf, zwembad
[i]	lancil [lã'sil]	bidden, tint
[o], [ɔ]	boca, orar ['bokɐ], [ɔ'rar]	overeenkomst, bot
[u]	urgente [ur'ʒẽtə]	hoed, doe
[ã]	toranja [tu'rãʒɐ]	nasale [a]
[ẽ]	gente ['ʒẽtə]	zwemmen, existeren
[ĩ]	seringa [sə'ĩgɐ]	nasale [i]
[õ]	ponto ['põtu]	nasale [o]
[ũ]	umbigo [ũ'bigu]	nasale [u]

Medeklinkers

[b]	banco ['bãku]	hebben
[d]	duche ['duʃə]	Dank u, honderd
[dʒ]	abade [a'badʒi]	jeans, jungle
[f]	facto ['faktu]	feestdag, informeren
[g]	gorila [gu'rilɐ]	goal, tango
[j]	feira ['fejrɐ]	New York, januari
[k]	claro ['klaru]	kennen, kleur
[l]	Londres ['lõdrəʃ]	delen, luchter
[ʎ]	molho ['moʎu]	biljet, morille
[m]	montanha [mõ'tɐɲɐ]	morgen, etmaal
[n]	novela [nu'vɛlɐ]	nemen, zonder
[ɲ]	senhora [sə'ɲorɐ]	cognac, nieuw
[ŋ]	marketing ['marketiŋ]	optelling
[p]	prata ['pratɐ]	parallel, koper
[s]	safira [sɐ'firɐ]	spreken, kosten
[ʃ]	texto ['tɛʃtu]	shampoo, machine
[t]	teto ['tɛtu]	tomaat, taart
[tʃ]	doente [do'ẽtʃi]	Tsjechië, cello
[v]	alvo ['alvu]	beloven, schrijven
[z]	vizinha [vi'ziɲɐ]	zeven, zesde
[ʒ]	juntos ['ʒũtuʃ]	journalist, rouge
[w]	sequoia [sə'kwɔjɐ]	twee, willen

AFKORTINGEN
gebruikt in de woordenschat

Nederlandse afkortingen

abn	-	als bijvoeglijk naamwoord
bijv.	-	bijvoorbeeld
bn	-	bijvoeglijk naamwoord
bw	-	bijwoord
enk.	-	enkelvoud
enz.	-	enzovoort
form.	-	formele taal
inform.	-	informele taal
mann.	-	mannelijk
mil.	-	militair
mv.	-	meervoud
on.ww.	-	onovergankelijk werkwoord
ontelb.	-	ontelbaar
ov.	-	over
ov.ww.	-	overgankelijk werkwoord
telb.	-	telbaar
vn	-	voornaamwoord
vrouw.	-	vrouwelijk
vw	-	voegwoord
vz	-	voorzetsel
wisk.	-	wiskunde
ww	-	werkwoord

Nederlandse artikelen

de	-	gemeenschappelijk geslacht
de/het	-	gemeenschappelijk geslacht, onzijdig
het	-	onzijdig

Portugese afkortingen

f	-	vrouwelijk zelfstandig naamwoord
f pl	-	vrouwelijk meervoud
m	-	mannelijk zelfstandig naamwoord
m pl	-	mannelijk meervoud
m, f	-	mannelijk, vrouwelijk

pl	-	meervoud
v aux	-	hulp werkwoord
vi	-	onovergankelijk werkwoord
vi, vt	-	onovergankelijk, overgankelijk werkwoord
vr	-	reflexief werkwoord
vt	-	overgankelijk werkwoord

BASISBEGRIPPEN

Basisbegrippen Deel 1

1. Voornaamwoorden

ik	eu	['ew]
jij, je	você	[vɔ'se]
hij	ele	['ɛli]
zij, ze	ela	['ɛla]
wij, we	nós	[nɔs]
jullie	vocês	[vɔ'ses]
zij, ze (mann.)	eles	['ɛlis]
zij, ze (vrouw.)	elas	['ɛlas]

2. Begroetingen. Begroetingen. Afscheid

Hallo! Dag!	Oi!	[ɔj]
Hallo!	Olá!	[o'la]
Goedemorgen!	Bom dia!	[bõ 'dʒia]
Goedemiddag!	Boa tarde!	['boa 'tardʒi]
Goedenavond!	Boa noite!	['boa 'nojtʃi]
gedag zeggen (groeten)	cumprimentar (vt)	[kũprimẽ'tar]
Hoi!	Oi!	[ɔj]
groeten (het)	saudação (f)	[sawda'sãw]
verwelkomen (ww)	saudar (vt)	[saw'dar]
Hoe gaat het met u?	Como você está?	['kɔmu vo'se is'ta]
Hoe is het?	Como vai?	['kɔmu 'vaj]
Is er nog nieuws?	E aí, novidades?	[a a'i novi'dadʒis]
Dag! Tot ziens!	Tchau!	['tʃaw]
Tot snel! Tot ziens!	Até breve!	[a'tɛ 'brɛvi]
Vaarwel!	Adeus!	[a'dews]
afscheid nemen (ww)	despedir-se (vr)	[dʒispe'dʒirsi]
Tot kijk!	Até mais!	[a'tɛ majs]
Dank u!	Obrigado! -a!	[obri'gadu, -a]
Dank u wel!	Muito obrigado! -a!	['mwĩtu obri'gadu, -a]
Graag gedaan	De nada	[de 'nada]
Geen dank!	Não tem de quê	['nãw tẽj de ke]
Geen moeite.	Não foi nada!	['nãw foj 'nada]
Excuseer me, ... (inform.)	Desculpa!	[dʒis'kuwpa]
Excuseer me, ... (form.)	Desculpe!	[dʒis'kuwpe]

excuseren (verontschuldigen)	desculpar (vt)	[dʒiskuw'par]
zich verontschuldigen	desculpar-se (vr)	[dʒiskuw'parsi]
Mijn excuses.	Me desculpe	[mi dʒis'kuwpe]
Het spijt me!	Desculpe!	[dʒis'kuwpe]
vergeven (ww)	perdoar (vt)	[per'dwar]
Maakt niet uit!	Não faz mal	['nãw fajʒ maw]
alsjeblieft	por favor	[por fa'vor]

Vergeet het niet!	Não se esqueça!	['nãw si is'kesa]
Natuurlijk!	Com certeza!	[kõ ser'teza]
Natuurlijk niet!	Claro que não!	['klaru ki 'nãw]
Akkoord!	Está bem! De acordo!	[is'ta bẽj], [de a'kordu]
Zo is het genoeg!	Chega!	['ʃega]

3. Kardinale getallen. Deel 1

nul	zero	['zɛru]
een	um	[ũ]
twee	dois	['dojs]
drie	três	[tres]
vier	quatro	['kwatru]

vijf	cinco	['sĩku]
zes	seis	[sejs]
zeven	sete	['sɛtʃi]
acht	oito	['ojtu]
negen	nove	['nɔvi]

tien	dez	[dɛz]
elf	onze	['õzi]
twaalf	doze	['dozi]
dertien	treze	['trezi]
veertien	catorze	[ka'torzi]

vijftien	quinze	['kĩzi]
zestien	dezesseis	[deze'sejs]
zeventien	dezessete	[dezi'setʃi]
achttien	dezoito	[dʒi'zojtu]
negentien	dezenove	[deze'nɔvi]

twintig	vinte	['vĩtʃi]
eenentwintig	vinte e um	['vĩtʃi i ũ]
tweeëntwintig	vinte e dois	['vĩtʃi i 'dojs]
drieëntwintig	vinte e três	['vĩtʃi i 'tres]

dertig	trinta	['trĩta]
eenendertig	trinta e um	['trĩta i ũ]
tweeëndertig	trinta e dois	['trĩta i 'dojs]
drieëndertig	trinta e três	['trĩta i 'tres]

veertig	quarenta	[kwa'rẽta]
eenenveertig	quarenta e um	[kwa'rẽta i 'ũ]
tweeënveertig	quarenta e dois	[kwa'rẽta i 'dojs]
drieënveertig	quarenta e três	[kwa'rẽta i 'tres]

vijftig	cinquenta	[sĩ'kwẽta]
eenenvijftig	cinquenta e um	[sĩ'kwẽta i ũ]
tweeënvijftig	cinquenta e dois	[sĩ'kwẽta i 'dojs]
drieënvijftig	cinquenta e três	[sĩ'kwẽta i 'tres]

zestig	sessenta	[se'sẽta]
eenenzestig	sessenta e um	[se'sẽta i ũ]
tweeënzestig	sessenta e dois	[se'sẽta i 'dojs]
drieënzestig	sessenta e três	[se'sẽta i 'tres]

zeventig	setenta	[se'tẽta]
eenenzeventig	setenta e um	[se'tẽta i ũ]
tweeënzeventig	setenta e dois	[se'tẽta i 'dojs]
drieënzeventig	setenta e três	[se'tẽta i 'tres]

tachtig	oitenta	[oj'tẽta]
eenentachtig	oitenta e um	[oj'tẽta i 'ũ]
tweeëntachtig	oitenta e dois	[oj'tẽta i 'dojs]
drieëntachtig	oitenta e três	[oj'tẽta i 'tres]

negentig	noventa	[no'vẽta]
eenennegentig	noventa e um	[no'vẽta i 'ũ]
tweeënnegentig	noventa e dois	[no'vẽta i 'dojs]
drieënnegentig	noventa e três	[no'vẽta i 'tres]

4. Kardinale getallen. Deel 2

honderd	cem	[sẽ]
tweehonderd	duzentos	[du'zẽtus]
driehonderd	trezentos	[tre'zẽtus]
vierhonderd	quatrocentos	[kwatro'sẽtus]
vijfhonderd	quinhentos	[ki'ɲẽtus]

zeshonderd	seiscentos	[sej'sẽtus]
zevenhonderd	setecentos	[sete'sẽtus]
achthonderd	oitocentos	[ojtu'sẽtus]
negenhonderd	novecentos	[nove'sẽtus]

duizend	mil	[miw]
tweeduizend	dois mil	['dojs miw]
drieduizend	três mil	['tres miw]
tienduizend	dez mil	['dɛz miw]
honderdduizend	cem mil	[sẽ miw]
miljoen (het)	um milhão	[ũ mi'ʎãw]
miljard (het)	um bilhão	[ũ bi'ʎãw]

5. Getallen. Breuken

breukgetal (het)	fração (f)	[fra'sãw]
half	um meio	[ũ 'meju]
een derde	um terço	[ũ 'tersu]
kwart	um quarto	[ũ 'kwartu]

een achtste	um oitavo	[ũ oj'tavu]
een tiende	um décimo	[ũ 'dɛsimu]
twee derde	dois terços	['dojs 'tersus]
driekwart	três quartos	[tres 'kwartus]

6. Getallen. Eenvoudige berekeningen

aftrekking (de)	subtração (f)	[subtra'sãw]
aftrekken (ww)	subtrair (vi, vt)	[subtra'ir]
deling (de)	divisão (f)	[dʒivi'zãw]
delen (ww)	dividir (vt)	[dʒivi'dʒir]
optelling (de)	adição (f)	[adʒi'sãw]
erbij optellen	somar (vt)	[so'mar]
(bij elkaar voegen)		
optellen (ww)	adicionar (vt)	[adʒisjo'nar]
vermenigvuldiging (de)	multiplicação (f)	[muwtʃiplika'sãw]
vermenigvuldigen (ww)	multiplicar (vt)	[muwtʃipli'kar]

7. Getallen. Diversen

cijfer (het)	algarismo, dígito (m)	[awga'rizmu], ['dʒiʒitu]
nummer (het)	número (m)	['numeru]
telwoord (het)	numeral (m)	[nume'raw]
minteken (het)	sinal (m) de menos	[si'naw de 'menus]
plusteken (het)	mais (m)	[majs]
formule (de)	fórmula (f)	['fɔrmula]
berekening (de)	cálculo (m)	['kawkulu]
tellen (ww)	contar (vt)	[kõ'tar]
bijrekenen (ww)	calcular (vt)	[kawku'lar]
vergelijken (ww)	comparar (vt)	[kõpa'rar]
Hoeveel? (ontelb.)	Quanto?	['kwãtu]
Hoeveel? (telb.)	Quantos? -as?	['kwãtus, -as]
som (de), totaal (het)	soma (f)	['sɔma]
uitkomst (de)	resultado (m)	[hezuw'tadu]
rest (de)	resto (m)	['hɛstu]
enkele (bijv. ~ minuten)	alguns, algumas ...	[aw'gũs], [aw'gumas]
weinig (telb.)	poucos, poucas	['pokus], ['pokas]
een beetje (ontelb.)	um pouco ...	[ũ 'poku]
restant (het)	resto (m)	['hɛstu]
anderhalf	um e meio	[ũ i 'meju]
dozijn (het)	dúzia (f)	['duzja]
middendoor (bw)	ao meio	[aw 'meju]
even (bw)	em partes iguais	[ẽ 'partʃis i'gwais]
helft (de)	metade (f)	[me'tadʒi]
keer (de)	vez (f)	[vez]

8. De belangrijkste werkwoorden. Deel 1

aanbevelen (ww)	recomendar (vt)	[hekomẽ'dar]
aandringen (ww)	insistir (vi)	[ĩsis'tʃir]
aankomen (per auto, enz.)	chegar (vi)	[ʃe'gar]
aanraken (ww)	tocar (vt)	[to'kar]
adviseren (ww)	aconselhar (vt)	[akõse'ʎar]
afdalen (on.ww.)	descer (vi)	[de'ser]
afslaan (naar rechts ~)	virar (vi)	[vi'rar]
antwoorden (ww)	responder (vt)	[hespõ'der]
bang zijn (ww)	ter medo	[ter 'medu]
bedreigen	ameaçar (vt)	[amea'sar]
(bijv. met een pistool)		
bedriegen (ww)	enganar (vt)	[ẽga'nar]
beëindigen (ww)	acabar, terminar (vt)	[aka'bar], [termi'nar]
beginnen (ww)	começar (vt)	[kome'sar]
begrijpen (ww)	entender (vt)	[ẽtẽ'der]
beheren (managen)	dirigir (vt)	[dʒiri'ʒir]
beledigen	insultar (vt)	[ĩsuw'tar]
(met scheldwoorden)		
beloven (ww)	prometer (vt)	[prome'ter]
bereiden (koken)	preparar (vt)	[prepa'rar]
bespreken (spreken over)	discutir (vt)	[dʒisku'tʃir]
bestellen (eten ~)	pedir (vt)	[pe'dʒir]
bestraffen (een stout kind ~)	punir (vt)	[pu'nir]
betalen (ww)	pagar (vt)	[pa'gar]
betekenen (beduiden)	significar (vt)	[signifi'kar]
betreuren (ww)	arrepender-se (vr)	[ahepẽ'dersi]
bevallen (prettig vinden)	gostar (vt)	[gos'tar]
bevelen (mil.)	ordenar (vt)	[orde'nar]
bevrijden (stad, enz.)	libertar, liberar (vt)	[liber'tar], [libe'rar]
bewaren (ww)	guardar (vt)	[gwar'dar]
bezitten (ww)	possuir (vt)	[po'swir]
bidden (praten met God)	rezar, orar (vi)	[he'zar], [o'rar]
binnengaan (een kamer ~)	entrar (vi)	[ẽ'trar]
breken (ww)	quebrar (vt)	[ke'brar]
controleren (ww)	controlar (vt)	[kõtro'lar]
creëren (ww)	criar (vt)	[krjar]
deelnemen (ww)	participar (vi)	[partʃisi'par]
denken (ww)	pensar (vi, vt)	[pẽ'sar]
doden (ww)	matar (vt)	[ma'tar]
doen (ww)	fazer (vt)	[fa'zer]
dorst hebben (ww)	ter sede	[ter 'sedʒi]

9. De belangrijkste werkwoorden. Deel 2

een hint geven	dar uma dica	[dar 'uma 'dʒika]
eisen (met klem vragen)	exigir (vt)	[ezi'ʒir]

excuseren (vergeven)	desculpar (vt)	[dʒiskuw'par]
existeren (bestaan)	existir (vi)	[ezis'tʃir]
gaan (te voet)	ir (vi)	[ir]

gaan zitten (ww)	sentar-se (vr)	[sẽ'tarsi]
gaan zwemmen	ir nadar	[ir na'dar]
geven (ww)	dar (vt)	[dar]
glimlachen (ww)	sorrir (vi)	[so'hir]
goed raden (ww)	adivinhar (vt)	[adʒivi'ɲar]

grappen maken (ww)	brincar (vi)	[brĩ'kar]
graven (ww)	cavar (vt)	[ka'var]

hebben (ww)	ter (vt)	[ter]
helpen (ww)	ajudar (vt)	[aʒu'dar]
herhalen (opnieuw zeggen)	repetir (vt)	[hepe'tʃir]
honger hebben (ww)	ter fome	[ter 'fɔmi]

hopen (ww)	esperar (vi, vt)	[ispe'rar]
horen	ouvir (vt)	[o'vir]
(waarnemen met het oor)		
huilen (wenen)	chorar (vi)	[ʃo'rar]
huren (huis, kamer)	alugar (vt)	[alu'gar]
informeren (informatie geven)	informar (vt)	[ĩfor'mar]

instemmen (akkoord gaan)	concordar (vi)	[kõkor'dar]
jagen (ww)	caçar (vi)	[ka'sar]
kennen (kennis hebben van iemand)	conhecer (vt)	[koɲe'ser]
kiezen (ww)	escolher (vt)	[isko'ʎer]
klagen (ww)	queixar-se (vr)	[kej'ʃarsi]

kosten (ww)	custar (vt)	[kus'tar]
kunnen (ww)	poder (vi)	[po'der]
lachen (ww)	rir (vi)	[hir]
laten vallen (ww)	deixar cair (vt)	[dej'ʃar ka'ir]
lezen (ww)	ler (vt)	[ler]

liefhebben (ww)	amar (vt)	[a'mar]
lunchen (ww)	almoçar (vi)	[awmo'sar]
nemen (ww)	pegar (vt)	[pe'gar]
nodig zijn (ww)	ser necessário	[ser nese'sarju]

10. De belangrijkste werkwoorden. Deel 3

onderschatten (ww)	subestimar (vt)	[subestʃi'mar]
ondertekenen (ww)	assinar (vt)	[asi'nar]
ontbijten (ww)	tomar café da manhã	[to'mar ka'fɛ da ma'ɲã]
openen (ww)	abrir (vt)	[a'brir]
ophouden (ww)	cessar (vt)	[se'sar]
opmerken (zien)	perceber (vt)	[perse'ber]

opscheppen (ww)	gabar-se (vr)	[ga'barsi]
opschrijven (ww)	anotar (vt)	[ano'tar]

plannen (ww)	planejar (vt)	[plane'ʒar]
prefereren (verkiezen)	preferir (vt)	[prefe'rir]
proberen (trachten)	tentar (vt)	[tẽ'tar]
redden (ww)	salvar (vt)	[saw'var]

rekenen op ...	contar com ...	[kõ'tar kõ]
rennen (ww)	correr (vi)	[ko'her]
reserveren	reservar (vt)	[hezer'var]
(een hotelkamer ~)		
roepen (om hulp) ·	chamar (vt)	[ʃa'mar]
schieten (ww)	disparar, atirar (vi)	[dʒispa'rar], [atʃi'rar]
schreeuwen (ww)	gritar (vi)	[gri'tar]

schrijven (ww)	escrever (vt)	[iskre'ver]
souperen (ww)	jantar (vi)	[ʒã'tar]
spelen (kinderen)	brincar, jogar (vi, vt)	[brĩ'kar], [ʒo'gar]
spreken (ww)	falar (vi)	[fa'lar]
stelen (ww)	roubar (vt)	[ho'bar]
stoppen (pauzeren)	parar (vi)	[pa'rar]

studeren (Nederlands ~)	estudar (vt)	[istu'dar]
sturen (zenden)	enviar (vt)	[ẽ'vjar]
tellen (optellen)	contar (vt)	[kõ'tar]
toebehoren aan ...	pertencer (vt)	[pertẽ'ser]
toestaan (ww)	permitir (vt)	[permi'tʃir]
tonen (ww)	mostrar (vt)	[mos'trar]

twijfelen (onzeker zijn)	duvidar (vt)	[duvi'dar]
uitgaan (ww)	sair (vi)	[sa'ir]
uitnodigen (ww)	convidar (vt)	[kõvi'dar]
uitspreken (ww)	pronunciar (vt)	[pronũ'sjar]
uitvaren tegen (ww)	ralhar, repreender (vt)	[ha'ʎar], [heprjẽ'der]

11. De belangrijkste werkwoorden. Deel 4

vallen (ww)	cair (vi)	[ka'ir]
vangen (ww)	pegar (vt)	[pe'gar]
veranderen (anders maken)	mudar (vt)	[mu'dar]
verbaasd zijn (ww)	surpreender-se (vr)	[surprjẽ'dersi]
verbergen (ww)	esconder (vt)	[iskõ'der]

verdedigen (je land ~)	defender (vt)	[defẽ'der]
verenigen (ww)	unir (vt)	[u'nir]
vergelijken (ww)	comparar (vt)	[kõpa'rar]
vergeten (ww)	esquecer (vt)	[iske'ser]
vergeven (ww)	perdoar (vt)	[per'dwar]

verklaren (uitleggen)	explicar (vt)	[ispli'kar]
verkopen (per stuk ~)	vender (vt)	[vẽ'der]
vermelden (praten over)	mencionar (vt)	[mẽsjo'nar]
versieren (decoreren)	decorar (vt)	[deko'rar]
vertalen (ww)	traduzir (vt)	[tradu'zir]
vertrouwen (ww)	confiar (vt)	[kõ'fjar]
vervolgen (ww)	continuar (vt)	[kõtʃi'nwar]

verwarren (met elkaar ~)	confundir (vt)	[kõfũ'dʒir]
verzoeken (ww)	pedir (vt)	[pe'dʒir]
verzuimen (school, enz.)	faltar a ...	[faw'tar a]

vinden (ww)	encontrar (vt)	[ẽkõ'trar]
vliegen (ww)	voar (vi)	[vo'ar]
volgen (ww)	seguir ...	[se'gir]
voorstellen (ww)	propor (vt)	[pro'por]
voorzien (verwachten)	prever (vt)	[pre'ver]
vragen (ww)	perguntar (vt)	[pergũ'tar]

waarnemen (ww)	observar (vt)	[obser'var]
waarschuwen (ww)	advertir (vt)	[adʒiver'tʃir]
wachten (ww)	esperar (vt)	[ispe'rar]
weerspreken (ww)	objetar (vt)	[obʒe'tar]
weigeren (ww)	negar-se (vt)	[ne'garsi]

werken (ww)	trabalhar (vi)	[traba'ʎar]
weten (ww)	saber (vt)	[sa'ber]
willen (verlangen)	querer (vt)	[ke'rer]
zeggen (ww)	dizer (vt)	[dʒi'zer]
zich haasten (ww)	apressar-se (vr)	[apre'sarsi]

zich interesseren voor ...	interessar-se (vr)	[ĩtere'sarsi]
zich vergissen (ww)	errar (vi)	[e'har]
zich verontschuldigen	desculpar-se (vr)	[dʒiskuw'parsi]
zien (ww)	ver (vt)	[ver]

zoeken (ww)	buscar (vt)	[bus'kar]
zwemmen (ww)	nadar (vi)	[na'dar]
zwijgen (ww)	ficar em silêncio	[fi'kar ẽ si'lẽsju]

12. Kleuren

kleur (de)	cor (f)	[kɔr]
tint (de)	tom (m)	[tõ]
kleurnuance (de)	tonalidade (m)	[tonali'dadʒi]
regenboog (de)	arco-íris (m)	['arku 'iris]

wit (bn)	branco	['brãku]
zwart (bn)	preto	['pretu]
grijs (bn)	cinza	['sĩza]

groen (bn)	verde	['verdʒi]
geel (bn)	amarelo	[ama'rɛlu]
rood (bn)	vermelho	[ver'meʎu]

blauw (bn)	azul	[a'zuw]
lichtblauw (bn)	azul claro	[a'zuw 'klaru]
roze (bn)	rosa	['hɔza]
oranje (bn)	laranja	[la'rãʒa]
violet (bn)	violeta	[vjo'leta]
bruin (bn)	marrom	[ma'hõ]
goud (bn)	dourado	[do'radu]

zilverkleurig (bn)	prateado	[pra'tʃjadu]
beige (bn)	bege	['bɛʒi]
roomkleurig (bn)	creme	['krɛmi]
turkoois (bn)	turquesa	[tur'keza]
kersrood (bn)	vermelho cereja	[ver'meʎu se'reʒa]
lila (bn)	lilás	[li'las]
karmijnrood (bn)	carmim	[kah'mĩ]
licht (bn)	claro	['klaru]
donker (bn)	escuro	[is'kuru]
fel (bn)	vivo	['vivu]
kleur-, kleurig (bn)	de cor	[de kɔr]
kleuren- (abn)	a cores	[a 'kores]
zwart-wit (bn)	preto e branco	['pretu i 'brãku]
eenkleurig (bn)	de uma só cor	[de 'uma sɔ kɔr]
veelkleurig (bn)	multicolor	[muwtʃiko'lor]

13. Vragen

Wie?	Quem?	[kẽj]
Wat?	O que?	[u ki]
Waar?	Onde?	['õdʒi]
Waarheen?	Para onde?	['para 'õdʒi]
Waarvandaan?	De onde?	[de 'õdʒi]
Wanneer?	Quando?	['kwãdu]
Waarom?	Para quê?	['para ke]
Waarom?	Por quê?	[por 'ke]
Waarvoor dan ook?	Para quê?	['para ke]
Hoe?	Como?	['komu]
Wat voor ...?	Qual?	[kwaw]
Welk?	Qual?	[kwaw]
Aan wie?	A quem?	[a kẽj]
Over wie?	De quem?	[de kẽj]
Waarover?	Do quê?	[du ke]
Met wie?	Com quem?	[kõ kẽj]
Hoeveel? (telb.)	Quantos? -as?	['kwãtus, -as]
Hoeveel? (ontelb.)	Quanto?	['kwãtu]
Van wie? (mann.)	De quem?	[de kẽj]

14. Functiewoorden. Bijwoorden. Deel 1

Waar?	Onde?	['õdʒi]
hier (bw)	aqui	[a'ki]
daar (bw)	lá, ali	[la], [a'li]
ergens (bw)	em algum lugar	[ẽ aw'gũ lu'gar]
nergens (bw)	em lugar nenhum	[ẽ lu'gar ne'ɲũ]
bij ... (in de buurt)	perto de ...	['pɛrtu de]

bij het raam	perto da janela	['pɛrtu da ʒa'nɛla]
Waarheen?	Para onde?	['para 'õdʒi]
hierheen (bw)	aqui	[a'ki]
daarheen (bw)	para lá	['para la]
hiervandaan (bw)	daqui	[da'ki]
daarvandaan (bw)	de lá, dali	[de la], [da'li]
dichtbij (bw)	perto	['pɛrtu]
ver (bw)	longe	['lõʒi]
in de buurt (van …)	perto de …	['pɛrtu de]
dichtbij (bw)	à mão, perto	[a mãw], ['pɛrtu]
niet ver (bw)	não fica longe	['nãw 'fika 'lõʒi]
linker (bn)	esquerdo	[is'kerdu]
links (bw)	à esquerda	[a is'kerda]
linksaf, naar links (bw)	para a esquerda	['para a is'kerda]
rechter (bn)	direito	[dʒi'rejtu]
rechts (bw)	à direita	[a dʒi'rejta]
rechtsaf, naar rechts (bw)	para a direita	['para a dʒi'rejta]
vooraan (bw)	em frente	[ẽ 'frẽtʃi]
voorste (bn)	da frente	[da 'frẽtʃi]
vooruit (bw)	adiante	[a'dʒjãtʃi]
achter (bw)	atrás de …	[a'trajs de]
van achteren (bw)	de trás	[de trajs]
achteruit (naar achteren)	para trás	['para trajs]
midden (het)	meio (m), metade (f)	['meju], [me'tadʒi]
in het midden (bw)	no meio	[nu 'meju]
opzij (bw)	do lado	[du 'ladu]
overal (bw)	em todo lugar	[ẽ 'todu lu'gar]
omheen (bw)	por todos os lados	[por 'todus os 'ladus]
binnenuit (bw)	de dentro	[de 'dẽtru]
naar ergens (bw)	para algum lugar	['para aw'gũ lu'gar]
rechtdoor (bw)	diretamente	[dʒireta'mẽtʃi]
terug (bijv. ~ komen)	de volta	[de 'vɔwta]
ergens vandaan (bw)	de algum lugar	[de aw'gũ lu'gar]
ergens vandaan (en dit geld moet ~ komen)	de algum lugar	[de aw'gũ lu'gar]
ten eerste (bw)	em primeiro lugar	[ẽ pri'mejru lu'gar]
ten tweede (bw)	em segundo lugar	[ẽ se'gũdu lu'gar]
ten derde (bw)	em terceiro lugar	[ẽ ter'sejru lu'gar]
plotseling (bw)	de repente	[de he'pẽtʃi]
in het begin (bw)	no início	[nu i'nisju]
voor de eerste keer (bw)	pela primeira vez	['pɛla pri'mejra 'vez]
lang voor … (bw)	muito antes de …	['mwĩtu 'ãtʃis de]
opnieuw (bw)	de novo	[de 'novu]
voor eeuwig (bw)	para sempre	['para 'sẽpri]

nooit (bw)	nunca	['nũka]
weer (bw)	de novo	[de 'novu]
nu (bw)	agora	[a'gɔra]
vaak (bw)	frequentemente	[frekwẽtʃi'mẽtʃi]
toen (bw)	então	[ẽ'tãw]
urgent (bw)	urgentemente	[urʒẽte'mẽtʃi]
meestal (bw)	normalmente	[nɔrmaw'mẽtʃi]

trouwens, ... (tussen haakjes)	a propósito, ...	[a pro'pɔzitu]
mogelijk (bw)	é possível	[ɛ po'sivew]
waarschijnlijk (bw)	provavelmente	[provavɛw'mẽtʃi]
misschien (bw)	talvez	[taw'vez]
trouwens (bw)	além disso, ...	[a'lẽj 'dʒisu]
daarom ...	por isso ...	[por 'isu]
in weerwil van ...	apesar de ...	[ape'zar de]
dankzij ...	graças a ...	['grasas a]

wat (vn)	que	[ki]
dat (vw)	que	[ki]
iets (vn)	algo	[awgu]
iets	alguma coisa	[aw'guma 'kojza]
niets (vn)	nada	['nada]

wie (~ is daar?)	quem	[kẽj]
iemand (een onbekende)	alguém	[aw'gẽj]
iemand (een bepaald persoon)	alguém	[aw'gẽj]

niemand (vn)	ninguém	[nĩ'gẽj]
nergens (bw)	para lugar nenhum	['para lu'gar ne'ɲũ]
niemands (bn)	de ninguém	[de nĩ'gẽj]
iemands (bn)	de alguém	[de aw'gẽj]

zo (Ik ben ~ blij)	tão	[tãw]
ook (evenals)	também	[tã'bẽj]
alsook (eveneens)	também	[tã'bẽj]

15. Functiewoorden. Bijwoorden. Deel 2

Waarom?	Por quê?	[por 'ke]
om een bepaalde reden	por alguma razão	[por aw'guma ha'zãw]
omdat ...	porque ...	[por'ke]
voor een bepaald doel	por qualquer razão	[por kwaw'ker ha'zãw]

en (vw)	e	[i]
of (vw)	ou	['o]
maar (vw)	mas	[mas]
voor (vz)	para	['para]

te (~ veel mensen)	muito, demais	['mwĩtu], [dʒi'majs]
alleen (bw)	só, somente	[sɔ], [sɔ'mẽtʃi]
precies (bw)	exatamente	[ɛzata'mẽtʃi]
ongeveer (~ 10 kg)	cerca de ...	['serka de]

omstreeks (bw)	aproximadamente	[aprosimada'mẽti]
bij benadering (bn)	aproximado	[aprosi'madu]
bijna (bw)	quase	['kwazi]
rest (de)	resto (m)	['hɛstu]

de andere (tweede)	o outro	[u 'otru]
ander (bn)	outro	['otru]
elk (bn)	cada	['kada]
om het even welk	qualquer	[kwaw'ker]
veel (telb.)	muitos, muitas	['mwĩtos], ['mwĩtas]
veel (ontelb.)	muito	['mwĩtu]
veel mensen	muitas pessoas	['mwĩtas pe'soas]
iedereen (alle personen)	todos	['todus]

in ruil voor ...	em troca de ...	[ẽ 'trɔka de]
in ruil (bw)	em troca	[ẽ 'trɔka]
met de hand (bw)	à mão	[a mãw]
onwaarschijnlijk (bw)	pouco provável	['poku pro'vavew]

waarschijnlijk (bw)	provavelmente	[provavɛw'mẽtʃi]
met opzet (bw)	de propósito	[de pro'pɔzitu]
toevallig (bw)	por acidente	[por asi'dẽtʃi]

zeer (bw)	muito	['mwĩtu]
bijvoorbeeld (bw)	por exemplo	[por e'zẽplu]
tussen (~ twee steden)	entre	['ẽtri]
tussen (te midden van)	entre, no meio de ...	['ẽtri], [nu 'meju de]
zoveel (bw)	tanto	['tãtu]
vooral (bw)	especialmente	[ispesjal'mẽte]

Basisbegrippen Deel 2

16. Tegenovergestelden

rijk (bn)	rico	['hiku]
arm (bn)	pobre	['pɔbri]
ziek (bn)	doente	[do'ĕtʃi]
gezond (bn)	bem	[bĕj]
groot (bn)	grande	['grãdʒi]
klein (bn)	pequeno	[pe'kenu]
snel (bw)	rapidamente	[hapida'mĕtʃi]
langzaam (bw)	lentamente	[lẽta'mĕtʃi]
snel (bn)	rápido	['hapidu]
langzaam (bn)	lento	['lẽtu]
vrolijk (bn)	alegre, feliz	[a'lɛgri], [fe'liz]
treurig (bn)	triste	['tristʃi]
samen (bw)	juntos	['ʒũtus]
apart (bw)	separadamente	[separada'mĕtʃi]
hardop (~ lezen)	em voz alta	[ẽ vɔz 'awta]
stil (~ lezen)	para si	['para si]
hoog (bn)	alto	['awtu]
laag (bn)	baixo	['baɪʃu]
diep (bn)	profundo	[pro'fũdu]
ondiep (bn)	raso	['hazu]
ja	sim	[sĩ]
nee	não	[nãw]
ver (bn)	distante	[dʒis'tãtʃi]
dicht (bn)	próximo	['prɔsimu]
ver (bw)	longe	['lõʒi]
dichtbij (bw)	perto	['pɛrtu]
lang (bn)	longo	['lõgu]
kort (bn)	curto	['kurtu]
vriendelijk (goedhartig)	bom, bondoso	[bõ], [bõ'dozu]
kwaad (bn)	mal	[maw]
gehuwd (mann.)	casado	[ka'zadu]
ongehuwd (mann.)	solteiro	[sow'tejru]

| verbieden (ww) | proibir (vt) | [proi'bir] |
| toestaan (ww) | permitir (vt) | [permi'tʃir] |

| einde (het) | fim (m) | [fĩ] |
| begin (het) | início (m) | [i'nisju] |

| linker (bn) | esquerdo | [is'kerdu] |
| rechter (bn) | direito | [dʒi'rejtu] |

| eerste (bn) | primeiro | [pri'mejru] |
| laatste (bn) | último | ['uwtʃimu] |

| misdaad (de) | crime (m) | ['krimi] |
| bestraffing (de) | castigo (m) | [kas'tʃigu] |

| bevelen (ww) | ordenar (vt) | [orde'nar] |
| gehoorzamen (ww) | obedecer (vt) | [obede'ser] |

| recht (bn) | reto | ['hɛtu] |
| krom (bn) | curvo | ['kurvu] |

| paradijs (het) | paraíso (m) | [para'izu] |
| hel (de) | inferno (m) | [ĩ'fɛrnu] |

| geboren worden (ww) | nascer (vi) | [na'ser] |
| sterven (ww) | morrer (vi) | [mo'her] |

| sterk (bn) | forte | ['fortʃi] |
| zwak (bn) | fraco, débil | ['fraku], ['debiw] |

| oud (bn) | velho, idoso | ['vɛʎu], [i'dozu] |
| jong (bn) | jovem | ['ʒɔvẽ] |

| oud (bn) | velho | ['vɛʎu] |
| nieuw (bn) | novo | ['novu] |

| hard (bn) | duro | ['duru] |
| zacht (bn) | macio | [ma'siu] |

| warm (bn) | quente | ['kẽtʃi] |
| koud (bn) | frio | ['friu] |

| dik (bn) | gordo | ['gordu] |
| dun (bn) | magro | ['magru] |

| smal (bn) | estreito | [is'trejtu] |
| breed (bn) | largo | ['largu] |

| goed (bn) | bom | [bõ] |
| slecht (bn) | mau | [maw] |

| moedig (bn) | valente, corajoso | [va'lẽtʃi], [kora'ʒozu] |
| laf (bn) | covarde | [ko'vardʒi] |

17. Dagen van de week

maandag (de)	segunda-feira (f)	[se'gŭda-'fejra]
dinsdag (de)	terça-feira (f)	['tersa 'fejra]
woensdag (de)	quarta-feira (f)	['kwarta-'fejra]
donderdag (de)	quinta-feira (f)	['kĩta-'fejra]
vrijdag (de)	sexta-feira (f)	['sesta-'fejra]
zaterdag (de)	sábado (m)	['sabadu]
zondag (de)	domingo (m)	[do'mĩgu]
vandaag (bw)	hoje	['oʒi]
morgen (bw)	amanhã	[ama'ɲã]
overmorgen (bw)	depois de amanhã	[de'pojs de ama'ɲã]
gisteren (bw)	ontem	['õtẽ]
eergisteren (bw)	anteontem	[ãtʃi'õtẽ]
dag (de)	dia (m)	['dʒia]
werkdag (de)	dia (m) de trabalho	['dʒia de tra'baʎu]
feestdag (de)	feriado (m)	[fe'rjadu]
verlofdag (de)	dia (m) de folga	['dʒia de 'fɔwga]
weekend (het)	fim (m) de semana	[fĩ de se'mana]
de hele dag (bw)	o dia todo	[u 'dʒia 'todu]
de volgende dag (bw)	no dia seguinte	[nu 'dʒia se'gĩtʃi]
twee dagen geleden	há dois dias	[a 'dojs 'dʒias]
aan de vooravond (bw)	na véspera	[na 'vɛspera]
dag-, dagelijks (bn)	diário	['dʒjarju]
elke dag (bw)	todos os dias	['todus us 'dʒias]
week (de)	semana (f)	[se'mana]
vorige week (bw)	na semana passada	[na se'mana pa'sada]
volgende week (bw)	semana que vem	[se'mana ke vẽj]
wekelijks (bn)	semanal	[sema'naw]
elke week (bw)	toda semana	['tɔda se'mana]
twee keer per week	duas vezes por semana	['duas 'vezis por se'mana]
elke dinsdag	toda terça-feira	['tɔda tersa 'fejra]

18. Uren. Dag en nacht

morgen (de)	manhã (f)	[ma'ɲã]
's morgens (bw)	de manhã	[de ma'ɲã]
middag (de)	meio-dia (m)	['meju 'dʒia]
's middags (bw)	à tarde	[a 'tardʒi]
avond (de)	tardinha (f)	[tar'dʒiɲa]
's avonds (bw)	à tardinha	[a tar'dʒiɲa]
nacht (de)	noite (f)	['nojtʃi]
's nachts (bw)	à noite	[a 'nojtʃi]
middernacht (de)	meia-noite (f)	['meja 'nojtʃi]
seconde (de)	segundo (m)	[se'gŭdu]
minuut (de)	minuto (m)	[mi'nutu]
uur (het)	hora (f)	['ɔra]

halfuur (het)	meia hora (f)	['meja 'ɔra]
kwartier (het)	quarto (m) de hora	['kwartu de 'ɔra]
vijftien minuten	quinze minutos	['kĩzi mi'nutus]
etmaal (het)	vinte e quatro horas	['vĩtʃi i 'kwatru 'ɔras]

zonsopgang (de)	nascer (m) do sol	[na'ser du sɔw]
dageraad (de)	amanhecer (m)	[amaɲe'ser]
vroege morgen (de)	madrugada (f)	[madru'gada]
zonsondergang (de)	pôr-do-sol (m)	[por du 'sɔw]

's morgens vroeg (bw)	de madrugada	[de madru'gada]
vanmorgen (bw)	esta manhã	['ɛsta ma'ɲã]
morgenochtend (bw)	amanhã de manhã	[ama'ɲã de ma'ɲã]

vanmiddag (bw)	esta tarde	['ɛsta 'tardʒi]
's middags (bw)	à tarde	[a 'tardʒi]
morgenmiddag (bw)	amanhã à tarde	[ama'ɲã a 'tardʒi]

vanavond (bw)	esta noite, hoje à noite	['ɛsta 'nojtʃi], ['oʒi a 'nojtʃi]
morgenavond (bw)	amanhã à noite	[ama'ɲã a 'nojtʃi]

klokslag drie uur	às três horas em ponto	[as tres 'ɔras ẽ 'põtu]
ongeveer vier uur	por volta das quatro	[por 'vɔwta das 'kwatru]
tegen twaalf uur	às doze	[as 'dozi]

over twintig minuten	em vinte minutos	[ẽ 'vĩtʃi mi'nutus]
over een uur	em uma hora	[ẽ 'uma 'ɔra]
op tijd (bw)	a tempo	[a 'tẽpu]

kwart voor …	… um quarto para	[… ũ 'kwartu 'para]
binnen een uur	dentro de uma hora	['dẽtru de 'uma 'ɔra]
elk kwartier	a cada quinze minutos	[a 'kada 'kĩzi mi'nutus]
de klok rond	as vinte e quatro horas	[as 'vĩtʃi i 'kwatru 'ɔras]

19. Maanden. Seizoenen

januari (de)	janeiro (m)	[ʒa'nejru]
februari (de)	fevereiro (m)	[feve'rejru]
maart (de)	março (m)	['marsu]
april (de)	abril (m)	[a'briw]
mei (de)	maio (m)	['maju]
juni (de)	junho (m)	['ʒuɲu]

juli (de)	julho (m)	['ʒuʎu]
augustus (de)	agosto (m)	[a'gostu]
september (de)	setembro (m)	[se'tẽbru]
oktober (de)	outubro (m)	[o'tubru]
november (de)	novembro (m)	[no'vẽbru]
december (de)	dezembro (m)	[de'zẽbru]

lente (de)	primavera (f)	[prima'vɛra]
in de lente (bw)	na primavera	[na prima'vɛra]
lente- (abn)	primaveril	[primave'riw]
zomer (de)	verão (m)	[ve'rãw]

| in de zomer (bw) | no verão | [nu ve'rãw] |
| zomer-, zomers (bn) | de verão | [de ve'rãw] |

herfst (de)	outono (m)	[o'tɔnu]
in de herfst (bw)	no outono	[nu o'tɔnu]
herfst- (abn)	outonal	[oto'naw]

winter (de)	inverno (m)	[ĩ'vɛrnu]
in de winter (bw)	no inverno	[nu ĩ'vɛrnu]
winter- (abn)	de inverno	[de ĩ'vɛrnu]
maand (de)	mês (m)	[mes]
deze maand (bw)	este mês	['estʃi mes]
volgende maand (bw)	mês que vem	['mes ki vẽj]
vorige maand (bw)	no mês passado	[no mes pa'sadu]

een maand geleden (bw)	um mês atrás	[ũ 'mes a'trajs]
over een maand (bw)	em um mês	[ẽ ũ mes]
over twee maanden (bw)	em dois meses	[ẽ dojs 'mezis]
de hele maand (bw)	todo o mês	['todu u mes]
een volle maand (bw)	um mês inteiro	[ũ mes ĩ'tejru]

maand-, maandelijks (bn)	mensal	[mẽ'saw]
maandelijks (bw)	mensalmente	[mẽsaw'mẽtʃi]
elke maand (bw)	todo mês	['todu 'mes]
twee keer per maand	duas vezes por mês	['duas 'vezis por mes]

jaar (het)	ano (m)	['anu]
dit jaar (bw)	este ano	['estʃi 'anu]
volgend jaar (bw)	ano que vem	['anu ki vẽj]
vorig jaar (bw)	no ano passado	[nu 'anu pa'sadu]
een jaar geleden (bw)	há um ano	[a ũ 'anu]
over een jaar	em um ano	[ẽ ũ 'anu]
over twee jaar	dentro de dois anos	['dẽtru de 'dojs 'anus]
het hele jaar	todo o ano	['todu u 'anu]
een vol jaar	um ano inteiro	[ũ 'anu ĩ'tejru]

elk jaar	cada ano	['kada 'anu]
jaar-, jaarlijks (bn)	anual	[a'nwaw]
jaarlijks (bw)	anualmente	[anwaw'mẽte]
4 keer per jaar	quatro vezes por ano	['kwatru 'vezis por 'anu]

datum (de)	data (f)	['data]
datum (de)	data (f)	['data]
kalender (de)	calendário (m)	[kalẽ'darju]

een half jaar	meio ano	['meju 'anu]
zes maanden	seis meses	[sejs 'mezis]
seizoen (bijv. lente, zomer)	estação (f)	[ista'sãw]
eeuw (de)	século (m)	['sɛkulu]

20. Tijd. Diversen

| tijd (de) | tempo (m) | ['tẽpu] |
| ogenblik (het) | momento (m) | [mo'mẽtu] |

moment (het)	instante (m)	[ĩs'tãtʃi]
ogenblikkelijk (bn)	instantâneo	[ĩstã'tanju]
tijdsbestek (het)	lapso (m) de tempo	['lapsu de 'tẽpu]
leven (het)	vida (f)	['vida]
eeuwigheid (de)	eternidade (f)	[eterni'daʤi]

epoche (de), tijdperk (het)	época (f)	['ɛpoka]
era (de), tijdperk (het)	era (f)	['ɛra]
cyclus (de)	ciclo (m)	['siklu]
periode (de)	período (m)	[pe'riodu]
termijn (vastgestelde periode)	prazo (m)	['prazu]

toekomst (de)	futuro (m)	[fu'turu]
toekomstig (bn)	futuro	[fu'turu]
de volgende keer	da próxima vez	[da 'prɔsima vez]
verleden (het)	passado (m)	[pa'sadu]
vorig (bn)	passado	[pa'sadu]
de vorige keer	na última vez	[na 'uwtʃima 'vez]
later (bw)	mais tarde	[majs 'tarʤi]
na (~ het diner)	depois	[de'pojs]
tegenwoordig (bw)	atualmente	[atwaw'mẽtʃi]
nu (bw)	agora	[a'gɔra]
onmiddellijk (bw)	imediatamente	[imeʤata'mẽtʃi]
snel (bw)	em breve	[ẽ 'brɛvi]
bij voorbaat (bw)	de antemão	[de ante'mãw]

lang geleden (bw)	há muito tempo	[a 'mwĩtu 'tẽpu]
kort geleden (bw)	recentemente	[hesẽtʃi'mẽtʃi]
noodlot (het)	destino (m)	[des'tʃinu]
herinneringen (mv.)	recordações (f pl)	[hekorda'sõjs]
archief (het)	arquivo (m)	[ar'kivu]
tijdens ... (ten tijde van)	durante ...	[du'rãtʃi]
lang (bw)	durante muito tempo	[du'rãtʃi 'mwĩtu 'tẽpu]
niet lang (bw)	pouco tempo	['poku 'tẽpu]
vroeg (bijv. ~ in de ochtend)	cedo	['sedu]
laat (bw)	tarde	['tarʤi]

voor altijd (bw)	para sempre	['para 'sẽpri]
beginnen (ww)	começar (vt)	[kome'sar]
uitstellen (ww)	adiar (vt)	[a'ʤjar]

tegelijkertijd (bw)	ao mesmo tempo	['aw 'mezmu 'tẽpu]
voortdurend (bw)	permanentemente	[permanẽtʃi'mẽtʃi]
voortdurend	constante	[kõs'tãtʃi]
tijdelijk (bn)	temporário	[tẽpo'rarju]

soms (bw)	às vezes	[as 'vezis]
zelden (bw)	raras vezes, raramente	['harus 'vezis]' [hara'mẽtʃi]
vaak (bw)	frequentemente	[frekwẽtʃi'mẽtʃi]

21. Lijnen en vormen

| vierkant (het) | quadrado (m) | [kwa'dradu] |
| vierkant (bn) | quadrado | [kwa'dradu] |

cirkel (de)	círculo (m)	['sirkulu]
rond (bn)	redondo	[he'dõdu]
driehoek (de)	triângulo (m)	['trjãgulu]
driehoekig (bn)	triangular	[trjãgu'lar]

ovaal (het)	oval (f)	[o'vaw]
ovaal (bn)	oval	[o'vaw]
rechthoek (de)	retângulo (m)	[he'tãgulu]
rechthoekig (bn)	retangular	[hetãgu'lar]

piramide (de)	pirâmide (f)	[pi'ramidʒi]
ruit (de)	losango (m)	[lo'zãgu]
trapezium (het)	trapézio (m)	[tra'pɛzju]
kubus (de)	cubo (m)	['kubu]
prisma (het)	prisma (m)	['prizma]

omtrek (de)	circunferência (f)	[sirkũfe'rẽsja]
bol, sfeer (de)	esfera (f)	[is'fɛra]
bal (de)	globo (m)	['globu]
diameter (de)	diâmetro (m)	['dʒjametru]
straal (de)	raio (m)	['haju]
omtrek (~ van een cirkel)	perímetro (m)	[pe'rimetru]
middelpunt (het)	centro (m)	['sẽtru]

horizontaal (bn)	horizontal	[orizõ'taw]
verticaal (bn)	vertical	[vertʃi'kaw]
parallel (de)	paralela (f)	[para'lɛla]
parallel (bn)	paralelo	[para'lɛlu]

lijn (de)	linha (f)	['liɲa]
streep (de)	traço (m)	['trasu]
rechte lijn (de)	reta (f)	['hɛta]
kromme (de)	curva (f)	['kurva]
dun (bn)	fino	['finu]
omlijning (de)	contorno (m)	[kõ'tornu]

snijpunt (het)	interseção (f)	[ĩterse'sãw]
rechte hoek (de)	ângulo (m) reto	[ãgulu 'hɛtu]
segment (het)	segmento (m)	[sɛ'gmẽtu]
sector (de)	setor (m)	[sɛ'tor]
zijde (de)	lado (m)	['ladu]
hoek (de)	ângulo (m)	[ãgulu]

22. Meeteenheden

gewicht (het)	peso (m)	['pezu]
lengte (de)	comprimento (m)	[kõpri'mẽtu]
breedte (de)	largura (f)	[lar'gura]
hoogte (de)	altura (f)	[aw'tura]
diepte (de)	profundidade (f)	[profũdʒi'dadʒi]
volume (het)	volume (m)	[vo'lumi]
oppervlakte (de)	área (f)	['arja]
gram (het)	grama (m)	['grama]
milligram (het)	miligrama (m)	[mili'grama]

kilogram (het)	quilograma (m)	[kilo'grama]
ton (duizend kilo)	tonelada (f)	[tune'lada]
pond (het)	libra (f)	['libra]
ons (het)	onça (f)	['õsa]

meter (de)	metro (m)	['mɛtru]
millimeter (de)	milímetro (m)	[mi'limetru]
centimeter (de)	centímetro (m)	[sẽ'tʃimetru]
kilometer (de)	quilômetro (m)	[ki'lometru]
mijl (de)	milha (f)	['miʎa]

duim (de)	polegada (f)	[pole'gada]
voet (de)	pé (m)	[pɛ]
yard (de)	jarda (f)	['ʒarda]

vierkante meter (de)	metro (m) quadrado	['mɛtru kwa'dradu]
hectare (de)	hectare (m)	[ek'tari]

liter (de)	litro (m)	['litru]
graad (de)	grau (m)	[graw]
volt (de)	volt (m)	['vɔwtʃi]
ampère (de)	ampère (m)	[ã'pɛri]
paardenkracht (de)	cavalo (m) de potência	[ka'valu de po'tẽsja]

hoeveelheid (de)	quantidade (f)	[kwãtʃi'dadʒi]
een beetje …	um pouco de …	[ũ 'poku de]
helft (de)	metade (f)	[me'tadʒi]
dozijn (het)	dúzia (f)	['duzja]
stuk (het)	peça (f)	['pɛsa]

afmeting (de)	tamanho (m), dimensão (f)	[ta'maɲu], [dʒimẽ'sãw]
schaal (bijv. ~ van 1 op 50)	escala (f)	[is'kala]

minimaal (bn)	mínimo	['minimu]
minste (bn)	menor, mais pequeno	[me'nɔr], [majs pe'kenu]
medium (bn)	médio	['mɛdʒju]
maximaal (bn)	máximo	['masimu]
grootste (bn)	maior, mais grande	[ma'jɔr], [majs 'grãdʒi]

23. Containers

glazen pot (de)	pote (m) de vidro	['pɔtʃi de 'vidru]
blik (conserven~)	lata (f)	['lata]
emmer (de)	balde (m)	['bawdʒi]
ton (bijv. regenton)	barril (m)	[ba'hiw]

ronde waterbak (de)	bacia (f)	[ba'sia]
tank (bijv. watertank-70-ltr)	tanque (m)	['tãki]
heupfles (de)	cantil (m) de bolso	[kã'tʃiw dʒi 'bowsu]
jerrycan (de)	galão (m) de gasolina	[ga'lãw de gazo'lina]
tank (bijv. ketelwagen)	cisterna (f)	[sis'tɛrna]

beker (de)	caneca (f)	[ka'nɛka]
kopje (het)	xícara (f)	['ʃikara]

schoteltje (het)	pires (m)	['piris]
glas (het)	copo (m)	['kɔpu]
wijnglas (het)	taça (f) de vinho	['tasa de 'viɲu]
pan (de)	panela (f)	[pa'nɛla]

| fles (de) | garrafa (f) | [ga'hafa] |
| flessenhals (de) | gargalo (m) | [gar'galu] |

karaf (de)	jarra (f)	['ʒaha]
kruik (de)	jarro (m)	['ʒahu]
vat (het)	recipiente (m)	[hesi'pjẽtʃi]
pot (de)	pote (m)	['pɔtʃi]
vaas (de)	vaso (m)	['vazu]

flacon (de)	frasco (m)	['frasku]
flesje (het)	frasquinho (m)	[fras'kiɲu]
tube (bijv. ~ tandpasta)	tubo (m)	['tubu]

zak (bijv. ~ aardappelen)	saco (m)	['saku]
tasje (het)	sacola (f)	[sa'kɔla]
pakje (~ sigaretten, enz.)	maço (m)	['masu]

doos (de)	caixa (f)	['kaɪʃa]
kist (de)	caixote (m)	[kaj'ʃotʃi]
mand (de)	cesto (m)	['sestu]

24. Materialen

materiaal (het)	material (m)	[mate'rjaw]
hout (het)	madeira (f)	[ma'dejra]
houten (bn)	de madeira	[de ma'dejra]

| glas (het) | vidro (m) | ['vidru] |
| glazen (bn) | de vidro | [de 'vidru] |

| steen (de) | pedra (f) | ['pɛdra] |
| stenen (bn) | de pedra | [de 'pɛdra] |

| plastic (het) | plástico (m) | ['plastʃiku] |
| plastic (bn) | plástico | ['plastʃiku] |

| rubber (het) | borracha (f) | [bo'haʃa] |
| rubber-, rubberen (bn) | de borracha | [de bo'haʃa] |

| stof (de) | tecido, pano (m) | [te'sidu], ['panu] |
| van stof (bn) | de tecido | [de te'sidu] |

| papier (het) | papel (m) | [pa'pɛw] |
| papieren (bn) | de papel | [de pa'pɛw] |

karton (het)	papelão (m)	[pape'lãw]
kartonnen (bn)	de papelão	[de pape'lãw]
polyethyleen (het)	polietileno (m)	[poljetʃi'lɛnu]
cellofaan (het)	celofane (m)	[selo'fani]

multiplex (het)	**madeira** (f) **compensada**	[ma'dejra kõpẽ'sada]
porselein (het)	**porcelana** (f)	[porse'lana]
porseleinen (bn)	**de porcelana**	[de porse'lana]
klei (de)	**argila** (f), **barro** (m)	[ar'ʒila], ['bahu]
klei-, van klei (bn)	**de barro**	[de 'bahu]
keramiek (de)	**cerâmica** (f)	[se'ramika]
keramieken (bn)	**de cerâmica**	[de se'ramika]

25. Metalen

metaal (het)	**metal** (m)	[me'taw]
metalen (bn)	**metálico**	[me'taliku]
legering (de)	**liga** (f)	['liga]

goud (het)	**ouro** (m)	['oru]
gouden (bn)	**de ouro**	[de 'oru]
zilver (het)	**prata** (f)	['prata]
zilveren (bn)	**de prata**	[de 'prata]

ijzer (het)	**ferro** (m)	['fɛhu]
ijzeren	**de ferro**	[de 'fɛhu]
staal (het)	**aço** (m)	['asu]
stalen (bn)	**de aço**	[de 'asu]
koper (het)	**cobre** (m)	['kɔbri]
koperen (bn)	**de cobre**	[de 'kɔbri]

aluminium (het)	**alumínio** (m)	[alu'minju]
aluminium (bn)	**de alumínio**	[de alu'minju]
brons (het)	**bronze** (m)	['brõzi]
bronzen (bn)	**de bronze**	[de 'brõzi]

messing (het)	**latão** (m)	[la'tãw]
nikkel (het)	**níquel** (m)	['nikew]
platina (het)	**platina** (f)	[pla'tʃina]
kwik (het)	**mercúrio** (m)	[mer'kurju]
tin (het)	**estanho** (m)	[is'taɲu]
lood (het)	**chumbo** (m)	['ʃũbu]
zink (het)	**zinco** (m)	['zĩku]

MENS

Mens. Het lichaam

26. Mensen. Basisbegrippen

mens (de)	ser (m) humano	[ser u'manu]
man (de)	homem (m)	['ɔmẽ]
vrouw (de)	mulher (f)	[mu'ʎer]
kind (het)	criança (f)	['krjãsa]
meisje (het)	menina (f)	[me'nina]
jongen (de)	menino (m)	[me'ninu]
tiener, adolescent (de)	adolescente (m)	[adole'sẽtʃi]
oude man (de)	velho (m)	['vɛʎu]
oude vrouw (de)	velha (f)	['vɛʎa]

27. Menselijke anatomie

organisme (het)	organismo (m)	[orga'nizmu]
hart (het)	coração (m)	[kora'sãw]
bloed (het)	sangue (m)	['sãgi]
slagader (de)	artéria (f)	[ar'tɛrja]
ader (de)	veia (f)	['veja]
hersenen (mv.)	cérebro (m)	['sɛrebru]
zenuw (de)	nervo (m)	['nervu]
zenuwen (mv.)	nervos (m pl)	['nervus]
wervel (de)	vértebra (f)	['vɛrtebra]
ruggengraat (de)	coluna (f) vertebral	[ko'luna verte'braw]
maag (de)	estômago (m)	[is'tomagu]
darmen (mv.)	intestinos (m pl)	[ĩtes'tʃinus]
darm (de)	intestino (m)	[ĩtes'tʃinu]
lever (de)	fígado (m)	['figadu]
nier (de)	rim (m)	[hĩ]
been (deel van het skelet)	osso (m)	['osu]
skelet (het)	esqueleto (m)	[iske'letu]
rib (de)	costela (f)	[kos'tɛla]
schedel (de)	crânio (m)	['kranju]
spier (de)	músculo (m)	['muskulu]
biceps (de)	bíceps (m)	['biseps]
triceps (de)	tríceps (m)	['triseps]
pees (de)	tendão (m)	[tẽ'dãw]
gewricht (het)	articulação (f)	[artʃikula'sãw]

longen (mv.)	pulmões (m pl)	[puw'mãws]
geslachtsorganen (mv.)	órgãos (m pl) genitais	['ɔrgãws ʒeni'tajs]
huid (de)	pele (f)	['pɛli]

28. Hoofd

hoofd (het)	cabeça (f)	[ka'besa]
gezicht (het)	rosto, cara (f)	['hostu], ['kara]
neus (de)	nariz (m)	[na'riz]
mond (de)	boca (f)	['boka]

oog (het)	olho (m)	['oʎu]
ogen (mv.)	olhos (m pl)	['oʎus]
pupil (de)	pupila (f)	[pu'pila]
wenkbrauw (de)	sobrancelha (f)	[sobrã'seʎa]
wimper (de)	cílio (f)	['silju]
ooglid (het)	pálpebra (f)	['pawpebra]

tong (de)	língua (f)	['lĩgwa]
tand (de)	dente (m)	['dẽtʃi]
lippen (mv.)	lábios (m pl)	['labjus]
jukbeenderen (mv.)	maçãs (f pl) do rosto	[ma'sãs du 'hostu]
tandvlees (het)	gengiva (f)	[ʒẽ'ʒiva]
gehemelte (het)	palato (m)	[pa'latu]

neusgaten (mv.)	narinas (f pl)	[na'rinas]
kin (de)	queixo (m)	['kejʃu]
kaak (de)	mandíbula (f)	[mã'dʒibula]
wang (de)	bochecha (f)	[bo'ʃeʃa]

voorhoofd (het)	testa (f)	['tɛsta]
slaap (de)	têmpora (f)	['tẽpora]
oor (het)	orelha (f)	[o'reʎa]
achterhoofd (het)	costas (f pl) da cabeça	['kɔstas da ka'besa]
hals (de)	pescoço (m)	[pes'kosu]
keel (de)	garganta (f)	[gar'gãta]

haren (mv.)	cabelo (m)	[ka'belu]
kapsel (het)	penteado (m)	[pẽ'tʃjadu]
haarsnit (de)	corte (m) de cabelo	['kɔrtʃi de ka'belu]
pruik (de)	peruca (f)	[pe'ruka]

snor (de)	bigode (m)	[bi'gɔdʒi]
baard (de)	barba (f)	['barba]
dragen (een baard, enz.)	ter (vt)	[ter]
vlecht (de)	trança (f)	['trãsa]
bakkebaarden (mv.)	suíças (f pl)	['swisas]

ros (roodachtig, rossig)	ruivo	['hwivu]
grijs (~ haar)	grisalho	[gri'zaʎu]
kaal (bn)	careca	[ka'rɛka]
kale plek (de)	calva (f)	['kawvu]
paardenstaart (de)	rabo-de-cavalo (m)	['habu-de-ka'valu]
pony (de)	franja (f)	['frãʒa]

29. Menselijk lichaam

| hand (de) | mão (f) | [mãw] |
| arm (de) | braço (m) | ['brasu] |

vinger (de)	dedo (m)	['dedu]
teen (de)	dedo (m) do pé	['dedu du pɛ]
duim (de)	polegar (m)	[pole'gar]
pink (de)	dedo (m) mindinho	['dedu mĩ'dʒiɲu]
nagel (de)	unha (f)	['uɲa]

vuist (de)	punho (m)	['puɲu]
handpalm (de)	palma (f)	['pawma]
pols (de)	pulso (m)	['puwsu]
voorarm (de)	antebraço (m)	[ãtʃi'brasu]
elleboog (de)	cotovelo (m)	[koto'velu]
schouder (de)	ombro (m)	['õbru]

been (rechter ~)	perna (f)	['pɛrna]
voet (de)	pé (m)	[pɛ]
knie (de)	joelho (m)	[ʒo'eʎu]
kuit (de)	panturrilha (f)	[pãtu'hiʎa]
heup (de)	quadril (m)	[kwa'driw]
hiel (de)	calcanhar (m)	[kawka'ɲar]

lichaam (het)	corpo (m)	['korpu]
buik (de)	barriga (f), ventre (m)	[ba'higa], ['vẽtri]
borst (de)	peito (m)	['pejtu]
borst (de)	seio (m)	['seju]
zijde (de)	lado (m)	['ladu]
rug (de)	costas (f pl)	['kɔstas]
lage rug (de)	região (f) lombar	[he'ʒjãw lõ'bar]
taille (de)	cintura (f)	[sĩ'tura]

navel (de)	umbigo (m)	[ũ'bigu]
billen (mv.)	nádegas (f pl)	['nadegas]
achterwerk (het)	traseiro (m)	[tra'zejru]

huidvlek (de)	sinal (m), pinta (f)	[si'naw], ['pĩta]
moedervlek (de)	sinal (m) de nascença	[si'naw de na'sẽsa]
tatoeage (de)	tatuagem (f)	[ta'twaʒẽ]
litteken (het)	cicatriz (f)	[sika'triz]

Kleding en accessoires

30. Bovenkleding. Jassen

kleren (mv.)	roupa (f)	['hopa]
bovenkleding (de)	roupa (f) exterior	['hopa iste'rjor]
winterkleding (de)	roupa (f) de inverno	['hopa de ĩ'vɛrnu]
jas (de)	sobretudo (m)	[sobri'tudu]
bontjas (de)	casaco (m) de pele	[kaz'aku de 'pɛli]
bontjasje (het)	jaqueta (f) de pele	[ʒa'keta de 'pɛli]
donzen jas (de)	casaco (m) acolchoado	[ka'zaku akow'ʃwadu]
jasje (bijv. een leren ~)	casaco (m), jaqueta (f)	[kaz'aku], [ʒa'keta]
regenjas (de)	impermeável (m)	[ĩper'mjavew]
waterdicht (bn)	a prova d'água	[a 'prɔva 'dagwa]

31. Heren & dames kleding

overhemd (het)	camisa (f)	[ka'miza]
broek (de)	calça (f)	['kawsa]
jeans (de)	jeans (m)	['dʒins]
colbert (de)	paletó, terno (m)	[pale'tɔ], ['tɛrnu]
kostuum (het)	terno (m)	['tɛrnu]
jurk (de)	vestido (m)	[ves'tʃidu]
rok (de)	saia (f)	['saja]
blouse (de)	blusa (f)	['bluza]
wollen vest (de)	casaco (m) de malha	[ka'zaku de 'maʎa]
blazer (kort jasje)	casaco, blazer (m)	[ka'zaku], ['blejzer]
T-shirt (het)	camiseta (f)	[kami'zɛta]
shorts (mv.)	short (m)	['ʃortʃi]
trainingspak (het)	training (m)	['trejnĩŋ]
badjas (de)	roupão (m) de banho	[ho'pãw de 'baɲu]
pyjama (de)	pijama (m)	[pi'ʒama]
sweater (de)	suéter (m)	['swɛter]
pullover (de)	pulôver (m)	[pu'lover]
gilet (het)	colete (m)	[ko'letʃi]
rokkostuum (het)	fraque (m)	['fraki]
smoking (de)	smoking (m)	[iz'mokĩs]
uniform (het)	uniforme (m)	[uni'fɔrmi]
werkkleding (de)	roupa (f) de trabalho	['hopa de tra'baʎu]
overall (de)	macacão (m)	[maka'kãws]
doktersjas (de)	jaleco (m), bata (f)	[ʒa'lɛku], ['bata]

32. Kleding. Ondergoed

ondergoed (het)	roupa (f) íntima	['hopa 'ĩtʃima]
herenslip (de)	cueca boxer (f)	['kwɛka 'bɔkser]
slipjes (mv.)	calcinha (f)	[kaw'siɲa]
onderhemd (het)	camiseta (f)	[kami'zɛta]
sokken (mv.)	meias (f pl)	['mejas]
nachthemd (het)	camisola (f)	[kami'zɔla]
beha (de)	sutiã (m)	[su'tʃiã]
kniekousen (mv.)	meias longas (f pl)	['mejas 'lõgas]
panty (de)	meias-calças (f pl)	['mejas 'kalsas]
nylonkousen (mv.)	meias (f pl)	['mejas]
badpak (het)	maiô (m)	[ma'jo]

33. Hoofddeksels

hoed (de)	chapéu (m), touca (f)	[ʃa'pɛw], ['toka]
deukhoed (de)	chapéu (m) de feltro	[ʃa'pɛw de 'fewtru]
honkbalpet (de)	boné (m) de beisebol	[bo'nɛ de bejsi'bɔw]
kleppet (de)	boina (f)	['bojna]
baret (de)	boina (f) francesa	['bojna frã'seza]
kap (de)	capuz (m)	[ka'puz]
panamahoed (de)	chapéu panamá (m)	[ʃa'pɛw pana'ma]
gebreide muts (de)	touca (f)	['toka]
hoofddoek (de)	lenço (m)	['lẽsu]
dameshoed (de)	chapéu (m) feminino	[ʃa'pɛw femi'ninu]
veiligheidshelm (de)	capacete (m)	[kapa'setʃi]
veldmuts (de)	bibico (m)	[bi'biko]
helm, valhelm (de)	capacete (m)	[kapa'setʃi]
bolhoed (de)	chapéu-coco (m)	[ʃa'pɛw 'koku]
hoge hoed (de)	cartola (f)	[kar'tɔla]

34. Schoeisel

schoeisel (het)	calçado (m)	[kaw'sadu]
schoenen (mv.)	botinas (f pl), sapatos (m pl)	[bo'tʃinas], [sapa'tõjs]
vrouwenschoenen (mv.)	sapatos (m pl)	[sa'patus]
laarzen (mv.)	botas (f pl)	['bɔtas]
pantoffels (mv.)	pantufas (f pl)	[pã'tufas]
sportschoenen (mv.)	tênis (m pl)	['tenis]
sneakers (mv.)	tênis (m pl)	['tenis]
sandalen (mv.)	sandálias (f pl)	[sã'dalias]
schoenlapper (de)	sapateiro (m)	[sapa'tejru]
hiel (de)	salto (m)	['sawtu]

paar (een ~ schoenen)	par (m)	[par]
veter (de)	cadarço (m)	[ka'darsu]
rijgen (schoenen ~)	amarrar os cadarços	[ama'har us ka'darsus]
schoenlepel (de)	calçadeira (f)	[kawsa'dejra]
schoensmeer (de/het)	graxa (f) para calçado	['graʃa 'para kaw'sadu]

35. Textiel. Weefsel

katoen (de/het)	algodão (m)	[awgo'dãw]
katoenen (bn)	de algodão	[de awgo'dãw]
vlas (het)	linho (m)	['liɲu]
vlas-, van vlas (bn)	de linho	[de 'liɲu]

zijde (de)	seda (f)	['seda]
zijden (bn)	de seda	[de 'seda]
wol (de)	lã (f)	[lã]
wollen (bn)	de lã	[de lã]

fluweel (het)	veludo (m)	[ve'ludu]
suède (de)	camurça (f)	[ka'mursa]
ribfluweel (het)	veludo (m) cotelê	[ve'ludu kɔte'le]

nylon (de/het)	nylon (m)	['najlɔn]
nylon-, van nylon (bn)	de nylon	[de 'najlɔn]
polyester (het)	poliéster (m)	[po'ljɛster]
polyester- (abn)	de poliéster	[de po'ljɛster]

leer (het)	couro (m)	['koru]
leren (van leer gemaak)	de couro	[de 'koru]
bont (het)	pele (f)	['pɛli]
bont- (abn)	de pele	[de 'pɛli]

36. Persoonlijke accessoires

handschoenen (mv.)	luva (f)	['luva]
wanten (mv.)	mitenes (f pl)	[mi'tɛnes]
sjaal (fleece ~)	cachecol (m)	[kaʃe'kɔw]

bril (de)	óculos (m pl)	['ɔkulus]
brilmontuur (het)	armação (f)	[arma'sãw]
paraplu (de)	guarda-chuva (m)	['gwarda 'ʃuva]
wandelstok (de)	bengala (f)	[bẽ'gala]
haarborstel (de)	escova (f) para o cabelo	[is'kova 'para u ka'belu]
waaier (de)	leque (m)	['lɛki]

das (de)	gravata (f)	[gra'vata]
strikje (het)	gravata-borboleta (f)	[gra'vata borbo'leta]
bretels (mv.)	suspensórios (m pl)	[suspẽ'sɔrjus]
zakdoek (de)	lenço (m)	['lẽsu]

kam (de)	pente (m)	['pẽtʃi]
haarspeldje (het)	fivela (f) para cabelo	[fi'vɛla 'para ka'belu]

| schuifspeldje (het) | grampo (m) | ['grãpu] |
| gesp (de) | fivela (f) | [fi'vɛla] |

| broekriem (de) | cinto (m) | ['sĩtu] |
| draagriem (de) | alça (f) de ombro | ['awsa de 'õbru] |

handtas (de)	bolsa (f)	['bowsa]
damestas (de)	bolsa, carteira (f)	['bowsa], [kar'tejra]
rugzak (de)	mochila (f)	[mo'ʃila]

37. Kleding. Diversen

mode (de)	moda (f)	['mɔda]
de mode (bn)	na moda	[na 'mɔda]
kledingstilist (de)	estilista (m)	[istʃi'lista]

kraag (de)	colarinho (m)	[kola'riɲu]
zak (de)	bolso (m)	['bowsu]
zak- (abn)	de bolso	[de 'bowsu]
mouw (de)	manga (f)	['mãga]
lusje (het)	ganchinho (m)	[gã'ʃiɲu]
gulp (de)	bragueta (f)	[bra'gwetʃi]

rits (de)	zíper (m)	['ziper]
sluiting (de)	colchete (m)	[kow'ʃetʃi]
knoop (de)	botão (m)	[bo'tãw]
knoopsgat (het)	botoeira (f)	[bo'twejra]
losraken (bijv. knopen)	soltar-se (vr)	[sow'tarsi]

naaien (kleren, enz.)	costurar (vi)	[kostu'rar]
borduren (ww)	bordar (vt)	[bor'dar]
borduursel (het)	bordado (m)	[bor'dadu]
naald (de)	agulha (f)	[a'guʎa]
draad (de)	fio, linha (f)	['fiu], ['liɲa]
naad (de)	costura (f)	[kos'tura]

vies worden (ww)	sujar-se (vr)	[su'ʒarsi]
vlek (de)	mancha (f)	['mãʃa]
gekreukt raken (ov. kleren)	amarrotar-se (vr)	[amaho'tarse]
scheuren (ov.ww.)	rasgar (vt)	[haz'gar]
mot (de)	traça (f)	['trasa]

38. Persoonlijke verzorging. Schoonheidsmiddelen

tandpasta (de)	pasta (f) de dente	['pasta de 'dẽtʃi]
tandenborstel (de)	escova (f) de dente	[is'kova de 'dẽtʃi]
tanden poetsen (ww)	escovar os dentes	[isko'var us 'dẽtʃis]

scheermes (het)	gilete (f)	[ʒi'lɛtʃi]
scheerschuim (het)	creme (m) de barbear	['krɛmi de bar'bjar]
zich scheren (ww)	barbear-se (vr)	[bar'bjarsi]
zeep (de)	sabonete (m)	[sabo'netʃi]

shampoo (de)	xampu (m)	[ʃã'pu]
schaar (de)	tesoura (f)	[te'zora]
nagelvijl (de)	lixa (f) de unhas	['liʃa de 'uɲas]
nagelknipper (de)	corta-unhas (m)	['kɔrta 'uɲas]
pincet (het)	pinça (f)	['pĩsa]
cosmetica (mv.)	cosméticos (m pl)	[koz'mɛtʃikus]
masker (het)	máscara (f)	['maskara]
manicure (de)	manicure (f)	[mani'kuri]
manicure doen	fazer as unhas	[fa'zer as 'uɲas]
pedicure (de)	pedicure (f)	[pedi'kure]
cosmetica tasje (het)	bolsa (f) de maquiagem	['bowsa de ma'kjaʒẽ]
poeder (de/het)	pó (m)	[pɔ]
poederdoos (de)	pó (m) compacto	[pɔ kõ'paktu]
rouge (de)	blush (m)	[blaʃ]
parfum (de/het)	perfume (m)	[per'fumi]
eau de toilet (de)	água-de-colônia (f)	['agwa de ko'lonja]
lotion (de)	loção (f)	[lo'sãw]
eau de cologne (de)	colônia (f)	[ko'lonja]
oogschaduw (de)	sombra (f) de olhos	['sõbra de 'oʎus]
oogpotlood (het)	delineador (m)	[delinja'dor]
mascara (de)	máscara (f), rímel (m)	['maskara], ['himew]
lippenstift (de)	batom (m)	['batõ]
nagellak (de)	esmalte (m)	[iz'mawtʃi]
haarlak (de)	laquê (m), spray fixador (m)	[la'ke], [is'prej fiksa'dor]
deodorant (de)	desodorante (m)	[dʒizodo'rãtʃi]
crème (de)	creme (m)	['krɛmi]
gezichtscrème (de)	creme (m) de rosto	['krɛmi de 'hostu]
handcrème (de)	creme (m) de mãos	['krɛmi de 'mãws]
antirimpelcrème (de)	creme (m) antirrugas	['krɛmi ãtʃi'hugas]
dagcrème (de)	creme (m) de dia	['krɛmi de 'dʒia]
nachtcrème (de)	creme (m) de noite	['krɛmi de 'nojtʃi]
dag- (abn)	de dia	[de 'dʒia]
nacht- (abn)	da noite	[da 'nojtʃi]
tampon (de)	absorvente (m) interno	[absor'vẽtʃi ĩ'tɛrnu]
toiletpapier (het)	papel (m) higiênico	[pa'pɛw i'ʒjeniku]
föhn (de)	secador (m) de cabelo	[seka'dor de ka'belu]

39. Juwelen

sieraden (mv.)	joias (f pl)	['ʒɔjas]
edel (bijv. ~ stenen)	precioso	[pre'sjozu]
keurmerk (het)	marca (f) de contraste	['marka de kõ'trastʃi]
ring (de)	anel (m)	[a'nɛw]
trouwring (de)	aliança (f)	[a'ljãsa]
armband (de)	pulseira (f)	[puw'sejra]
oorringen (mv.)	brincos (m pl)	['brĩkus]

halssnoer (het)	colar (m)	[ko'lar]
kroon (de)	coroa (f)	[ko'roa]
kralen snoer (het)	colar (m) de contas	[ko'lar de 'kõtas]

diamant (de)	diamante (m)	[dʒja'mãtʃi]
smaragd (de)	esmeralda (f)	[izme'rawda]
robijn (de)	rubi (m)	[hu'bi]
saffier (de)	safira (f)	[sa'fira]
parel (de)	pérola (f)	['pɛrola]
barnsteen (de)	âmbar (m)	[ãbar]

40. Horloges. Klokken

polshorloge (het)	relógio (m) de pulso	[he'lɔʒu de 'puwsu]
wijzerplaat (de)	mostrador (m)	[mostra'dor]
wijzer (de)	ponteiro (m)	[põ'tejru]
metalen horlogeband (de)	bracelete (f) em aço	[brase'letʃi ẽ 'asu]
horlogebandje (het)	bracelete (f) em couro	[brase'letʃi ẽ 'koru]

batterij (de)	pilha (f)	['piʎa]
leeg zijn (ww)	acabar (vi)	[aka'bar]
batterij vervangen	trocar a pilha	[tro'kar a 'piʎa]
voorlopen (ww)	estar adiantado	[is'tar adʒjã'tadu]
achterlopen (ww)	estar atrasado	[is'tar atra'zadu]

wandklok (de)	relógio (m) de parede	[he'lɔʒu de pa'redʒi]
zandloper (de)	ampulheta (f)	[ãpu'ʎeta]
zonnewijzer (de)	relógio (m) de sol	[he'lɔʒu de sɔw]
wekker (de)	despertador (m)	[dʒisperta'dor]
horlogemaker (de)	relojoeiro (m)	[helo'ʒwejru]
repareren (ww)	reparar (vt)	[hepa'rar]

Voedsel. Voeding

41. Voedsel

vlees (het)	carne (f)	['karni]
kip (de)	galinha (f)	[ga'liɲa]
kuiken (het)	frango (m)	['frãgu]
eend (de)	pato (m)	['patu]
gans (de)	ganso (m)	['gãsu]
wild (het)	caça (f)	['kasa]
kalkoen (de)	peru (m)	[pe'ru]

varkensvlees (het)	carne (f) de porco	['karni de 'porku]
kalfsvlees (het)	carne (f) de vitela	['karni de vi'tɛla]
schapenvlees (het)	carne (f) de carneiro	['karni de kar'nejru]
rundvlees (het)	carne (f) de vaca	['karni de 'vaka]
konijnenvlees (het)	carne (f) de coelho	['karni de ko'eʎu]

worst (de)	linguiça (f), salsichão (m)	[lĩ'gwisa], [sawsi'ʃãw]
saucijs (de)	salsicha (f)	[saw'siʃa]
spek (het)	bacon (m)	['bejkõ]
ham (de)	presunto (m)	[pre'zũtu]
gerookte achterham (de)	pernil (m) de porco	[per'niw de 'porku]

paté (de)	patê (m)	[pa'te]
lever (de)	fígado (m)	['figadu]
gehakt (het)	guisado (m)	[gi'zadu]
tong (de)	língua (f)	['lĩgwa]

ei (het)	ovo (m)	['ovu]
eieren (mv.)	ovos (m pl)	['ɔvus]
eiwit (het)	clara (f) de ovo	['klara de 'ovu]
eigeel (het)	gema (f) de ovo	['ʒɛma de 'ovu]

vis (de)	peixe (m)	['pejʃi]
zeevruchten (mv.)	mariscos (m pl)	[ma'riskus]
schaaldieren (mv.)	crustáceos (m pl)	[krus'tasjus]
kaviaar (de)	caviar (m)	[ka'vjar]

krab (de)	caranguejo (m)	[karã'geʒu]
garnaal (de)	camarão (m)	[kama'rãw]
oester (de)	ostra (f)	['ostra]
langoest (de)	lagosta (f)	[la'gosta]
octopus (de)	polvo (m)	['powvu]
inktvis (de)	lula (f)	['lula]

steur (de)	esturjão (m)	[istur'ʒãw]
zalm (de)	salmão (m)	[saw'mãw]
heilbot (de)	halibute (m)	[ali'butʃi]
kabeljauw (de)	bacalhau (m)	[baka'ʎaw]

makreel (de)	cavala, sarda (f)	[ka'vala], ['sarda]
tonijn (de)	atum (m)	[a'tũ]
paling (de)	enguia (f)	[ẽ'gia]

forel (de)	truta (f)	['truta]
sardine (de)	sardinha (f)	[sar'dʒiɲa]
snoek (de)	lúcio (m)	['lusju]
haring (de)	arenque (m)	[a'rẽki]

brood (het)	pão (m)	[pãw]
kaas (de)	queijo (m)	['kejʒu]
suiker (de)	açúcar (m)	[a'sukar]
zout (het)	sal (m)	[saw]

rijst (de)	arroz (m)	[a'hoz]
pasta (de)	massas (f pl)	['masas]
noedels (mv.)	talharim, miojo (m)	[taʎa'rĩ], [mi'oʒu]

boter (de)	manteiga (f)	[mã'tejga]
plantaardige olie (de)	óleo (m) vegetal	['ɔlju veʒe'taw]
zonnebloemolie (de)	óleo (m) de girassol	['ɔlju de ʒira'sɔw]
margarine (de)	margarina (f)	[marga'rina]

olijven (mv.)	azeitonas (f pl)	[azej'tɔnas]
olijfolie (de)	azeite (m)	[a'zejtʃi]

melk (de)	leite (m)	['lejtʃi]
gecondenseerde melk (de)	leite (m) condensado	['lejtʃi kõdẽ'sadu]
yoghurt (de)	iogurte (m)	[jo'gurtʃi]
zure room (de)	creme azedo (m)	['krɛmi a'zedu]
room (de)	creme (m) de leite	['krɛmi de 'lejtʃi]

mayonaise (de)	maionese (f)	[majo'nɛzi]
crème (de)	creme (m)	['krɛmi]

graan (het)	grãos (m pl) de cereais	['grãws de se'rjajs]
meel (het), bloem (de)	farinha (f)	[fa'riɲa]
conserven (mv.)	enlatados (m pl)	[ẽla'tadus]

maïsvlokken (mv.)	flocos (m pl) de milho	['flɔkus de 'miʎu]
honing (de)	mel (m)	[mɛw]
jam (de)	geleia (m)	[ʒe'lɛja]
kauwgom (de)	chiclete (m)	[ʃi'klɛtʃi]

42. Drankjes

water (het)	água (f)	['agwa]
drinkwater (het)	água (f) potável	['agwa pu'tavɛw]
mineraalwater (het)	água (f) mineral	['agwa mine'raw]

zonder gas	sem gás	[sẽ gajs]
koolzuurhoudend (bn)	gaseificada	[gazejfi'kadu]
bruisend (bn)	com gás	[kõ gajs]
ijs (het)	gelo (m)	['ʒelu]

met ijs	com gelo	[kõ 'ʒelu]
alcohol vrij (bn)	não alcoólico	[nãw aw'kɔliku]
alcohol vrije drank (de)	refrigerante (m)	[hefriʒe'rãtʃi]
frisdrank (de)	refresco (m)	[he'fresku]
limonade (de)	limonada (f)	[limo'nada]

alcoholische dranken (mv.)	bebidas (f pl) alcoólicas	[be'bidas aw'kɔlikas]
wijn (de)	vinho (m)	['viɲu]
witte wijn (de)	vinho (m) branco	['viɲu 'brãku]
rode wijn (de)	vinho (m) tinto	['viɲu 'tʃĩtu]

likeur (de)	licor (m)	[li'kor]
champagne (de)	champanhe (m)	[ʃã'paɲi]
vermout (de)	vermute (m)	[ver'mutʃi]

whisky (de)	uísque (m)	['wiski]
wodka (de)	vodka (f)	['vɔdʒka]
gin (de)	gim (m)	[ʒĩ]
cognac (de)	conhaque (m)	[ko'ɲaki]
rum (de)	rum (m)	[hũ]

koffie (de)	café (m)	[ka'fɛ]
zwarte koffie (de)	café (m) preto	[ka'fɛ 'pretu]
koffie (de) met melk	café (m) com leite	[ka'fɛ kõ 'lejtʃi]
cappuccino (de)	cappuccino (m)	[kapu'tʃinu]
oploskoffie (de)	café (m) solúvel	[ka'fɛ so'luvew]

melk (de)	leite (m)	['lejtʃi]
cocktail (de)	coquetel (m)	[koke'tɛw]
milkshake (de)	batida (f), milkshake (m)	[ba'tʃida], ['milkʃejk]

sap (het)	suco (m)	['suku]
tomatensap (het)	suco (m) de tomate	['suku de to'matʃi]
sinaasappelsap (het)	suco (m) de laranja	['suku de la'rãʒa]
vers geperst sap (het)	suco (m) fresco	['suku 'fresku]

bier (het)	cerveja (f)	[ser'veʒa]
licht bier (het)	cerveja (f) clara	[ser'veʒa 'klara]
donker bier (het)	cerveja (f) preta	[ser'veʒa 'preta]

thee (de)	chá (m)	[ʃa]
zwarte thee (de)	chá (m) preto	[ʃa 'pretu]
groene thee (de)	chá (m) verde	[ʃa 'verdʒi]

43. Groenten

groenten (mv.)	vegetais (m pl)	[veʒe'tajs]
verse kruiden (mv.)	verdura (f)	[ver'dura]

tomaat (de)	tomate (m)	[to'matʃi]
augurk (de)	pepino (m)	[pe'pinu]
wortel (de)	cenoura (f)	[se'nora]
aardappel (de)	batata (f)	[ba'tata]
ui (de)	cebola (f)	[se'bola]

knoflook (de)	alho (m)	['aʎu]
kool (de)	couve (f)	['kovi]
bloemkool (de)	couve-flor (f)	['kovi 'flɔr]
spruitkool (de)	couve-de-bruxelas (f)	['kovi de bru'ʃelas]
broccoli (de)	brócolis (m pl)	['brɔkolis]
rode biet (de)	beterraba (f)	[bete'haba]
aubergine (de)	berinjela (f)	[berĩ'ʒɛla]
courgette (de)	abobrinha (f)	[abo'briɲa]
pompoen (de)	abóbora (f)	[a'bɔbora]
raap (de)	nabo (m)	['nabu]
peterselie (de)	salsa (f)	['sawsa]
dille (de)	endro, aneto (m)	['ẽdru], [a'netu]
sla (de)	alface (f)	[aw'fasi]
selderij (de)	aipo (m)	['ajpu]
asperge (de)	aspargo (m)	[as'pargu]
spinazie (de)	espinafre (m)	[ispi'nafri]
erwt (de)	ervilha (f)	[er'viʎa]
bonen (mv.)	feijão (m)	[fej'ʒãw]
maïs (de)	milho (m)	['miʎu]
nierboon (de)	feijão (m) roxo	[fej'ʒãw 'hoʃu]
peper (de)	pimentão (m)	[pimẽ'tãw]
radijs (de)	rabanete (m)	[haba'netʃi]
artisjok (de)	alcachofra (f)	[awka'ʃofra]

44. Vruchten. Noten

vrucht (de)	fruta (f)	['fruta]
appel (de)	maçã (f)	[ma'sã]
peer (de)	pera (f)	['pera]
citroen (de)	limão (m)	[li'mãw]
sinaasappel (de)	laranja (f)	[la'rãʒa]
aardbei (de)	morango (m)	[mo'rãgu]
mandarijn (de)	tangerina (f)	[tãʒe'rina]
pruim (de)	ameixa (f)	[a'mejʃa]
perzik (de)	pêssego (m)	['pesegu]
abrikoos (de)	damasco (m)	[da'masku]
framboos (de)	framboesa (f)	[frãbo'eza]
ananas (de)	abacaxi (m)	[abaka'ʃi]
banaan (de)	banana (f)	[ba'nana]
watermeloen (de)	melancia (f)	[melã'sia]
druif (de)	uva (f)	['uva]
zure kers (de)	ginja (f)	['ʒĩʒa]
zoete kers (de)	cereja (f)	[se'reʒa]
meloen (de)	melão (m)	[me'lãw]
grapefruit (de)	toranja (f)	[to'rãʒa]
avocado (de)	abacate (m)	[aba'katʃi]
papaja (de)	mamão (m)	[ma'mãw]

| mango (de) | manga (f) | ['mãga] |
| granaatappel (de) | romã (f) | ['homa] |

rode bes (de)	groselha (f) vermelha	[[gro'zɛʎa ver'meʎa]
zwarte bes (de)	groselha (f) negra	[gro'zɛʎa 'negra]
kruisbes (de)	groselha (f) espinhosa	[gro'zɛʎa ispi'ɲoza]
blauwe bosbes (de)	mirtilo (m)	[mih'tʃilu]
braambes (de)	amora (f) silvestre	[a'mɔra siw'vɛstri]

rozijn (de)	passa (f)	['pasa]
vijg (de)	figo (m)	['figu]
dadel (de)	tâmara (f)	['tamara]

pinda (de)	amendoim (m)	[amẽdo'ĩ]
amandel (de)	amêndoa (f)	[a'mẽdwa]
walnoot (de)	noz (f)	[nɔz]
hazelnoot (de)	avelã (f)	[ave'lã]
kokosnoot (de)	coco (m)	['koku]
pistaches (mv.)	pistaches (m pl)	[pis'taʃis]

45. Brood. Snoep

suikerbakkerij (de)	pastelaria (f)	[pastela'ria]
brood (het)	pão (m)	[pãw]
koekje (het)	biscoito (m), bolacha (f)	[bis'kojtu], [bo'laʃa]

chocolade (de)	chocolate (m)	[ʃoko'latʃi]
chocolade- (abn)	de chocolate	[de ʃoko'latʃi]
snoepje (het)	bala (f)	['bala]
cakeje (het)	doce (m), bolo (m) pequeno	['dosi], ['bolu pe'kenu]
taart (bijv. verjaardags~)	bolo (m) de aniversário	['bolu de aniver'sarju]

| pastei (de) | torta (f) | ['tɔrta] |
| vulling (de) | recheio (m) | [he'ʃeju] |

confituur (de)	geleia (m)	[ʒe'lɛja]
marmelade (de)	marmelada (f)	[marme'lada]
wafel (de)	wafers (m pl)	['wafers]
ijsje (het)	sorvete (m)	[sor'vetʃi]
pudding (de)	pudim (m)	[pu'dʒĩ]

46. Bereide gerechten

gerecht (het)	prato (m)	['pratu]
keuken (bijv. Franse ~)	cozinha (f)	[ko'ziɲa]
recept (het)	receita (f)	[he'sejta]
portie (de)	porção (f)	[por'sãw]

salade (de)	salada (f)	[sa'lada]
soep (de)	sopa (f)	['sopa]
bouillon (de)	caldo (m)	['kawdu]
boterham (de)	sanduíche (m)	[sand'wiʃi]

spiegelei (het)	ovos (m pl) fritos	['ɔvus 'fritus]
hamburger (de)	hambúrguer (m)	[ã'burger]
biefstuk (de)	bife (m)	['bifi]

garnering (de)	acompanhamento (m)	[akõpaɲa'mẽtu]
spaghetti (de)	espaguete (m)	[ispa'geti]
aardappelpuree (de)	purê (m) de batata	[pu're de ba'tata]
pizza (de)	pizza (f)	['pitsa]
pap (de)	mingau (m)	[mĩ'gaw]
omelet (de)	omelete (f)	[ome'letʃi]

gekookt (in water)	fervido	[fer'vidu]
gerookt (bn)	defumado	[defu'madu]
gebakken (bn)	frito	['fritu]
gedroogd (bn)	seco	['seku]
diepvries (bn)	congelado	[kõʒe'ladu]
gemarineerd (bn)	em conserva	[ẽ kõ'serva]

zoet (bn)	doce	['dosi]
gezouten (bn)	salgado	[saw'gadu]
koud (bn)	frio	['friu]
heet (bn)	quente	['kẽtʃi]
bitter (bn)	amargo	[a'margu]
lekker (bn)	gostoso	[gos'tozu]

koken (in kokend water)	cozinhar em água fervente	[kozi'ɲar ẽ 'agwa fer'vẽtʃi]
bereiden (avondmaaltijd ~)	preparar (vt)	[prepa'rar]
bakken (ww)	fritar (vt)	[fri'tar]
opwarmen (ww)	aquecer (vt)	[ake'ser]

zouten (ww)	salgar (vt)	[saw'gar]
peperen (ww)	apimentar (vt)	[apimẽ'tar]
raspen (ww)	ralar (vt)	[ha'lar]
schil (de)	casca (f)	['kaska]
schillen (ww)	descascar (vt)	[dʒiskas'kar]

47. Kruiden

zout (het)	sal (m)	[saw]
gezouten (bn)	salgado	[saw'gadu]
zouten (ww)	salgar (vt)	[saw'gar]

zwarte peper (de)	pimenta-do-reino (f)	[pi'mẽta-du-hejnu]
rode peper (de)	pimenta (f) vermelha	[pi'mẽta ver'meʎa]
mosterd (de)	mostarda (f)	[mos'tarda]
mierikswortel (de)	raiz-forte (f)	[ha'iz fɔrtʃi]

condiment (het)	condimento (m)	[kõdʒi'mẽtu]
specerij, kruiderij (de)	especiaria (f)	[ispesja'ria]
saus (de)	molho (m)	['moʎu]
azijn (de)	vinagre (m)	[vi'nagri]

| anijs (de) | anis (m) | [a'nis] |
| basilicum (de) | manjericão (m) | [mãʒeri'kãw] |

kruidnagel (de)	cravo (m)	['kravu]
gember (de)	gengibre (m)	[ʒë'ʒibri]
koriander (de)	coentro (m)	[ko'ëtru]
kaneel (de/het)	canela (f)	[ka'nɛla]

sesamzaad (het)	gergelim (m)	[ʒerʒe'fĩ]
laurierblad (het)	folha (f) de louro	['foʎaʃ de 'loru]
paprika (de)	páprica (f)	['paprika]
komijn (de)	cominho (m)	[ko'miɲu]
saffraan (de)	açafrão (m)	[asa'frãw]

48. Maaltijden

eten (het)	comida (f)	[ko'mida]
eten (ww)	comer (vt)	[ko'mer]

ontbijt (het)	café (m) da manhã	[ka'fɛ da ma'ɲã]
ontbijten (ww)	tomar café da manhã	[to'mar ka'fɛ da ma'ɲã]
lunch (de)	almoço (m)	[aw'mosu]
lunchen (ww)	almoçar (vi)	[awmo'sar]
avondeten (het)	jantar (m)	[ʒã'tar]
souperen (ww)	jantar (vi)	[ʒã'tar]

eetlust (de)	apetite (m)	[ape'tʃitʃi]
Eet smakelijk!	Bom apetite!	[bõ ape'tʃitʃi]

openen (een fles ~)	abrir (vt)	[a'brir]
morsen (koffie, enz.)	derramar (vt)	[deha'mar]
zijn gemorst	derramar-se (vr)	[deha'marsi]

koken (water kookt bij 100°C)	ferver (vi)	[fer'ver]
koken (Hoe om water te ~)	ferver (vt)	[fer'ver]
gekookt (~ water)	fervido	[fer'vidu]

afkoelen (koeler maken)	esfriar (vt)	[is'frjar]
afkoelen (koeler worden)	esfriar-se (vr)	[is'frjarse]

smaak (de)	sabor, gosto (m)	[sa'bor], ['gostu]
nasmaak (de)	fim (m) de boca	[fĩ de 'boka]

volgen een dieet	emagrecer (vi)	[imagre'ser]
dieet (het)	dieta (f)	['dʒjɛta]
vitamine (de)	vitamina (f)	[vita'mina]
calorie (de)	caloria (f)	[kalo'ria]

vegetariër (de)	vegetariano (m)	[veʒeta'rjanu]
vegetarisch (bn)	vegetariano	[veʒeta'rjanu]

vetten (mv.)	gorduras (f pl)	[gor'duras]
eiwitten (mv.)	proteínas (f pl)	[prote'inas]
koolhydraten (mv.)	carboidratos (m pl)	[karboi'dratus]
snede (de)	fatia (f)	[fa'tʃia]
stuk (bijv. een ~ taart)	pedaço (m)	[pe'dasu]
kruimel (de)	migalha (f), farelo (m)	[mi'gaʎa], [fa'rɛlu]

49. Tafelschikking

lepel (de)	colher (f)	[ko'ʎer]
mes (het)	faca (f)	['faka]
vork (de)	garfo (m)	['garfu]
kopje (het)	xícara (f)	['ʃikara]
bord (het)	prato (m)	['pratu]
schoteltje (het)	pires (m)	['piris]
servet (het)	guardanapo (m)	[gwarda'napu]
tandenstoker (de)	palito (m)	[pa'litu]

50. Restaurant

restaurant (het)	restaurante (m)	[hestaw'rãtʃi]
koffiehuis (het)	cafeteria (f)	[kafete'ria]
bar (de)	bar (m), cervejaria (f)	[bar], [serveʒa'ria]
tearoom (de)	salão (m) de chá	[sa'lãw de ʃa]
kelner, ober (de)	garçom (m)	[gar'sõ]
serveerster (de)	garçonete (f)	[garso'netʃi]
barman (de)	barman (m)	[bar'mã]
menu (het)	cardápio (m)	[kar'dapju]
wijnkaart (de)	lista (f) de vinhos	['lista de 'viɲus]
een tafel reserveren	reservar uma mesa	[hezer'var 'uma 'meza]
gerecht (het)	prato (m)	['pratu]
bestellen (eten ~)	pedir (vt)	[pe'dʒir]
een bestelling maken	fazer o pedido	[fa'zer u pe'dʒidu]
aperitief (de/het)	aperitivo (m)	[aperi'tʃivu]
voorgerecht (het)	entrada (f)	[ẽ'trada]
dessert (het)	sobremesa (f)	[sobri'meza]
rekening (de)	conta (f)	['kõta]
de rekening betalen	pagar a conta	[pa'gar a 'kõta]
wisselgeld teruggeven	dar o troco	[dar u 'troku]
fooi (de)	gorjeta (f)	[gor'ʒeta]

Familie, verwanten en vrienden

51. Persoonlijke informatie. Formulieren

naam (de)	nome (m)	['nɔmi]
achternaam (de)	sobrenome (m)	[sobri'nɔmi]
geboortedatum (de)	data (f) de nascimento	['data de nasi'mẽtu]
geboorteplaats (de)	local (m) de nascimento	[lo'kaw de nasi'mẽtu]
nationaliteit (de)	nacionalidade (f)	[nasjonali'dadʒi]
woonplaats (de)	lugar (m) de residência	[lu'gar de hezi'dẽsja]
land (het)	país (m)	[pa'jis]
beroep (het)	profissão (f)	[profi'sãw]
geslacht (ov. het vrouwelijk ~)	sexo (m)	['sɛksu]
lengte (de)	estatura (f)	[ista'tura]
gewicht (het)	peso (m)	['pezu]

52. Familieleden. Verwanten

moeder (de)	mãe (f)	[mãj]
vader (de)	pai (m)	[paj]
zoon (de)	filho (m)	['fiʎu]
dochter (de)	filha (f)	['fiʎa]
jongste dochter (de)	caçula (f)	[ka'sula]
jongste zoon (de)	caçula (m)	[ka'sula]
oudste dochter (de)	filha (f) mais velha	['fiʎa majs 'vɛʎa]
oudste zoon (de)	filho (m) mais velho	['fiʎu majs 'vɛʎu]
broer (de)	irmão (m)	[ir'mãw]
oudere broer (de)	irmão (m) mais velho	[ir'mãw majs 'vɛʎu]
jongere broer (de)	irmão (m) mais novo	[ir'mãw majs 'novu]
zuster (de)	irmã (f)	[ir'mã]
oudere zuster (de)	irmã (f) mais velha	[ir'mã majs 'vɛʎa]
jongere zuster (de)	irmã (f) mais nova	[ir'mã majs 'nɔva]
neef (zoon van oom, tante)	primo (m)	['primu]
nicht (dochter van oom, tante)	prima (f)	['prima]
mama (de)	mamãe (f)	[ma'mãj]
papa (de)	papai (m)	[pa'paj]
ouders (mv.)	pais (pl)	['pajs]
kind (het)	criança (f)	['krjãsa]
kinderen (mv.)	crianças (f pl)	['krjãsas]
oma (de)	avó (f)	[a'vɔ]
opa (de)	avô (m)	[a'vɔ]

kleinzoon (de)	neto (m)	['nɛtu]
kleindochter (de)	neta (f)	['nɛta]
kleinkinderen (mv.)	netos (pl)	['nɛtus]

oom (de)	tio (m)	['tʃiu]
tante (de)	tia (f)	['tʃia]
neef (zoon van broer, zus)	sobrinho (m)	[so'briɲu]
nicht (dochter van broer, zus)	sobrinha (f)	[so'briɲa]

schoonmoeder (de)	sogra (f)	['sɔgra]
schoonvader (de)	sogro (m)	['sogru]
schoonzoon (de)	genro (m)	['ʒẽhu]
stiefmoeder (de)	madrasta (f)	[ma'drasta]
stiefvader (de)	padrasto (m)	[pa'drastu]

zuigeling (de)	criança (f) de colo	['krjãsa de 'kɔlu]
wiegenkind (het)	bebê (m)	[be'be]
kleuter (de)	menino (m)	[me'ninu]

vrouw (de)	mulher (f)	[mu'ʎer]
man (de)	marido (m)	[ma'ridu]
echtgenoot (de)	esposo (m)	[is'pozu]
echtgenote (de)	esposa (f)	[is'poza]

gehuwd (mann.)	casado	[ka'zadu]
gehuwd (vrouw.)	casada	[ka'zada]
ongehuwd (mann.)	solteiro	[sow'tejru]
vrijgezel (de)	solteirão (m)	[sowtej'rãw]
gescheiden (bn)	divorciado	[dʒivor'sjadu]
weduwe (de)	viúva (f)	['vjuva]
weduwnaar (de)	viúvo (m)	['vjuvu]

familielid (het)	parente (m)	[pa'rẽtʃi]
dichte familielid (het)	parente (m) próximo	[pa'rẽtʃi 'prɔsimu]
verre familielid (het)	parente (m) distante	[pa'rẽtʃi dʒis'tãtʃi]
familieleden (mv.)	parentes (m pl)	[pa'rẽtʃis]

voogd (de)	tutor (m)	[tu'tor]
adopteren (een jongen te ~)	adotar (vt)	[ado'tar]
adopteren (een meisje te ~)	adotar (vt)	[ado'tar]

53. Vrienden. Collega's

vriend (de)	amigo (m)	[a'migu]
vriendin (de)	amiga (f)	[a'miga]
vriendschap (de)	amizade (f)	[ami'zadʒi]
bevriend zijn (ww)	ser amigos	[ser a'migus]

makker (de)	amigo (m)	[a'migu]
vriendin (de)	amiga (f)	[a'miga]
partner (de)	parceiro (m)	[par'sejru]

chef (de)	chefe (m)	['ʃɛfi]
baas (de)	superior (m)	[supe'rjor]

eigenaar (de)	proprietário (m)	[proprje'tarju]
ondergeschikte (de)	subordinado (m)	[subordʒi'nadu]
collega (de)	colega (m, f)	[ko'lɛga]

kennis (de)	conhecido (m)	[koɲe'sidu]
medereiziger (de)	companheiro (m) de viagem	[kõpa'ɲejru de 'vjaʒẽ]
klasgenoot (de)	colega (m) de classe	[ko'lɛga de 'klasi]

buurman (de)	vizinho (m)	[vi'ziɲu]
buurvrouw (de)	vizinha (f)	[vi'ziɲa]
buren (mv.)	vizinhos (pl)	[vi'ziɲus]

54. Man. Vrouw

vrouw (de)	mulher (f)	[mu'ʎer]
meisje (het)	menina (f)	[me'nina]
bruid (de)	noiva (f)	['nojva]

mooi(e) (vrouw, meisje)	bonita, bela	[bo'nita], ['bɛla]
groot, grote (vrouw, meisje)	alta	['awta]
slank(e) (vrouw, meisje)	esbelta	[iz'bɛwta]
korte, kleine (vrouw, meisje)	baixa	['baɪʃa]

| blondine (de) | loira (f) | ['lojra] |
| brunette (de) | morena (f) | [mo'rena] |

dames- (abn)	de senhora	[de se'ɲora]
maagd (de)	virgem (f)	['virʒẽ]
zwanger (bn)	grávida	['gravida]

man (de)	homem (m)	['ɔmẽ]
blonde man (de)	loiro (m)	['lojru]
bruinharige man (de)	moreno (m)	[mo'renu]
groot (bn)	alto	['awtu]
klein (bn)	baixo	['baɪʃu]

onbeleefd (bn)	rude	['hudʒi]
gedrongen (bn)	atarracado	[ataha'kadu]
robuust (bn)	robusto	[ho'bustu]
sterk (bn)	forte	['fɔrtʃi]
sterkte (de)	força (f)	['forsa]

mollig (bn)	gordo	['gordu]
getaand (bn)	moreno	[mo'renu]
slank (bn)	esbelto	[iz'bɛwtu]
elegant (bn)	elegante	[ele'gãtʃi]

55. Leeftijd

leeftijd (de)	idade (f)	[i'dadʒi]
jeugd (de)	juventude (f)	[ʒuvẽ'tudʒi]
jong (bn)	jovem	['ʒɔvẽ]

| jonger (bn) | mais novo | [majs 'novu] |
| ouder (bn) | mais velho | [majs 'vɛʎu] |

jongen (de)	jovem (m)	['ʒɔvẽ]
tiener, adolescent (de)	adolescente (m)	[adole'sẽtʃi]
kerel (de)	rapaz (m)	[ha'pajz]

| oude man (de) | velho (m) | ['vɛʎu] |
| oude vrouw (de) | velha (f) | ['vɛʎa] |

volwassen (bn)	adulto	[a'duwtu]
van middelbare leeftijd (bn)	de meia-idade	[de meja i'dadʒi]
bejaard (bn)	idoso, de idade	[i'dozu], [de i'dade]
oud (bn)	velho	['vɛʎu]

pensioen (het)	aposentadoria (f)	[apozẽtado'ria]
met pensioen gaan	aposentar-se (vr)	[apozẽ'tarsi]
gepensioneerde (de)	aposentado (m)	[apozẽ'tadu]

56. Kinderen

kind (het)	criança (f)	['krjãsa]
kinderen (mv.)	crianças (f pl)	['krjãsas]
tweeling (de)	gêmeos (m pl), gêmeas (f pl)	['ʒemjus], ['ʒemjas]

wieg (de)	berço (m)	['bersu]
rammelaar (de)	chocalho (m)	[ʃo'kaʎu]
luier (de)	fralda (f)	['frawda]

speen (de)	chupeta (f), bico (m)	[ʃu'peta], ['biku]
kinderwagen (de)	carrinho (m) de bebê	[ka'hiɲu de be'be]
kleuterschool (de)	jardim (m) de infância	[ʒar'dʒĩ de ĩ'fãsja]
babysitter (de)	babysitter, babá (f)	[bebi'sitter], [ba'ba]

kindertijd (de)	infância (f)	[ĩ'fãsja]
pop (de)	boneca (f)	[bo'nɛka]
speelgoed (het)	brinquedo (m)	[brĩ'kedu]
bouwspeelgoed (het)	jogo (m) de montar	['ʒogu de mõ'tar]

welopgevoed (bn)	bem-educado	[bẽj edu'kadu]
onopgevoed (bn)	malcriado	[maw'krjadu]
verwend (bn)	mimado	[mi'madu]

stout zijn (ww)	ser travesso	[ser tra'vɛsu]
stout (bn)	travesso, traquinas	[tra'vɛsu], [tra'kinas]
stoutheid (de)	travessura (f)	[trave'sura]
stouterd (de)	criança (f) travessa	['krjãsa tra'vɛsa]

| gehoorzaam (bn) | obediente | [obe'dʒẽtʃi] |
| ongehoorzaam (bn) | desobediente | [dʒizobe'dʒjẽtʃi] |

braaf (bn)	dócil	['dɔsiw]
slim (verstandig)	inteligente	[ĩteli'ʒẽtʃi]
wonderkind (het)	prodígio (m)	[pro'dʒiʒu]

57. Gehuwde paren. Gezinsleven

kussen (een kus geven)	beijar (vt)	[bej'ʒar]
elkaar kussen (ww)	beijar-se (vr)	[bej'ʒarsi]
gezin (het)	família (f)	[fa'milja]
gezins- (abn)	familiar	[fami'ljar]
paar (het)	casal (m)	[ka'zaw]
huwelijk (het)	matrimônio (m)	[matri'monju]
thuis (het)	lar (m)	[lar]
dynastie (de)	dinastia (f)	[dʒinas'tʃia]
date (de)	encontro (m)	[ẽ'kõtru]
zoen (de)	beijo (m)	['bejʒu]
liefde (de)	amor (m)	[a'mor]
liefhebben (ww)	amar (vt)	[a'mar]
geliefde (bn)	amado, querido	[a'madu], [ke'ridu]
tederheid (de)	ternura (f)	[ter'nura]
teder (bn)	afetuoso	[afe'twozu]
trouw (de)	fidelidade (f)	[fideli'dadʒi]
trouw (bn)	fiel	[fjɛw]
zorg (bijv. bejaarden~)	cuidado (m)	[kwi'dadu]
zorgzaam (bn)	carinhoso	[kari'ɲozu]
jonggehuwden (mv.)	recém-casados (pl)	[he'sẽ-ka'zadus]
wittebroodsweken (mv.)	lua (f) de mel	['lua de mɛw]
trouwen (vrouw)	casar-se (vr)	[ka'zarsi]
trouwen (man)	casar-se (vr)	[ka'zarsi]
bruiloft (de)	casamento (m)	[kaza'mẽtu]
gouden bruiloft (de)	bodas (f pl) de ouro	['bodas de 'oru]
verjaardag (de)	aniversário (m)	[aniver'sarju]
minnaar (de)	amante (m)	[a'mãtʃi]
minnares (de)	amante (f)	[a'mãtʃi]
overspel (het)	adultério (m), traição (f)	[aduw'tɛrju], [traj'sãw]
overspel plegen (ww)	cometer adultério	[kome'ter aduw'tɛrju]
jaloers (bn)	ciumento	[sju'mẽtu]
jaloers zijn (echtgenoot, enz.)	ser ciumento, -a	[ser sju'mẽtu, -a]
echtscheiding (de)	divórcio (m)	[dʒi'vɔrsju]
scheiden (ww)	divorciar-se (vr)	[dʒivor'sjarsi]
ruzie hebben (ww)	brigar (vi)	[bri'gar]
vrede sluiten (ww)	fazer as pazes	[fa'zer as 'pajzis]
samen (bw)	juntos	['ʒũtus]
seks (de)	sexo (m)	['sɛksu]
geluk (het)	felicidade (f)	[felisi'dadʒi]
gelukkig (bn)	feliz	[fe'liz]
ongeluk (het)	infelicidade (f)	[ĩfelisi'dadʒi]
ongelukkig (bn)	infeliz	[ĩfe'liz]

Karakter. Gevoelens. Emoties

58. Gevoelens. Emoties

gevoel (het)	sentimento (m)	[sẽtʃi'mẽtu]
gevoelens (mv.)	sentimentos (m pl)	[sẽtʃi'mẽtus]
voelen (ww)	sentir (vt)	[sẽ'tʃir]

honger (de)	fome (f)	['fɔmi]
honger hebben (ww)	ter fome	[ter 'fɔmi]
dorst (de)	sede (f)	['sedʒi]
dorst hebben	ter sede	[ter 'sedʒi]
slaperigheid (de)	sonolência (f)	[sono'lẽsja]
willen slapen	estar sonolento	[is'tar sono'lẽtu]

moeheid (de)	cansaço (m)	[kã'sasu]
moe (bn)	cansado	[kã'sadu]
vermoeid raken (ww)	ficar cansado	[fi'kar kã'sadu]

stemming (de)	humor (m)	[u'mor]
verveling (de)	tédio (m)	['tɛdʒju]
zich vervelen (ww)	entediar-se (vr)	[ẽte'dʒjarsi]
afzondering (de)	reclusão (f)	[heklu'zãw]
zich afzonderen (ww)	isolar-se (vr)	[izo'larsi]

bezorgd maken	preocupar (vt)	[preoku'par]
bezorgd zijn (ww)	estar preocupado	[is'tar preoku'padu]
zorg (bijv. geld~en)	preocupação (f)	[preokupa'sãw]
ongerustheid (de)	ansiedade (f)	[ãsje'dadʒi]
ongerust (bn)	preocupado	[preoku'padu]
zenuwachtig zijn (ww)	estar nervoso	[is'tar ner'vozu]
in paniek raken	entrar em pânico	[ẽ'trar ẽ 'paniku]

hoop (de)	esperança (f)	[ispe'rãsa]
hopen (ww)	esperar (vi, vt)	[ispe'rar]

zekerheid (de)	certeza (f)	[ser'teza]
zeker (bn)	certo, seguro de ...	['sɛrtu], [se'guru de]
onzekerheid (de)	indecisão (f)	[ĩdesi'zãw]
onzeker (bn)	indeciso	[ĩde'sizu]

dronken (bn)	bêbado	['bebadu]
nuchter (bn)	sóbrio	['sɔbrju]
zwak (bn)	fraco	['fraku]
gelukkig (bn)	feliz	[fe'liz]
doen schrikken (ww)	assustar (vt)	[asus'tar]
toorn (de)	fúria (f)	['furja]
woede (de)	ira, raiva (f)	['ira], ['hajva]
depressie (de)	depressão (f)	[depre'sãw]
ongemak (het)	desconforto (m)	[dʒiskõ'fortu]

gemak, comfort (het)	conforto (m)	[kõ'fortu]
spijt hebben (ww)	arrepender-se (vr)	[ahepẽ'dersi]
spijt (de)	arrependimento (m)	[ahepẽdʒi'mẽtu]
pech (de)	azar (m), má sorte (f)	[a'zar], [ma 'sɔrtʃi]]
bedroefdheid (de)	tristeza (f)	[tris'teza]

schaamte (de)	vergonha (f)	[ver'goɲa]
pret (de), plezier (het)	alegria (f)	[ale'gria]
enthousiasme (het)	entusiasmo (m)	[ẽtu'zjazmu]
enthousiasteling (de)	entusiasta (m)	[ẽtu'zjasta]
enthousiasme vertonen	mostrar entusiasmo	[mos'trar ẽtu'zjazmu]

59. Karakter. Persoonlijkheid

karakter (het)	caráter (m)	[ka'rater]
karakterfout (de)	falha (f) de caráter	['faʎa de ka'rater]
verstand (het)	mente (f)	['mẽtʃi]
rede (de)	razão (f)	[ha'zãw]

geweten (het)	consciência (f)	[kõ'sjẽsja]
gewoonte (de)	hábito, costume (m)	['abitu], [kos'tumi]
bekwaamheid (de)	habilidade (f)	[abili'dadʒi]
kunnen (bijv., ~ zwemmen)	saber (vi)	[sa'ber]

geduldig (bn)	paciente	[pa'sjẽtʃi]
ongeduldig (bn)	impaciente	[ĩpa'sjẽtʃi]
nieuwsgierig (bn)	curioso	[ku'rjozu]
nieuwsgierigheid (de)	curiosidade (f)	[kurjozi'dadʒi]

bescheidenheid (de)	modéstia (f)	[mo'dɛstu]
bescheiden (bn)	modesto	[mo'dɛstu]
onbescheiden (bn)	imodesto	[imo'dɛstu]

luiheid (de)	preguiça (f)	[pre'gisa]
lui (bn)	preguiçoso	[pregi'sozu]
luiwammes (de)	preguiçoso (m)	[pregi'sozu]

sluwheid (de)	astúcia (f)	[as'tusja]
sluw (bn)	astuto	[as'tutu]
wantrouwen (het)	desconfiança (f)	[dʒiskõ'fjãsa]
wantrouwig (bn)	desconfiado	[dʒiskõ'fjadu]

gulheid (de)	generosidade (f)	[ʒenerozi'dadʒi]
gul (bn)	generoso	[ʒene'rozu]
talentrijk (bn)	talentoso	[talẽ'tozu]
talent (het)	talento (m)	[ta'lẽtu]

moedig (bn)	corajoso	[kora'ʒozu]
moed (de)	coragem (f)	[ko'raʒẽ]
eerlijk (bn)	honesto	[o'nɛstu]
eerlijkheid (de)	honestidade (f)	[onestʃi'dadʒi]

| voorzichtig (bn) | prudente, cuidadoso | [pru'dẽtʃi], [kwida'dozu] |
| manhaftig (bn) | valoroso | [valo'rozu] |

| ernstig (bn) | sério | ['sɛrju] |
| streng (bn) | severo | [se'vɛru] |

resoluut (bn)	decidido	[desi'dʒidu]
onzeker, irresoluut (bn)	indeciso	[ĩde'sizu]
schuchter (bn)	tímido	['tʃimidu]
schuchterheid (de)	timidez (f)	[tʃimi'dez]

vertrouwen (het)	confiança (f)	[kõ'fjãsa]
vertrouwen (ww)	confiar (vt)	[kõ'fjar]
goedgelovig (bn)	crédulo	['krɛdulu]

oprecht (bw)	sinceramente	[sĩsera'mẽtʃi]
oprecht (bn)	sincero	[sĩ'sɛru]
oprechtheid (de)	sinceridade (f)	[sĩseri'dadʒi]
open (bn)	aberto	[a'bɛrtu]

rustig (bn)	calmo	['kawmu]
openhartig (bn)	franco	['frãku]
naïef (bn)	ingênuo	[ĩ'ʒenwu]
verstrooid (bn)	distraído	[dʒistra'idu]
leuk, grappig (bn)	engraçado	[ẽgra'sadu]

gierigheid (de)	ganância (f)	[ga'nãsja]
gierig (bn)	ganancioso	[ganã'sjozu]
inhalig (bn)	avarento, sovina	[avar'ẽtu], [so'vina]
kwaad (bn)	mal	[maw]
koppig (bn)	teimoso	[tej'mozu]
onaangenaam (bn)	desagradável	[dʒizagra'davew]

egoïst (de)	egoísta (m)	[ego'ista]
egoïstisch (bn)	egoísta	[ego'ista]
lafaard (de)	covarde (m)	[ko'vardʒi]
laf (bn)	covarde	[ko'vardʒi]

60. Slaap. Dromen

slapen (ww)	dormir (vi)	[dor'mir]
slaap (in ~ vallen)	sono (m)	['sɔnu]
droom (de)	sonho (m)	['sɔɲu]
dromen (in de slaap)	sonhar (vi)	[so'ɲar]
slaperig (bn)	sonolento	[sono'lẽtu]

bed (het)	cama (f)	['kama]
matras (de)	colchão (m)	[kow'ʃãw]
deken (de)	cobertor (m)	[kuber'tor]
kussen (het)	travesseiro (m)	[trave'sejru]
laken (het)	lençol (m)	[lẽ'sɔw]

slapeloosheid (de)	insônia (f)	[ĩ'sonja]
slapeloos (bn)	sem sono	[sẽ 'sɔnu]
slaapmiddel (het)	sonífero (m)	[so'niferu]
slaapmiddel innemen	tomar um sonífero	[to'mar ũ so'niferu]
willen slapen	estar sonolento	[is'tar sono'lẽtu]

geeuwen (ww)	bocejar (vi)	[buse'ʒar]
gaan slapen	ir para a cama	[ir 'para a 'kama]
het bed opmaken	fazer a cama	[fa'zer a 'kama]
inslapen (ww)	adormecer (vi)	[adorme'ser]

nachtmerrie (de)	pesadelo (m)	[peza'delu]
gesnurk (het)	ronco (m)	['hõku]
snurken (ww)	roncar (vi)	[hõ'kar]

wekker (de)	despertador (m)	[dʒisperta'dor]
wekken (ww)	acordar, despertar (vt)	[akor'dar], [dʒisper'tar]
wakker worden (ww)	acordar (vi)	[akor'dar]
opstaan (ww)	levantar-se (vr)	[levã'tarsi]
zich wassen (ww)	lavar-se (vr)	[la'varsi]

61. Humor. Gelach. Blijdschap

humor (de)	humor (m)	[u'mor]
gevoel (het) voor humor	senso (m) de humor	['sẽsu de u'mor]
plezier hebben (ww)	divertir-se (vr)	[dʒiver'tʃirsi]
vrolijk (bn)	alegre	[a'lɛgri]
pret (de), plezier (het)	alegria, diversão (f)	[ale'gria], [dʒiver'sãw]

glimlach (de)	sorriso (m)	[so'hizu]
glimlachen (ww)	sorrir (vi)	[so'hir]
beginnen te lachen (ww)	começar a rir	[kome'sar a hir]
lachen (ww)	rir (vi)	[hir]
lach (de)	riso (m)	['hizu]

mop (de)	anedota (f)	[ane'dɔta]
grappig (een ~ verhaal)	engraçado	[ẽgra'sadu]
grappig (~e clown)	ridículo, cômico	[hi'dʒikulu], ['komiku]

grappen maken (ww)	brincar (vi)	[brĩ'kar]
grap (de)	piada (f)	['pjada]
blijheid (de)	alegria (f)	[ale'gria]
blij zijn (ww)	regozijar-se (vr)	[hegozi'ʒarsi]
blij (bn)	alegre	[a'lɛgri]

62. Discussie, conversatie. Deel 1

| communicatie (de) | comunicação (f) | [komunika'sãw] |
| communiceren (ww) | comunicar-se (vr) | [komuni'karse] |

conversatie (de)	conversa (f)	[kõ'vɛrsa]
dialoog (de)	diálogo (m)	['dʒjalogu]
discussie (de)	discussão (f)	[dʒisku'sãw]
debat (het)	debate (m)	[de'batʃi]
debatteren, twisten (ww)	debater (vt)	[deba'ter]

| gesprekspartner (de) | interlocutor (m) | [ĩterloku'tor] |
| thema (het) | tema (m) | ['tɛma] |

standpunt (het)	ponto (m) de vista	['põtu de 'vista]
mening (de)	opinião (f)	[opi'njãw]
toespraak (de)	discurso (m)	[dʒis'kursu]

bespreking (de)	discussão (f)	[dʒisku'sãw]
bespreken (spreken over)	discutir (vt)	[dʒisku'tʃir]
gesprek (het)	conversa (f)	[kõ'vɛrsa]
spreken (converseren)	conversar (vi)	[kõver'sar]
ontmoeting (de)	reunião (f)	[heu'njãw]
ontmoeten (ww)	encontrar-se (vr)	[ẽkõ'trarsi]

spreekwoord (het)	provérbio (m)	[pro'vɛrbju]
gezegde (het)	ditado, provérbio (m)	[dʒi'tadu], [pro'vɛrbju]
raadsel (het)	adivinha (f)	[adʒi'viɲa]
een raadsel opgeven	dizer uma adivinha	[dʒi'zer 'uma adʒi'viɲu]
wachtwoord (het)	senha (f)	['sɛɲa]
geheim (het)	segredo (m)	[se'gredu]

eed (de)	juramento (m)	[ʒura'mẽtu]
zweren (een eed doen)	jurar (vi)	[ʒu'rar]
belofte (de)	promessa (f)	[pro'mɛsa]
beloven (ww)	prometer (vt)	[prome'ter]

advies (het)	conselho (m)	[kõ'seʎu]
adviseren (ww)	aconselhar (vt)	[akõse'ʎar]
advies volgen (iemands ~)	seguir o conselho	[se'gir u kõ'seʎu]
luisteren (gehoorzamen)	escutar (vt)	[isku'tar]

nieuws (het)	novidade, notícia (f)	[novi'dadʒi], [no'tʃisja]
sensatie (de)	sensação (f)	[sẽsa'sãw]
informatie (de)	informação (f)	[ĩforma'sãw]
conclusie (de)	conclusão (f)	[kõklu'zãw]
stem (de)	voz (f)	[vɔz]
compliment (het)	elogio (m)	[elo'ʒiu]
vriendelijk (bn)	amável, querido	[a'mavew], [ke'ridu]

woord (het)	palavra (f)	[pa'lavra]
zin (de), zinsdeel (het)	frase (f)	['frazi]
antwoord (het)	resposta (f)	[hes'pɔsta]

waarheid (de)	verdade (f)	[ver'dadʒi]
leugen (de)	mentira (f)	[mẽ'tʃira]

gedachte (de)	pensamento (m)	[pẽsa'mẽtu]
idee (de/het)	ideia (f)	[i'dɛja]
fantasie (de)	fantasia (f)	[fãta'zia]

63. Discussie, conversatie. Deel 2

gerespecteerd (bn)	estimado, respeitado	[istʃi'madu], [hespej'tadu]
respecteren (ww)	respeitar (vt)	[hespej'tar]
respect (het)	respeito (m)	[hes'pejtu]
Geachte ... (brief)	Estimado ..., Caro ...	[istʃi'madu], ['karu]
voorstellen (Mag ik jullie ~)	apresentar (vt)	[aprezẽ'tar]

kennismaken (met ...)	conhecer (vt)	[koɲe'ser]
intentie (de)	intenção (f)	[ĩtẽ'sãw]
intentie hebben (ww)	tencionar (vt)	[tẽsjo'nar]
wens (de)	desejo (m)	[de'zeʒu]
wensen (ww)	desejar (vt)	[deze'ʒar]

verbazing (de)	surpresa (f)	[sur'preza]
verbazen (verwonderen)	surpreender (vt)	[surprjẽ'der]
verbaasd zijn (ww)	surpreender-se (vr)	[surprjẽ'dersi]

geven (ww)	dar (vt)	[dar]
nemen (ww)	pegar (vt)	[pe'gar]
teruggeven (ww)	devolver (vt)	[devow'ver]
retourneren (ww)	retornar (vt)	[hetor'nar]

zich verontschuldigen	desculpar-se (vr)	[dʒiskuw'parsi]
verontschuldiging (de)	desculpa (f)	[dʒis'kuwpa]
vergeven (ww)	perdoar (vt)	[per'dwar]

spreken (ww)	falar (vi)	[fa'lar]
luisteren (ww)	escutar (vt)	[isku'tar]
aanhoren (ww)	ouvir até o fim	[o'vir a'tɛ u fĩ]
begrijpen (ww)	entender (vt)	[ẽtẽ'der]

tonen (ww)	mostrar (vt)	[mos'trar]
kijken naar ...	olhar para ...	[ɔ'ʎar 'para]
roepen (vragen te komen)	chamar (vt)	[ʃa'mar]
afleiden (storen)	perturbar, distrair (vt)	[pertur'bar], [dʒistra'ir]
storen (lastigvallen)	perturbar (vt)	[pertur'bar]
doorgeven (ww)	entregar (vt)	[ẽtre'gar]

verzoek (het)	pedido (m)	[pe'dʒidu]
verzoeken (ww)	pedir (vt)	[pe'dʒir]
eis (de)	exigência (f)	[ezi'ʒẽsja]
eisen (met klem vragen)	exigir (vt)	[ezi'ʒir]

beledigen (beledigende namen geven)	insultar (vt)	[ĩsuw'tar]
uitlachen (ww)	zombar (vt)	[zõ'bar]
spot (de)	zombaria (f)	[zõba'ria]
bijnaam (de)	alcunha (f), apelido (m)	[aw'kuɲa], [ape'lidu]

zinspeling (de)	insinuação (f)	[ĩsinwa'sãw]
zinspelen (ww)	insinuar (vt)	[ĩsi'nwar]
impliceren (duiden op)	querer dizer	[ke'rer dʒi'zer]

beschrijving (de)	descrição (f)	[dʒiskri'sãw]
beschrijven (ww)	descrever (vt)	[dʒiskre'ver]
lof (de)	elogio (m)	[elo'ʒiu]
loven (ww)	elogiar (vt)	[elo'ʒjar]

teleurstelling (de)	desapontamento (m)	[dʒizapõta'mẽtu]
teleurstellen (ww)	desapontar (vt)	[dʒizapõ'tar]
teleurgesteld zijn (ww)	desapontar-se (vr)	[dʒizapõ'tarsi]
veronderstelling (de)	suposição (f)	[supozi'sãw]
veronderstellen (ww)	supor (vt)	[su'por]

| waarschuwing (de) | advertência (f) | [adʒiver'tẽsja] |
| waarschuwen (ww) | advertir (vt) | [adʒiver'tʃir] |

64. Discussie, conversatie. Deel 3

| aanpraten (ww) | convencer (vt) | [kõvẽ'ser] |
| kalmeren (kalm maken) | acalmar (vt) | [akaw'mar] |

stilte (de)	silêncio (m)	[si'lẽsju]
zwijgen (ww)	ficar em silêncio	[fi'kar ẽ si'lẽsju]
fluisteren (ww)	sussurrar (vi, vt)	[susu'har]
gefluister (het)	sussurro (m)	[su'suhu]

| open, eerlijk (bw) | francamente | [frãka'mẽtʃi] |
| volgens mij … | na minha opinião … | [na 'miɲa opi'njãw] |

detail (het)	detalhe (m)	[de'taʎi]
gedetailleerd (bn)	detalhado	[deta'ʎadu]
gedetailleerd (bw)	detalhadamente	[detaʎada'mẽtʃi]

| hint (de) | dica (f) | ['dʒika] |
| een hint geven | dar uma dica | [dar 'uma 'dʒika] |

blik (de)	olhar (m)	[ɔ'ʎar]
een kijkje nemen	dar uma olhada	[dar 'uma o'ʎada]
strak (een ~ke blik)	fixo	['fiksu]
knipperen (ww)	piscar (vi)	[pis'kar]
knipogen (ww)	piscar (vt)	[pis'kar]
knikken (ww)	acenar com a cabeça	[ase'nar kõ a ka'besa]

zucht (de)	suspiro (m)	[sus'piru]
zuchten (ww)	suspirar (vi)	[suspi'rar]
huiveren (ww)	estremecer (vi)	[istreme'ser]
gebaar (het)	gesto (m)	['ʒɛstu]
aanraken (ww)	tocar (vt)	[to'kar]
grijpen (ww)	agarrar (vt)	[aga'har]
een schouderklopje geven	bater de leve	[ba'ter de 'lɛvi]

Kijk uit!	Cuidado!	[kwi'dadu]
Echt?	Sério?	['sɛrju]
Bent je er zeker van?	Tem certeza?	[tẽj ser'teza]
Succes!	Boa sorte!	['boa 'sɔrtʃi]
Juist, ja!	Entendi!	[ẽtẽ'dʒi]
Wat jammer!	Que pena!	[ki 'pena]

65. Overeenstemming. Weigering

instemming (het)	consentimento (m)	[kõsẽtʃi'mẽtu]
instemmen (akkoord gaan)	consentir (vi)	[kõsẽ'tʃir]
goedkeuring (de)	aprovação (f)	[aprova'sãw]
goedkeuren (ww)	aprovar (vt)	[apro'var]
weigering (de)	recusa (f)	[he'kuza]

weigeren (ww)	negar-se a ...	[ne'garsi]
Geweldig!	Ótimo!	['ɔtʃimu]
Goed!	Tudo bem!	['tudu bẽj]
Akkoord!	Está bem! De acordo!	[is'ta bẽj], [de a'kordu]

verboden (bn)	proibido	[proi'bidu]
het is verboden	é proibido	[ɛ proi'bidu]
het is onmogelijk	é impossível	[ɛ ĩpo'sivew]
onjuist (bn)	incorreto	[ĩko'hɛtu]

afwijzen (ww)	rejeitar (vt)	[heʒej'tar]
steunen	apoiar (vt)	[apo'jar]
(een goed doel, enz.)		
aanvaarden (excuses ~)	aceitar (vt)	[asej'tar]

bevestigen (ww)	confirmar (vt)	[kõfir'mar]
bevestiging (de)	confirmação (f)	[kõfirma'sãw]
toestemming (de)	permissão (f)	[permi'sãw]
toestaan (ww)	permitir (vt)	[permi'tʃir]
beslissing (de)	decisão (f)	[desi'zãw]
z'n mond houden (ww)	não dizer nada	['nãw dʒi'zer 'nada]

voorwaarde (de)	condição (f)	[kõdʒi'sãw]
smoes (de)	pretexto (m)	[pre'testu]
lof (de)	elogio (m)	[elo'ʒiu]
loven (ww)	elogiar (vt)	[elo'ʒjar]

66. Succes. Veel geluk. Mislukking

succes (het)	êxito, sucesso (m)	['ezitu], [su'sɛsu]
succesvol (bw)	com êxito	[kõ 'ezitu]
succesvol (bn)	bem sucedido	[bẽj suse'dʒidu]

geluk (het)	sorte (f)	['sɔrtʃi]
Succes!	Boa sorte!	['boa 'sɔrtʃi]
geluks- (bn)	de sorte	[de 'sɔrtʃi]
gelukkig (fortuinlijk)	sortudo, felizardo	[sor'tudu], [feli'zardu]

mislukking (de)	fracasso (m)	[fra'kasu]
tegenslag (de)	pouca sorte (f)	['poka 'sɔrtʃi]
pech (de)	azar (m), má sorte (f)	[a'zar], [ma 'sɔrtʃi]]
zonder succes (bn)	mal sucedido	[maw suse'dʒidu]
catastrofe (de)	catástrofe (f)	[ka'tastrofi]

fierheid (de)	orgulho (m)	[or'guʎu]
fier (bn)	orgulhoso	[orgu'ʎozu]
fier zijn (ww)	estar orgulhoso	[is'tar orgu'ʎozu]

winnaar (de)	vencedor (m)	[vẽse'dor]
winnen (ww)	vencer (vi, vt)	[vẽ'ser]
verliezen (ww)	perder (vt)	[per'der]
poging (de)	tentativa (f)	[tẽta'tʃiva]
pogen, proberen (ww)	tentar (vt)	[tẽ'tar]
kans (de)	chance (m)	['ʃãsi]

67. Ruzies. Negatieve emoties

schreeuw (de)	grito (m)	['gritu]
schreeuwen (ww)	gritar (vi)	[gri'tar]
beginnen te schreeuwen	começar a gritar	[kome'sar a gri'tar]

ruzie (de)	discussão (f)	[dʒisku'sãw]
ruzie hebben (ww)	brigar (vi)	[bri'gar]
schandaal (het)	escândalo (m)	[is'kãdalu]
schandaal maken (ww)	criar escândalo	[krjar is'kãdalu]
conflict (het)	conflito (m)	[kõ'flitu]
misverstand (het)	mal-entendido (m)	[mal ẽtẽ'dʒidu]

belediging (de)	insulto (m)	[ĩ'suwtu]
beledigen (met scheldwoorden)	insultar (vt)	[ĩsuw'tar]
beledigd (bn)	insultado	[ĩsuw'tadu]
krenking (de)	ofensa (f)	[ɔ'fẽsa]
krenken (beledigen)	ofender (vt)	[ofẽ'der]
gekwetst worden (ww)	ofender-se (vr)	[ofẽ'dersi]

verontwaardiging (de)	indignação (f)	[ĩdʒigna'sãw]
verontwaardigd zijn (ww)	indignar-se (vr)	[ĩdʒig'narsi]
klacht (de)	queixa (f)	['kejʃa]
klagen (ww)	queixar-se (vr)	[kej'ʃarsi]

verontschuldiging (de)	desculpa (f)	[dʒis'kuwpa]
zich verontschuldigen	desculpar-se (vr)	[dʒiskuw'parsi]
excuus vragen	pedir perdão	[pe'dʒir per'dãw]

kritiek (de)	crítica (f)	['kritʃika]
bekritiseren (ww)	criticar (vt)	[kritʃi'kar]
beschuldiging (de)	acusação (f)	[akuza'sãw]
beschuldigen (ww)	acusar (vt)	[aku'zar]

wraak (de)	vingança (f)	[vĩ'gãsa]
wreken (ww)	vingar (vt)	[vĩ'gar]
wraak nemen (ww)	vingar-se (vr)	[vĩ'garsi]

minachting (de)	desprezo (m)	[dʒis'prezu]
minachten (ww)	desprezar (vt)	[dʒispre'zar]
haat (de)	ódio (m)	['ɔdʒju]
haten (ww)	odiar (vt)	[o'dʒjar]

zenuwachtig (bn)	nervoso	[ner'vozu]
zenuwachtig zijn (ww)	estar nervoso	[is'tar ner'vozu]
boos (bn)	zangado	[zã'gadu]
boos maken (ww)	zangar (vt)	[zã'gar]

vernedering (de)	humilhação (f)	[umiʎa'sãw]
vernederen (ww)	humilhar (vt)	[umi'ʎar]
zich vernederen (ww)	humilhar-se (vr)	[umi'ʎarsi]

schok (de)	choque (m)	['ʃoki]
schokken (ww)	chocar (vt)	[ʃo'kar]

onaangenaamheid (de)	aborrecimento (m)	[abohesi'mẽtu]
onaangenaam (bn)	desagradável	[dʒizagra'davew]

vrees (de)	medo (m)	['medu]
vreselijk (bijv. ~ onweer)	terrível	[te'hivew]
eng (bn)	assustador	[asusta'dor]
gruwel (de)	horror (m)	[o'hor]
vreselijk (~ nieuws)	horrível, terrível	[o'hivew], [te'hivew]

beginnen te beven	começar a tremer	[kome'sar a tre'mer]
huilen (wenen)	chorar (vi)	[ʃo'rar]
beginnen te huilen (wenen)	começar a chorar	[kome'sar a ʃo'rar]
traan (de)	lágrima (f)	['lagrima]

schuld (~ geven aan)	falta (f)	['fawta]
schuldgevoel (het)	culpa (f)	['kuwpa]
schande (de)	desonra (f)	[dʒi'zõha]
protest (het)	protesto (m)	[pro'tɛstu]
stress (de)	estresse (m)	[is'trɛsi]

storen (lastigvallen)	perturbar (vt)	[pertur'bar]
kwaad zijn (ww)	zangar-se com ...	[zã'garsi kõ]
kwaad (bn)	zangado	[zã'gadu]
beëindigen (een relatie ~)	terminar (vt)	[termi'nar]
vloeken (ww)	praguejar	[prage'ʒar]

schrikken (schrik krijgen)	assustar-se	[asus'tarsi]
slaan (iemand ~)	golpear (vt)	[gow'pjar]
vechten (ww)	brigar (vi)	[bri'gar]

regelen (conflict)	resolver (vt)	[hezow'ver]
ontevreden (bn)	descontente	[dʒiskõ'tẽtʃi]
woedend (bn)	furioso	[fu'rjozu]

Dat is niet goed!	Não está bem!	['nãw is'ta bẽj]
Dat is slecht!	É ruim!	[ɛ hu'ĩ]

Geneeskunde

68. Ziekten

ziekte (de)	doença (f)	[do'ēsa]
ziek zijn (ww)	estar doente	[is'tar do'ētʃi]
gezondheid (de)	saúde (f)	[sa'udʒi]
snotneus (de)	nariz (m) escorrendo	[na'riz isko'hēdu]
angina (de)	amigdalite (f)	[amigda'litʃi]
verkoudheid (de)	resfriado (m)	[hes'frjadu]
verkouden raken (ww)	ficar resfriado	[fi'kar hes'frjadu]
bronchitis (de)	bronquite (f)	[brõ'kitʃi]
longontsteking (de)	pneumonia (f)	[pnewmo'nia]
griep (de)	gripe (f)	['gripi]
bijziend (bn)	míope	['miopi]
verziend (bn)	presbita	[pres'bita]
scheelheid (de)	estrabismo (m)	[istra'bizmu]
scheel (bn)	estrábico, vesgo	[is'trabiku], ['vezgu]
grauwe staar (de)	catarata (f)	[kata'rata]
glaucoom (het)	glaucoma (m)	[glaw'koma]
beroerte (de)	AVC (m), apoplexia (f)	[ave'se], [apople'ksia]
hartinfarct (het)	ataque (m) cardíaco	[a'taki kar'dʒiaku]
myocardiaal infarct (het)	enfarte (m) do miocárdio	[ē'fartʃi du mjo'kardʒiu]
verlamming (de)	paralisia (f)	[parali'zia]
verlammen (ww)	paralisar (vt)	[parali'zar]
allergie (de)	alergia (f)	[aler'ʒia]
astma (de/het)	asma (f)	['azma]
diabetes (de)	diabetes (f)	[dʒja'bɛtʃis]
tandpijn (de)	dor (f) de dente	[dor de 'dētʃi]
tandbederf (het)	cárie (f)	['kari]
diarree (de)	diarreia (f)	[dʒja'hɛja]
constipatie (de)	prisão (f) de ventre	[pri'zãw de 'vētri]
maagstoornis (de)	desarranjo (m) intestinal	[dʒiza'hãʒu ītestʃi'naw]
voedselvergiftiging (de)	intoxicação (f) alimentar	[ītoksika'sãw alimē'tar]
voedselvergiftiging oplopen	intoxicar-se	[ītoksi'karsi]
artritis (de)	artrite (f)	[ar'tritʃi]
rachitis (de)	raquitismo (m)	[haki'tʃizmu]
reuma (het)	reumatismo (m)	[hewma'tʃizmu]
arteriosclerose (de)	arteriosclerose (f)	[arterjoskle'rɔzi]
gastritis (de)	gastrite (f)	[gas'tritʃi]
blindedarmontsteking (de)	apendicite (f)	[apēdʒi'sitʃi]

| galblaasontsteking (de) | colecistite (f) | [kulesi'stʃitʃi] |
| zweer (de) | úlcera (f) | ['uwsera] |

mazelen (mv.)	sarampo (m)	[sa'rãpu]
rodehond (de)	rubéola (f)	[hu'bɛola]
geelzucht (de)	icterícia (f)	[ikte'risja]
leverontsteking (de)	hepatite (f)	[epa'tʃitʃi]

schizofrenie (de)	esquizofrenia (f)	[iskizofre'nia]
dolheid (de)	raiva (f)	['hajva]
neurose (de)	neurose (f)	[new'rɔzi]
hersenschudding (de)	contusão (f) cerebral	[kõtu'zãw sere'braw]

kanker (de)	câncer (m)	['kãser]
sclerose (de)	esclerose (f)	[iskle'rozi]
multiple sclerose (de)	esclerose (f) múltipla	[iskle'rozi 'muwtʃipla]

alcoholisme (het)	alcoolismo (m)	[awko'lizmu]
alcoholicus (de)	alcoólico (m)	[aw'kɔliku]
syfilis (de)	sífilis (f)	['sifilis]
AIDS (de)	AIDS (f)	['ajdʒs]

tumor (de)	tumor (m)	[tu'mor]
kwaadaardig (bn)	maligno	[ma'lignu]
goedaardig (bn)	benigno	[be'nignu]

koorts (de)	febre (f)	['fɛbri]
malaria (de)	malária (f)	[ma'larja]
gangreen (het)	gangrena (f)	[gã'grena]
zeeziekte (de)	enjoo (m)	[ẽ'ʒou]
epilepsie (de)	epilepsia (f)	[epile'psia]

epidemie (de)	epidemia (f)	[epide'mia]
tyfus (de)	tifo (m)	['tʃifu]
tuberculose (de)	tuberculose (f)	[tuberku'lɔzi]
cholera (de)	cólera (f)	['kɔlera]
pest (de)	peste (f) bubônica	['pɛstʃi bu'bonika]

69. Symptomen. Behandelingen. Deel 1

symptoom (het)	sintoma (m)	[sĩ'tɔma]
temperatuur (de)	temperatura (f)	[tẽpera'tura]
verhoogde temperatuur (de)	febre (f)	['fɛbri]
polsslag (de)	pulso (m)	['puwsu]

duizeling (de)	vertigem (f)	[ver'tʃiʒẽ]
heet (erg warm)	quente	['kẽtʃi]
koude rillingen (mv.)	calafrio (m)	[kala'friu]
bleek (bn)	pálido	['palidu]

hoest (de)	tosse (f)	['tɔsi]
hoesten (ww)	tossir (vi)	[to'sir]
niezen (ww)	espirrar (vi)	[ispi'har]
flauwte (de)	desmaio (m)	[dʒiz'maju]

flauwvallen (ww)	desmaiar (vi)	[dʒizma'jar]
blauwe plek (de)	mancha (f) preta	['mãʃa 'preta]
buil (de)	galo (m)	['galu]
zich stoten (ww)	machucar-se (vr)	[maʃu'karsi]
kneuzing (de)	contusão (f)	[kõtu'zãw]
kneuzen (gekneusd zijn)	machucar-se (vr)	[maʃu'karsi]
hinken (ww)	mancar (vi)	[mã'kar]
verstuiking (de)	deslocamento (f)	[dʒizloka'mẽtu]
verstuiken (enkel, enz.)	deslocar (vt)	[dʒizlo'kar]
breuk (de)	fratura (f)	[fra'tura]
een breuk oplopen	fraturar (vt)	[fratu'rar]
snijwond (de)	corte (m)	['kɔrtʃi]
zich snijden (ww)	cortar-se (vr)	[kor'tarsi]
bloeding (de)	hemorragia (f)	[emoha'ʒia]
brandwond (de)	queimadura (f)	[kejma'dura]
zich branden (ww)	queimar-se (vr)	[kej'marsi]
prikken (ww)	picar (vt)	[pi'kar]
zich prikken (ww)	picar-se (vr)	[pi'karsi]
blesseren (ww)	lesionar (vt)	[lezjo'nar]
blessure (letsel)	lesão (m)	[le'zãw]
wond (de)	ferida (f), ferimento (m)	[fe'rida], [feri'mẽtu]
trauma (het)	trauma (m)	['trawma]
ijlen (ww)	delirar (vi)	[deli'rar]
stotteren (ww)	gaguejar (vi)	[gage'ʒar]
zonnesteek (de)	insolação (f)	[insola'sãw]

70. Symptomen. Behandelingen. Deel 2

pijn (de)	dor (f)	[dor]
splinter (de)	farpa (f)	['farpa]
zweet (het)	suor (m)	[swɔr]
zweten (ww)	suar (vi)	[swar]
braking (de)	vômito (m)	['vomitu]
stuiptrekkingen (mv.)	convulsões (f pl)	[kõvuw'sõjs]
zwanger (bn)	grávida	['gravida]
geboren worden (ww)	nascer (vi)	[na'ser]
geboorte (de)	parto (m)	['partu]
baren (ww)	dar à luz	[dar a luz]
abortus (de)	aborto (m)	[a'bortu]
ademhaling (de)	respiração (f)	[hespira'sãw]
inademing (de)	inspiração (f)	[ĩspira'sãw]
uitademing (de)	expiração (f)	[ispira'sãw]
uitademen (ww)	expirar (vi)	[ispi'rar]
inademen (ww)	inspirar (vi)	[ĩspi'rar]
invalide (de)	inválido (m)	[ĩ'validu]
gehandicapte (de)	aleijado (m)	[alej'ʒadu]

drugsverslaafde (de)	drogado (m)	[dro'gadu]
doof (bn)	surdo	['surdu]
stom (bn)	mudo	['mudu]
doofstom (bn)	surdo-mudo	['surdu-'mudu]

krankzinnig (bn)	louco, insano	['loku], [ĩ'sanu]
krankzinnige (man)	louco (m)	['loku]
krankzinnige (vrouw)	louca (f)	['loka]
krankzinnig worden	ficar louco	[fi'kar 'loku]

gen (het)	gene (m)	['ʒɛni]
immuniteit (de)	imunidade (f)	[imuni'dadʒi]
erfelijk (bn)	hereditário	[eredʒi'tarju]
aangeboren (bn)	congênito	[kõ'ʒenitu]

virus (het)	vírus (m)	['virus]
microbe (de)	micróbio (m)	[mi'krɔbju]
bacterie (de)	bactéria (f)	[bak'tɛrja]
infectie (de)	infecção (f)	[ĩfek'sãw]

71. Symptomen. Behandelingen. Deel 3

| ziekenhuis (het) | hospital (m) | [ospi'taw] |
| patiënt (de) | paciente (m) | [pa'sjẽtʃi] |

diagnose (de)	diagnóstico (m)	[dʒjag'nɔstʃiku]
genezing (de)	cura (f)	['kura]
medische behandeling (de)	tratamento (m) médico	[trata'mẽtu 'mɛdʒiku]
onder behandeling zijn	curar-se (vr)	[ku'rarsi]
behandelen (ww)	tratar (vt)	[tra'tar]
zorgen (zieken ~)	cuidar (vt)	[kwi'dar]
ziekenzorg (de)	cuidado (m)	[kwi'dadu]

operatie (de)	operação (f)	[opera'sãw]
verbinden (een arm ~)	enfaixar (vt)	[ẽfaj'ʃar]
verband (het)	enfaixamento (m)	[bã'daʒãj]

vaccin (het)	vacinação (f)	[vasina'sãw]
inenten (vaccineren)	vacinar (vt)	[vasi'nar]
injectie (de)	injeção (f)	[inʒe'sãw]
een injectie geven	dar uma injeção	[dar 'uma inʒe'sãw]

aanval (de)	ataque (m)	[a'taki]
amputatie (de)	amputação (f)	[ãputa'sãw]
amputeren (ww)	amputar (vt)	[ãpu'tar]
coma (het)	coma (f)	['kɔma]
in coma liggen	estar em coma	[is'tar ẽ 'kɔma]
intensieve zorg, ICU (de)	reanimação (f)	[hianima'sãw]

zich herstellen (ww)	recuperar-se (vr)	[hekupe'rarsi]
toestand (de)	estado (m)	[i'stadu]
bewustzijn (het)	consciência (f)	[kõ'sjẽsja]
geheugen (het)	memória (f)	[me'mɔrja]
trekken (een kies ~)	tirar (vt)	[tʃi'rar]

| vulling (de) | obturação (f) | [obitura'sãw] |
| vullen (ww) | obturar (vt) | [obitu'rar] |

| hypnose (de) | hipnose (f) | [ip'nɔzi] |
| hypnotiseren (ww) | hipnotizar (vt) | [ipnotʃi'zar] |

72. Artsen

dokter, arts (de)	médico (m)	['mɛdʒiku]
ziekenzuster (de)	enfermeira (f)	[ẽfer'mejra]
lijfarts (de)	médico (m) pessoal	['mɛdʒiku pe'swaw]

tandarts (de)	dentista (m)	[dẽ'tʃista]
oogarts (de)	oculista (m)	[oku'lista]
therapeut (de)	terapeuta (m)	[tera'pewta]
chirurg (de)	cirurgião (m)	[sirur'ʒjãw]

psychiater (de)	psiquiatra (m)	[psi'kjatra]
pediater (de)	pediatra (m)	[pe'dʒjatra]
psycholoog (de)	psicólogo (m)	[psi'kɔlogu]
gynaecoloog (de)	ginecologista (m)	[ʒinekolo'ʒista]
cardioloog (de)	cardiologista (m)	[kardʒjolo'ʒista]

73. Geneeskunde. Medicijnen. Accessoires

geneesmiddel (het)	medicamento (m)	[medʒika'mẽtu]
middel (het)	remédio (m)	[he'mɛdʒju]
voorschrijven (ww)	receitar (vt)	[hesej'tar]
recept (het)	receita (f)	[he'sejta]

tablet (de/het)	comprimido (m)	[kõpri'midu]
zalf (de)	unguento (m)	[ũ'gwẽtu]
ampul (de)	ampola (f)	[ã'pɔla]
drank (de)	solução, preparado (m)	[solu'sãw], [prepa'radu]
siroop (de)	xarope (m)	[ʃa'rɔpi]
pil (de)	cápsula (f)	['kapsula]
poeder (de/het)	pó (m)	[pɔ]

verband (het)	atadura (f)	[ata'dura]
watten (mv.)	algodão (m)	[awgo'dãw]
jodium (het)	iodo (m)	['jodu]

pleister (de)	curativo (m) adesivo	[kura'tivu ade'zivu]
pipet (de)	conta-gotas (m)	['kõta 'gotas]
thermometer (de)	termômetro (m)	[ter'mometru]
spuit (de)	seringa (f)	[se'rĩga]

| rolstoel (de) | cadeira (f) de rodas | [ka'dejra de 'hɔdas] |
| krukken (mv.) | muletas (f pl) | [mu'letas] |

| pijnstiller (de) | analgésico (m) | [anaw'ʒɛziku] |
| laxeermiddel (het) | laxante (m) | [la'ʃãtʃi] |

spiritus (de)	**álcool** (m)	['awkɔw]
medicinale kruiden (mv.)	**ervas** (f pl) **medicinais**	['ɛrvas medʒisi'najs]
kruiden- (abn)	**de ervas**	[de 'ɛrvas]

74. Roken. Tabaksproducten

tabak (de)	**tabaco** (m)	[ta'baku]
sigaret (de)	**cigarro** (m)	[si'gahu]
sigaar (de)	**charuto** (m)	[ʃa'rutu]
pijp (de)	**cachimbo** (m)	[ka'ʃĩbu]
pakje (~ sigaretten)	**maço** (m)	['masu]

lucifers (mv.)	**fósforos** (m pl)	['fɔsforus]
luciferdoosje (het)	**caixa** (f) **de fósforos**	['kaɪʃa de 'fɔsforus]
aansteker (de)	**isqueiro** (m)	[is'kejru]
asbak (de)	**cinzeiro** (m)	[sĩ'zejru]
sigarettendoosje (het)	**cigarreira** (f)	[siga'hejra]

sigarettenpijpje (het)	**piteira** (f)	[pi'tejra]
filter (de/het)	**filtro** (m)	['fiwtru]

roken (ww)	**fumar** (vi, vt)	[fu'mar]
een sigaret opsteken	**acender um cigarro**	[asẽ'der ũ si'gahu]
roken (het)	**tabagismo** (m)	[taba'ʒiʒmu]
roker (de)	**fumante** (m)	[fu'mãtʃi]

peuk (de)	**bituca** (f)	[bi'tuka]
rook (de)	**fumaça** (f)	[fu'masa]
as (de)	**cinza** (f)	['sĩza]

HET MENSELIJKE LEEFGEBIED

Stad

75. Stad. Het leven in de stad

stad (de)	cidade (f)	[si'dadʒi]
hoofdstad (de)	capital (f)	[kapi'taw]
dorp (het)	aldeia (f)	[aw'deja]
plattegrond (de)	mapa (m) da cidade	['mapa da si'dadʒi]
centrum (ov. een stad)	centro (m) da cidade	['sẽtru da si'dadʒi]
voorstad (de)	subúrbio (m)	[su'burbju]
voorstads- (abn)	suburbano	[subur'banu]
randgemeente (de)	periferia (f)	[perife'ria]
omgeving (de)	arredores (m pl)	[ahe'dɔris]
blok (huizenblok)	quarteirão (m)	[kwartej'rãw]
woonwijk (de)	quarteirão (m) residencial	[kwartej'rãw hezidẽ'sjaw]
verkeer (het)	tráfego (m)	['trafegu]
verkeerslicht (het)	semáforo (m)	[se'maforu]
openbaar vervoer (het)	transporte (m) público	[trãs'pɔrtʃi 'publiku]
kruispunt (het)	cruzamento (m)	[kruza'mẽtu]
zebrapad (oversteekplaats)	faixa (f)	['fajʃa]
onderdoorgang (de)	túnel (m)	['tunew]
oversteken (de straat ~)	cruzar, atravessar (vt)	[kru'zar], [atrave'sar]
voetganger (de)	pedestre (m)	[pe'dɛstri]
trottoir (het)	calçada (f)	[kaw'sada]
brug (de)	ponte (f)	['põtʃi]
dijk (de)	margem (f) do rio	['marʒẽ du 'hiu]
fontein (de)	fonte (f)	['fõtʃi]
allee (de)	alameda (f)	[ala'meda]
park (het)	parque (m)	['parki]
boulevard (de)	bulevar (m)	[bule'var]
plein (het)	praça (f)	['prasa]
laan (de)	avenida (f)	[ave'nida]
straat (de)	rua (f)	['hua]
zijstraat (de)	travessa (f)	[tra'vɛsa]
doodlopende straat (de)	beco (m) sem saída	['beku sẽ sa'ida]
huis (het)	casa (f)	['kaza]
gebouw (het)	edifício, prédio (m)	[edʒi'fisju], ['prɛdʒju]
wolkenkrabber (de)	arranha-céu (m)	[a'haɲa-sɛw]
gevel (de)	fachada (f)	[fa'ʃada]
dak (het)	telhado (m)	[te'ʎadu]

venster (het)	janela (f)	[ʒa'nɛla]
boog (de)	arco (m)	['arku]
pilaar (de)	coluna (f)	[ko'luna]
hoek (ov. een gebouw)	esquina (f)	[is'kina]

vitrine (de)	vitrine (f)	[vi'trini]
gevelreclame (de)	letreiro (m)	[le'trejru]
affiche (de/het)	cartaz (m)	[kar'taz]
reclameposter (de)	cartaz (m) publicitário	[kar'taz publisi'tarju]
aanplakbord (het)	painel (m) publicitário	[paj'nɛw publisi'tarju]

vuilnis (de/het)	lixo (m)	['liʃu]
vuilnisbak (de)	lixeira (f)	[li'ʃejra]
afval weggooien (ww)	jogar lixo na rua	[ʒo'gar 'liʃu na 'hua]
stortplaats (de)	aterro (m) sanitário	[a'tehu sani'tarju]

telefooncel (de)	orelhão (m)	[ore'ʎãw]
straatlicht (het)	poste (m) de luz	['pɔstʃi de luz]
bank (de)	banco (m)	['bãku]

politieagent (de)	polícia (m)	[po'lisja]
politie (de)	polícia (f)	[po'lisja]
zwerver (de)	mendigo, pedinte (m)	[mẽ'dʒigu], [pe'dʒĩtʃi]
dakloze (de)	desabrigado (m)	[dʒizabri'gadu]

76. Stedelijke instellingen

winkel (de)	loja (f)	['lɔʒa]
apotheek (de)	drogaria (f)	[droga'ria]
optiek (de)	ótica (f)	['ɔtʃika]
winkelcentrum (het)	centro (m) comercial	['sẽtru komer'sjaw]
supermarkt (de)	supermercado (m)	[supermer'kadu]

bakkerij (de)	padaria (f)	[pada'ria]
bakker (de)	padeiro (m)	[pa'dejru]
banketbakkerij (de)	pastelaria (f)	[pastela'ria]
kruidenier (de)	mercearia (f)	[mersja'ria]
slagerij (de)	açougue (m)	[a'sogi]

| groentewinkel (de) | fruteira (f) | [fru'tejra] |
| markt (de) | mercado (m) | [mer'kadu] |

koffiehuis (het)	cafeteria (f)	[kafete'ria]
restaurant (het)	restaurante (m)	[hestaw'rãtʃi]
bar (de)	bar (m)	[bar]
pizzeria (de)	pizzaria (f)	[pitsa'ria]

kapperssalon (de/het)	salão (m) de cabeleireiro	[sa'lãw de kabelej'rejru]
postkantoor (het)	agência (f) dos correios	[a'ʒẽsja dus ko'hejus]
stomerij (de)	lavanderia (f)	[lavãde'ria]
fotostudio (de)	estúdio (m) fotográfico	[is'tudʒu foto'grafiku]

| schoenwinkel (de) | sapataria (f) | [sapata'ria] |
| boekhandel (de) | livraria (f) | [livra'ria] |

sportwinkel (de)	loja (f) de artigos esportivos	['lɔʒa de ar'tʃigus ispor'tʃivus]
kledingreparatie (de)	costureira (m)	[kostu'rejra]
kledingverhuur (de)	aluguel (m) de roupa	[alu'gɛw de 'hopa]
videotheek (de)	videolocadora (f)	['vidʒju·loka'dɔra]

circus (de/het)	circo (m)	['sirku]
dierentuin (de)	jardim (m) zoológico	[ʒar'dʒĩ zo'lɔʒiku]
bioscoop (de)	cinema (m)	[si'nɛma]
museum (het)	museu (m)	[mu'zew]
bibliotheek (de)	biblioteca (f)	[bibljo'tɛka]

theater (het)	teatro (m)	['tʃjatru]
opera (de)	ópera (f)	['ɔpera]
nachtclub (de)	boate (f)	['bwatʃi]
casino (het)	cassino (m)	[ka'sinu]

moskee (de)	mesquita (f)	[mes'kita]
synagoge (de)	sinagoga (f)	[sina'gɔga]
kathedraal (de)	catedral (f)	[kate'draw]
tempel (de)	templo (m)	['tẽplu]
kerk (de)	igreja (f)	[i'greʒa]

instituut (het)	faculdade (f)	[fakuw'dadʒi]
universiteit (de)	universidade (f)	[universi'dadʒi]
school (de)	escola (f)	[is'kɔla]

gemeentehuis (het)	prefeitura (f)	[prefej'tura]
stadhuis (het)	câmara (f) municipal	['kamara munisi'paw]
hotel (het)	hotel (m)	[o'tɛw]
bank (de)	banco (m)	['bãku]

ambassade (de)	embaixada (f)	[ẽbaj'ʃada]
reisbureau (het)	agência (f) de viagens	[a'ʒẽsja de 'vjaʒẽs]
informatieloket (het)	agência (f) de informações	[a'ʒẽsja de ĩforma'sõjs]
wisselkantoor (het)	casa (f) de câmbio	['kaza de 'kãbju]

| metro (de) | metrô (m) | [me'tro] |
| ziekenhuis (het) | hospital (m) | [ospi'taw] |

| benzinestation (het) | posto (m) de gasolina | ['postu de gazo'lina] |
| parking (de) | parque (m) de estacionamento | ['parki de istasjona'mẽtu] |

77. Stedelijk vervoer

bus, autobus (de)	ônibus (m)	['onibus]
tram (de)	bonde (m) elétrico	['bõdʒi e'lɛtriku]
trolleybus (de)	trólebus (m)	['trɔlebus]
route (de)	rota (f), itinerário (m)	['hɔta], [itʃine'rarju]
nummer (busnummer, enz.)	número (m)	['numeru]

rijden met ...	ir de ...	[ir de]
stappen (in de bus ~)	entrar no ...	[ẽ'trar nu]
afstappen (ww)	descer do ...	[de'ser du]

halte (de)	parada (f)	[pa'rada]
volgende halte (de)	próxima parada (f)	['prɔsima pa'rada]
eindpunt (het)	terminal (m)	[termi'naw]
dienstregeling (de)	horário (m)	[o'rarju]
wachten (ww)	esperar (vt)	[ispe'rar]

kaartje (het)	passagem (f)	[pa'saʒẽ]
reiskosten (de)	tarifa (f)	[ta'rifa]

kassier (de)	bilheteiro (m)	[biʎe'tejru]
kaartcontrole (de)	controle (m) de passagens	[kõ'troli de pa'saʒãjʃ]
controleur (de)	revisor (m)	[hevi'zor]

te laat zijn (ww)	atrasar-se (vr)	[atra'zarsi]
missen (de bus ~)	perder (vt)	[per'der]
zich haasten (ww)	estar com pressa	[is'tar kõ 'prɛsa]

taxi (de)	táxi (m)	['taksi]
taxichauffeur (de)	taxista (m)	[tak'sista]
met de taxi (bw)	de táxi	[de 'taksi]
taxistandplaats (de)	ponto (m) de táxis	['põtu de 'taksis]
een taxi bestellen	chamar um táxi	[ʃa'mar ũ 'taksi]
een taxi nemen	pegar um táxi	[pe'gar ũ 'taksi]

verkeer (het)	tráfego (m)	['trafegu]
file (de)	engarrafamento (m)	[ẽgahafa'mẽtu]
spitsuur (het)	horas (f pl) de pico	['ɔras de 'piku]
parkeren (on.ww.)	estacionar (vi)	[istasjo'nar]
parkeren (ov.ww.)	estacionar (vt)	[istasjo'nar]
parking (de)	parque (m) de estacionamento	['parki de istasjona'mẽtu]

metro (de)	metrô (m)	[me'tro]
halte (bijv. kleine treinhalte)	estação (f)	[ista'sãw]
de metro nemen	ir de metrô	[ir de me'tro]
trein (de)	trem (m)	[trẽj]
station (treinstation)	estação (f) de trem	[ista'sãw de trẽj]

78. Bezienswaardigheden

monument (het)	monumento (m)	[monu'mẽtu]
vesting (de)	fortaleza (f)	[forta'leza]
paleis (het)	palácio (m)	[pa'lasju]
kasteel (het)	castelo (m)	[kas'tɛlu]
toren (de)	torre (f)	['tohi]
mausoleum (het)	mausoléu (m)	[mawzo'lɛw]

architectuur (de)	arquitetura (f)	[arkite'tura]
middeleeuws (bn)	medieval	[meʤje'vaw]
oud (bn)	antigo	[ã'tʃigu]
nationaal (bn)	nacional	[nasjo'naw]
bekend (bn)	famoso	[fa'mozu]
toerist (de)	turista (m)	[tu'rista]
gids (de)	guia (m)	['gia]

rondleiding (de)	excursão (f)	[iskur'sãw]
tonen (ww)	mostrar (vt)	[mos'trar]
vertellen (ww)	contar (vt)	[kõ'tar]

vinden (ww)	encontrar (vt)	[ẽkõ'trar]
verdwalen (de weg kwijt zijn)	perder-se (vr)	[per'dersi]
plattegrond (~ van de metro)	mapa (m)	['mapa]
plattegrond (~ van de stad)	mapa (m)	['mapa]

souvenir (het)	lembrança (f), presente (m)	[lẽ'brãsa], [pre'zẽtʃi]
souvenirwinkel (de)	loja (f) de presentes	['lɔʒa de pre'zẽtʃis]
foto's maken	tirar fotos	[tʃi'rar 'fɔtus]
zich laten fotograferen	fotografar-se (vr)	[fotogra'farse]

79. Winkelen

kopen (ww)	comprar (vt)	[kõ'prar]
aankoop (de)	compra (f)	['kõpra]
winkelen (ww)	fazer compras	[fa'zer 'kõpras]
winkelen (het)	compras (f pl)	['kõpras]

| open zijn (ov. een winkel, enz.) | estar aberta | [is'tar a'bɛrta] |

| gesloten zijn (ww) | estar fechada | [is'tar fe'ʃada] |

schoeisel (het)	calçado (m)	[kaw'sadu]
kleren (mv.)	roupa (f)	['hopa]
cosmetica (mv.)	cosméticos (m pl)	[koz'mɛtʃikus]
voedingswaren (mv.)	alimentos (m pl)	[ali'mẽtus]
geschenk (het)	presente (m)	[pre'zẽtʃi]

| verkoper (de) | vendedor (m) | [vẽde'dor] |
| verkoopster (de) | vendedora (f) | [vẽde'dora] |

kassa (de)	caixa (f)	['kaɪʃa]
spiegel (de)	espelho (m)	[is'peʎu]
toonbank (de)	balcão (m)	[baw'kãw]
paskamer (de)	provador (m)	[prɔva'dor]

aanpassen (ww)	provar (vt)	[pro'var]
passen (ov. kleren)	servir (vi)	[ser'vir]
bevallen (prettig vinden)	gostar (vt)	[gos'tar]

prijs (de)	preço (m)	['presu]
prijskaartje (het)	etiqueta (f) de preço	[etʃi'keta de 'presu]
kosten (ww)	custar (vt)	[kus'tar]
Hoeveel?	Quanto?	['kwãtu]
korting (de)	desconto (m)	[dʒis'kõtu]

niet duur (bn)	não caro	['nãw 'karu]
goedkoop (bn)	barato	[ba'ratu]
duur (bn)	caro	['karu]
Dat is duur.	É caro	[ɛ 'karu]
verhuur (de)	aluguel (m)	[alu'gɛw]

huren (smoking, enz.)	alugar (vt)	[alu'gar]
krediet (het)	crédito (m)	['krɛdʒitu]
op krediet (bw)	a crédito	[a 'krɛdʒitu]

80. Geld

geld (het)	dinheiro (m)	[dʒi'ɲejru]
ruil (de)	câmbio (m)	['kãbju]
koers (de)	taxa (f) de câmbio	['taʃa de 'kãbju]
geldautomaat (de)	caixa (m) eletrônico	['kaɪʃa ele'troniku]
muntstuk (de)	moeda (f)	['mwɛda]

| dollar (de) | dólar (m) | ['dɔlar] |
| euro (de) | euro (m) | ['ewru] |

lire (de)	lira (f)	['lira]
Duitse mark (de)	marco (m)	['marku]
frank (de)	franco (m)	['frãku]
pond sterling (het)	libra (f) esterlina	['libra ister'linu]
yen (de)	iene (m)	['jɛni]

schuld (geldbedrag)	dívida (f)	['dʒivida]
schuldenaar (de)	devedor (m)	[deve'dor]
uitlenen (ww)	emprestar (vt)	[ẽpres'tar]
lenen (geld ~)	pedir emprestado	[pe'dʒir ẽpres'tadu]

bank (de)	banco (m)	['bãku]
bankrekening (de)	conta (f)	['kõta]
storten (ww)	depositar (vt)	[depozi'tar]
op rekening storten	depositar na conta	[depozi'tar na 'kõta]
opnemen (ww)	sacar (vt)	[sa'kar]

kredietkaart (de)	cartão (m) de crédito	[kar'tãw de 'krɛdʒitu]
baar geld (het)	dinheiro (m) vivo	[dʒi'ɲejru 'vivu]
cheque (de)	cheque (m)	['ʃɛki]
een cheque uitschrijven	passar um cheque	[pa'sar ũ 'ʃɛki]
chequeboekje (het)	talão (m) de cheques	[ta'lãw de 'ʃɛkis]

portefeuille (de)	carteira (f)	[kar'tejra]
geldbeugel (de)	niqueleira (f)	[nike'lejra]
safe (de)	cofre (m)	['kɔfri]

erfgenaam (de)	herdeiro (m)	[er'dejru]
erfenis (de)	herança (f)	[e'rãsa]
fortuin (het)	fortuna (f)	[for'tuna]

huur (de)	arrendamento (m)	[ahẽda'mẽtu]
huurprijs (de)	aluguel (m)	[alu'gɛw]
huren (huis, kamer)	alugar (vt)	[alu'gar]

prijs (de)	preço (m)	['presu]
kostprijs (de)	custo (m)	['kustu]
som (de)	soma (f)	['sɔma]
uitgeven (geld besteden)	gastar (vt)	[gas'tar]

kosten (mv.)	gastos (m pl)	['gastus]
bezuinigen (ww)	economizar (vi)	[ekonomi'zar]
zuinig (bn)	econômico	[eko'nomiku]

betalen (ww)	pagar (vt)	[pa'gar]
betaling (de)	pagamento (m)	[paga'mẽtu]
wisselgeld (het)	troco (m)	['troku]

belasting (de)	imposto (m)	[ĩ'postu]
boete (de)	multa (f)	['muwta]
beboeten (bekeuren)	multar (vt)	[muw'tar]

81. Post. Postkantoor

postkantoor (het)	agência (f) dos correios	[a'ʒẽsja dus ko'hejus]
post (de)	correio (m)	[ko'heju]
postbode (de)	carteiro (m)	[kar'tejru]
openingsuren (mv.)	horário (m)	[o'rarju]

brief (de)	carta (f)	['karta]
aangetekende brief (de)	carta (f) registada	['karta heʒis'tada]
briefkaart (de)	cartão (m) postal	[kar'tãw pos'taw]
telegram (het)	telegrama (m)	[tele'grama]
postpakket (het)	encomenda (f)	[ẽko'mẽda]
overschrijving (de)	transferência (f) de dinheiro	[trãsfe'rẽsja de dʒi'ɲejru]

ontvangen (ww)	receber (vt)	[hese'ber]
sturen (zenden)	enviar (vt)	[ẽ'vjar]
verzending (de)	envio (m)	[ẽ'viu]

adres (het)	endereço (m)	[ẽde'resu]
postcode (de)	código (m) postal	['kɔdʒigu pos'taw]
verzender (de)	remetente (m)	[heme'tẽtʃi]
ontvanger (de)	destinatário (m)	[destʃina'tarju]

| naam (de) | nome (m) | ['nɔmi] |
| achternaam (de) | sobrenome (m) | [sobri'nɔmi] |

tarief (het)	tarifa (f)	[ta'rifa]
standaard (bn)	ordinário	[ordʒi'narju]
zuinig (bn)	econômico	[eko'nomiku]

gewicht (het)	peso (m)	['pezu]
afwegen (op de weegschaal)	pesar (vt)	[pe'zar]
envelop (de)	envelope (m)	[ẽve'lɔpi]
postzegel (de)	selo (m) postal	['selu pos'taw]
een postzegel plakken op	colar o selo	[ko'lar u 'selu]

Woning. Huis. Thuis

82. Huis. Woning

huis (het)	casa (f)	['kaza]
thuis (bw)	em casa	[ẽ 'kaza]
cour (de)	pátio (m), quintal (f)	['patʃju], [kĩ'taw]
omheining (de)	cerca, grade (f)	['sɛrka], ['gradʒi]
baksteen (de)	tijolo (m)	[tʃi'ʒolu]
van bakstenen	de tijolos	[de tʃi'ʒolus]
steen (de)	pedra (f)	['pɛdra]
stenen (bn)	de pedra	[de 'pɛdra]
beton (het)	concreto (m)	[kõ'krɛtu]
van beton	concreto	[kõ'krɛtu]
nieuw (bn)	novo	['novu]
oud (bn)	velho	['vɛʎu]
vervallen (bn)	decrépito	[de'krɛpitu]
modern (bn)	moderno	[mo'dɛrnu]
met veel verdiepingen	de vários andares	[de 'varjus ã'daris]
hoog (bn)	alto	['awtu]
verdieping (de)	andar (m)	[ã'dar]
met een verdieping	de um andar	[de ũ ã'dar]
laagste verdieping (de)	térreo (m)	['tɛhju]
bovenverdieping (de)	andar (m) de cima	[ã'dar de 'sima]
dak (het)	telhado (m)	[te'ʎadu]
schoorsteen (de)	chaminé (f)	[ʃami'nɛ]
dakpan (de)	telha (f)	['teʎa]
pannen- (abn)	de telha	[de 'teʎa]
zolder (de)	sótão (m)	['sɔtãw]
venster (het)	janela (f)	[ʒa'nɛla]
glas (het)	vidro (m)	['vidru]
vensterbank (de)	parapeito (m)	[para'pejtu]
luiken (mv.)	persianas (f pl)	[per'sjanas]
muur (de)	parede (f)	[pa'redʒi]
balkon (het)	varanda (f)	[va'rãda]
regenpijp (de)	calha (f)	['kaʎa]
boven (bw)	em cima	[ẽ 'sima]
naar boven gaan (ww)	subir (vi)	[su'bir]
afdalen (on.ww.)	descer (vi)	[de'ser]
verhuizen (ww)	mudar-se (vr)	[mu'darsi]

83. Huis. Ingang. Lift

ingang (de)	entrada (f)	[ẽ'trada]
trap (de)	escada (f)	[is'kada]
treden (mv.)	degraus (m pl)	[de'graws]
trapleuning (de)	corrimão (m)	[kohi'mãw]
hal (de)	hall (m) de entrada	[hɔw de ẽ'trada]
postbus (de)	caixa (f) de correio	['kaɪʃa de ko'heju]
vuilnisbak (de)	lixeira (f)	[li'ʃejra]
vuilniskoker (de)	calha (f) de lixo	['kaʎa de 'liʃu]
lift (de)	elevador (m)	[eleva'dor]
goederenlift (de)	elevador (m) de carga	[eleva'dor de 'karga]
liftcabine (de)	cabine (f)	[ka'bini]
de lift nemen	pegar o elevador	[pe'gar u eleva'dor]
appartement (het)	apartamento (m)	[aparta'mẽtu]
bewoners (mv.)	residentes (pl)	[hezi'dẽtʃis]
buurman (de)	vizinho (m)	[vi'ziɲu]
buurvrouw (de)	vizinha (f)	[vi'ziɲa]
buren (mv.)	vizinhos (pl)	[vi'ziɲus]

84. Huis. Deuren. Sloten

deur (de)	porta (f)	['pɔrta]
toegangspoort (de)	portão (m)	[por'tãw]
deurkruk (de)	maçaneta (f)	[masa'neta]
ontsluiten (ontgrendelen)	destrancar (vt)	[dʒistrã'kar]
openen (ww)	abrir (vt)	[a'brir]
sluiten (ww)	fechar (vt)	[fe'ʃar]
sleutel (de)	chave (f)	['ʃavi]
sleutelbos (de)	molho (m)	['moʎu]
knarsen (bijv. scharnier)	ranger (vi)	[hã'ʒer]
knarsgeluid (het)	rangido (m)	[hã'ʒidu]
scharnier (het)	dobradiça (f)	[dobra'dʒisa]
deurmat (de)	capacho (m)	[ka'paʃu]
slot (het)	fechadura (f)	[feʃa'dura]
sleutelgat (het)	buraco (m) da fechadura	[bu'raku da feʃa'dura]
grendel (de)	barra (f)	['baha]
schuif (de)	fecho (m)	['feʃu]
hangslot (het)	cadeado (m)	[ka'dʒjadu]
aanbellen (ww)	tocar (vt)	[to'kar]
bel (geluid)	toque (m)	['tɔki]
deurbel (de)	campainha (f)	[kampa'iɲa]
belknop (de)	botão (m)	[bo'tãw]
geklop (het)	batida (f)	[ba'tʃida]
kloppen (ww)	bater (vi)	[ba'ter]
code (de)	código (m)	['kɔdʒigu]
cijferslot (het)	fechadura (f) de código	[feʃa'dura de 'kɔdʒigu]

parlofoon (de)	interfone (m)	[ĩter'fɔni]
nummer (het)	número (m)	['numeru]
naambordje (het)	placa (f) de porta	['plaka de 'pɔrta]
deurspion (de)	olho (m) mágico	['oʎu 'maʒiku]

85. Huis op het platteland

dorp (het)	aldeia (f)	[aw'deja]
moestuin (de)	horta (f)	['ɔrta]
hek (het)	cerca (f)	['serka]
houten hekwerk (het)	cerca (f) de piquete	['sɛrka de pi'ketʃi]
tuinpoortje (het)	portão (f) do jardim	[por'tãw du ʒar'dʒĩ]

graanschuur (de)	celeiro (m)	[se'lejru]
wortelkelder (de)	adega (f)	[a'dɛga]
schuur (de)	galpão, barracão (m)	[gaw'pãw], [baha'kãw]
waterput (de)	poço (m)	['posu]

kachel (de)	fogão (m)	[fo'gãw]
de kachel stoken	atiçar o fogo	[atʃi'sar u 'fogu]
brandhout (het)	lenha (f)	['lɛɲa]
houtblok (het)	lenha (f)	['lɛɲa]

veranda (de)	varanda (f)	[va'rãda]
terras (het)	alpendre (m)	[aw'pẽdri]
bordes (het)	degraus (m pl) de entrada	[de'graws de ẽ'trada]
schommel (de)	balanço (m)	[ba'lãsu]

86. Kasteel. Paleis

kasteel (het)	castelo (m)	[kas'tɛlu]
paleis (het)	palácio (m)	[pa'lasju]
vesting (de)	fortaleza (f)	[forta'leza]

ringmuur (de)	muralha (f)	[mu'raʎa]
toren (de)	torre (f)	['tohi]
donjon (de)	calabouço (m)	[kala'bosu]

valhek (het)	grade (f) levadiça	['gradʒi leva'dʒisa]
onderaardse gang (de)	passagem (f) subterrânea	[pa'saʒẽ subite'hanja]
slotgracht (de)	fosso (m)	['fosu]

ketting (de)	corrente, cadeia (f)	[ko'hẽtʃi], [ka'deja]
schietgat (het)	seteira (f)	[se'tejra]

prachtig (bn)	magnífico	[mag'nifiku]
majestueus (bn)	majestoso	[maʒes'tozu]

onneembaar (bn)	inexpugnável	[inespug'navew]
middeleeuws (bn)	medieval	[medʒje'vaw]

87. Appartement

appartement (het)	apartamento (m)	[aparta'mẽtu]
kamer (de)	quarto, cômodo (m)	['kwartu], ['komodu]
slaapkamer (de)	quarto (m) de dormir	['kwartu de dor'mir]
eetkamer (de)	sala (f) de jantar	['sala de ʒã'tar]
salon (de)	sala (f) de estar	['sala de is'tar]
studeerkamer (de)	escritório (m)	[iskri'tɔrju]
gang (de)	sala (f) de entrada	['sala de ẽ'trada]
badkamer (de)	banheiro (m)	[ba'ɲejru]
toilet (het)	lavabo (m)	[la'vabu]
plafond (het)	teto (m)	['tɛtu]
vloer (de)	chão, piso (m)	['ʃãw], ['pizu]
hoek (de)	canto (m)	['kãtu]

88. Appartement. Schoonmaken

schoonmaken (ww)	arrumar, limpar (vt)	[ahu'mar], [lĩ'par]
opbergen (in de kast, enz.)	guardar (vt)	[gwar'dar]
stof (het)	pó (m)	[pɔ]
stoffig (bn)	empoeirado	[ẽpoej'radu]
stoffen (ww)	tirar o pó	[tʃi'rar u pɔ]
stofzuiger (de)	aspirador (m)	[aspira'dor]
stofzuigen (ww)	aspirar (vt)	[aspi'rar]
vegen (de vloer ~)	varrer (vt)	[va'her]
veegsel (het)	sujeira (f)	[su'ʒejra]
orde (de)	arrumação, ordem (f)	[ahuma'sãw], ['ordẽ]
wanorde (de)	desordem (f)	[dʒi'zordẽ]
zwabber (de)	esfregão (m)	[isfre'gaw]
poetsdoek (de)	pano (m), trapo (m)	['panu], ['trapu]
veger (de)	vassoura (f)	[va'sora]
stofblik (het)	pá (f) de lixo	[pa de 'liʃu]

89. Meubels. Interieur

meubels (mv.)	mobiliário (m)	[mobi'ljarju]
tafel (de)	mesa (f)	['meza]
stoel (de)	cadeira (f)	[ka'dejra]
bed (het)	cama (f)	['kama]
bankstel (het)	sofá, divã (m)	[so'fa], [dʒi'vã]
fauteuil (de)	poltrona (f)	[pow'trɔna]
boekenkast (de)	estante (f)	[is'tãtʃi]
boekenrek (het)	prateleira (f)	[prate'lejra]
kledingkast (de)	guarda-roupas (m)	['gwarda 'hopa]
kapstok (de)	cabide (m) de parede	[ka'bidʒi de pa'redʒi]

staande kapstok (de)	cabideiro (m) de pé	[kabi'dejru de pɛ]
commode (de)	cômoda (f)	['komoda]
salontafeltje (het)	mesinha (f) de centro	[me'ziɲa de 'sẽtru]
spiegel (de)	espelho (m)	[is'peʎu]
tapijt (het)	tapete (m)	[ta'petʃi]
tapijtje (het)	tapete (m)	[ta'petʃi]
haard (de)	lareira (f)	[la'rejra]
kaars (de)	vela (f)	['vɛla]
kandelaar (de)	castiçal (m)	[kastʃi'saw]
gordijnen (mv.)	cortinas (f pl)	[kor'tʃinas]
behang (het)	papel (m) de parede	[pa'pɛw de pa'redʒi]
jaloezie (de)	persianas (f pl)	[per'sjanas]
bureaulamp (de)	luminária (f) de mesa	[lumi'narja de 'meza]
wandlamp (de)	luminária (f) de parede	[lumi'narja de pa'redʒi]
staande lamp (de)	abajur (m) de pé	[aba'ʒur de 'pɛ]
luchter (de)	lustre (m)	['lustri]
poot (ov. een tafel, enz.)	pé (m)	[pɛ]
armleuning (de)	braço, descanso (m)	['brasu], [dʒis'kãsu]
rugleuning (de)	costas (f pl)	['kɔstas]
la (de)	gaveta (f)	[ga'veta]

90. Beddengoed

beddengoed (het)	roupa (f) de cama	['hopa de 'kama]
kussen (het)	travesseiro (m)	[trave'sejru]
kussenovertrek (de)	fronha (f)	['froɲa]
deken (de)	cobertor (m)	[kuber'tor]
laken (het)	lençol (m)	[lẽ'sɔw]
sprei (de)	colcha (f)	['kowʃa]

91. Keuken

keuken (de)	cozinha (f)	[ko'ziɲa]
gas (het)	gás (m)	[gajs]
gasfornuis (het)	fogão (m) a gás	[fo'gãw a gajs]
elektrisch fornuis (het)	fogão (m) elétrico	[fo'gãw e'lɛtriku]
oven (de)	forno (m)	['fornu]
magnetronoven (de)	forno (m) de micro-ondas	['fornu de mikro'õdas]
koelkast (de)	geladeira (f)	[ʒela'dejra]
diepvriezer (de)	congelador (m)	[kõʒela'dor]
vaatwasmachine (de)	máquina (f) de lavar louça	['makina de la'var 'losa]
vleesmolen (de)	moedor (m) de carne	[moe'dor de 'karni]
vruchtenpers (de)	espremedor (m)	[ispreme'dor]
toaster (de)	torradeira (f)	[toha'dejra]
mixer (de)	batedeira (f)	[bate'dejra]

koffiemachine (de)	máquina (f) de café	['makina de ka'fɛ]
koffiepot (de)	cafeteira (f)	[kafe'tejra]
koffiemolen (de)	moedor (m) de café	[moe'dor de ka'fɛ]

fluitketel (de)	chaleira (f)	[ʃa'lejra]
theepot (de)	bule (m)	['buli]
deksel (de/het)	tampa (f)	['tãpa]
theezeefje (het)	coador (m) de chá	[koa'dor de ʃa]

lepel (de)	colher (f)	[ko'ʎer]
theelepeltje (het)	colher (f) de chá	[ko'ʎer de ʃa]
eetlepel (de)	colher (f) de sopa	[ko'ʎer de 'sopa]
vork (de)	garfo (m)	['garfu]
mes (het)	faca (f)	['faka]

vaatwerk (het)	louça (f)	['losa]
bord (het)	prato (m)	['pratu]
schoteltje (het)	pires (m)	['piris]

likeurglas (het)	cálice (m)	['kalisi]
glas (het)	copo (m)	['kɔpu]
kopje (het)	xícara (f)	['ʃikara]

suikerpot (de)	açucareiro (m)	[asuka'rejru]
zoutvat (het)	saleiro (m)	[sa'lejru]
pepervat (het)	pimenteiro (m)	[pimẽ'tejru]
boterschaaltje (het)	manteigueira (f)	[mãtej'gejra]

pan (de)	panela (f)	[pa'nɛla]
bakpan (de)	frigideira (f)	[friʒi'dejra]
pollepel (de)	concha (f)	['kõʃa]
vergiet (de/het)	coador (m)	[koa'dor]
dienblad (het)	bandeja (f)	[bã'deʒa]

fles (de)	garrafa (f)	[ga'hafa]
glazen pot (de)	pote (m) de vidro	['pɔtʃi de 'vidru]
blik (conserven~)	lata (f)	['lata]

flesopener (de)	abridor (m) de garrafa	[abri'dor de ga'hafa]
blikopener (de)	abridor (m) de latas	[abri'dor de 'latas]
kurkentrekker (de)	saca-rolhas (m)	['saka-'hoʎas]
filter (de/het)	filtro (m)	['fiwtru]
filteren (ww)	filtrar (vt)	[fiw'trar]

| huisvuil (het) | lixo (m) | ['liʃu] |
| vuilnisemmer (de) | lixeira (f) | [li'ʃejra] |

92. Badkamer

badkamer (de)	banheiro (m)	[ba'ɲejru]
water (het)	água (f)	['agwa]
kraan (de)	torneira (f)	[tor'nejra]
warm water (het)	água (f) quente	['agwa 'kẽtʃi]
koud water (het)	água (f) fria	['agwa 'fria]

tandpasta (de)	pasta (f) de dente	['pasta de 'dẽtʃi]
tanden poetsen (ww)	escovar os dentes	[isko'var us 'dẽtʃis]
tandenborstel (de)	escova (f) de dente	[is'kova de 'dẽtʃi]
zich scheren (ww)	barbear-se (vr)	[bar'bjarsi]
scheercrème (de)	espuma (f) de barbear	[is'puma de bar'bjar]
scheermes (het)	gilete (f)	[ʒi'lɛtʃi]
wassen (ww)	lavar (vt)	[la'var]
een bad nemen	tomar banho	[to'mar baɲu]
douche (de)	chuveiro (m), ducha (f)	[ʃu'vejru], ['duʃa]
een douche nemen	tomar uma ducha	[to'mar 'uma 'duʃa]
bad (het)	banheira (f)	[ba'ɲejra]
toiletpot (de)	vaso (m) sanitário	['vazu sani'tarju]
wastafel (de)	pia (f)	['pia]
zeep (de)	sabonete (m)	[sabo'netʃi]
zeepbakje (het)	saboneteira (f)	[sabone'tejra]
spons (de)	esponja (f)	[is'põʒa]
shampoo (de)	xampu (m)	[ʃã'pu]
handdoek (de)	toalha (f)	[to'aʎa]
badjas (de)	roupão (m) de banho	[ho'pãw de 'baɲu]
was (bijv. handwas)	lavagem (f)	[la'vaʒẽ]
wasmachine (de)	lavadora (f) de roupas	[lava'dora de 'hopas]
de was doen	lavar a roupa	[la'var a 'hopa]
waspoeder (de)	detergente (m)	[deter'ʒẽtʃi]

93. Huishoudelijke apparaten

televisie (de)	televisor (m)	[televi'zor]
cassettespeler (de)	gravador (m)	[grava'dor]
videorecorder (de)	videogravador (m)	['vidʒju·grava'dor]
radio (de)	rádio (m)	['hadʒju]
speler (de)	leitor (m)	[lej'tor]
videoprojector (de)	projetor (m)	[proʒe'tor]
home theater systeem (het)	cinema (m) em casa	[si'nɛma ẽ 'kaza]
DVD-speler (de)	DVD Player (m)	[deve'de 'plejer]
versterker (de)	amplificador (m)	[ãplifika'dor]
spelconsole (de)	console (f) de jogos	[kõ'sɔli de 'ʒogus]
videocamera (de)	câmera (f) de vídeo	['kamera de 'vidʒju]
fotocamera (de)	máquina (f) fotográfica	['makina foto'grafika]
digitale camera (de)	câmera (f) digital	['kamera dʒiʒi'taw]
stofzuiger (de)	aspirador (m)	[aspira'dor]
strijkijzer (het)	ferro (m) de passar	['fɛhu de pa'sar]
strijkplank (de)	tábua (f) de passar	['tabwa de pa'sar]
telefoon (de)	telefone (m)	[tele'fɔni]
mobieltje (het)	celular (m)	[selu'lar]

| schrijfmachine (de) | máquina (f) de escrever | ['makina de iskre'ver] |
| naaimachine (de) | máquina (f) de costura | ['makina de kos'tura] |

microfoon (de)	microfone (m)	[mikro'fɔni]
koptelefoon (de)	fone (m) de ouvido	['fɔni de o'vidu]
afstandsbediening (de)	controle remoto (m)	[kõ'troli he'mɔtu]

CD (de)	CD (m)	['sede]
cassette (de)	fita (f) cassete	['fita ka'sɛtʃi]
vinylplaat (de)	disco (m) de vinil	['dʒisku de vi'niw]

94. Reparaties. Renovatie

renovatie (de)	renovação (f)	[henova'sãw]
renoveren (ww)	renovar (vt), fazer obras	[heno'var], [fa'zer 'ɔbras]
repareren (ww)	reparar (vt)	[hepa'rar]
op orde brengen	consertar (vt)	[kõser'tar]
overdoen (ww)	refazer (vt)	[hefa'zer]

verf (de)	tinta (f)	[tʃĩta]
verven (muur ~)	pintar (vt)	[pĩ'tar]
schilder (de)	pintor (m)	[pĩ'tor]
kwast (de)	pincel (m)	[pĩ'sɛw]

| kalk (de) | cal (f) | [kaw] |
| kalken (ww) | caiar (vt) | [kaj'ar] |

behang (het)	papel (m) de parede	[pa'pɛw de pa'redʒi]
behangen (ww)	colocar papel de parede	[kolo'kar pa'pɛw de pa'redʒi]
lak (de/het)	verniz (m)	[ver'niz]
lakken (ww)	envernizar (vt)	[ẽverni'zar]

95. Loodgieterswerk

water (het)	água (f)	['agwa]
warm water (het)	água (f) quente	['agwa 'kẽtʃi]
koud water (het)	água (f) fria	['agwa 'fria]
kraan (de)	torneira (f)	[tor'nejra]

druppel (de)	gota (f)	['gota]
druppelen (ww)	gotejar (vi)	[gote'ʒar]
lekken (een lek hebben)	vazar (vt)	[va'zar]
lekkage (de)	vazamento (m)	[vaza'mẽtu]
plasje (het)	poça (f)	['posa]

buis, leiding (de)	tubo (m)	['tubu]
stopkraan (de)	válvula (f)	['vawvula]
verstopt raken (ww)	entupir-se (vr)	[ẽtu'pirsi]

gereedschap (het)	ferramentas (f pl)	[feha'mẽtas]
Engelse sleutel (de)	chave (f) inglesa	['ʃavi ĩ'gleza]
losschroeven (ww)	desenroscar (vt)	[dezẽhos'kar]

aanschroeven (ww)	enroscar (vt)	[ẽhos'kar]
ontstoppen (riool, enz.)	desentupir (vt)	[dʒizẽtu'pir]
loodgieter (de)	encanador (m)	[ẽkana'dor]
kelder (de)	porão (m)	[po'rãw]
riolering (de)	rede (f) de esgotos	['hedʒi de iz'gotus]

96. Brand. Vuurzee

brand (de)	incêndio (m)	[ĩ'sẽdʒju]
vlam (de)	chama (f)	['ʃama]
vonk (de)	faísca (f)	[fa'iska]
rook (de)	fumaça (f)	[fu'masa]
fakkel (de)	tocha (f)	['toʃa]
kampvuur (het)	fogueira (f)	[fo'gejra]

benzine (de)	gasolina (f)	[gazo'lina]
kerosine (de)	querosene (m)	[kero'zɛni]
brandbaar (bn)	inflamável	[ĩfla'mavew]
ontplofbaar (bn)	explosivo	[isplo'zivu]
VERBODEN TE ROKEN!	PROIBIDO FUMAR!	[proi'bidu fu'mar]

veiligheid (de)	segurança (f)	[segu'rãsa]
gevaar (het)	perigo (m)	[pe'rigu]
gevaarlijk (bn)	perigoso	[peri'gozu]

in brand vliegen (ww)	incendiar-se (vr)	[ĩsẽ'dʒjarse]
explosie (de)	explosão (f)	[isplo'zãw]
in brand steken (ww)	incendiar (vt)	[ĩsẽ'dʒjar]
brandstichter (de)	incendiário (m)	[ĩsẽ'dʒjarju]
brandstichting (de)	incêndio (m) criminoso	[ĩ'sẽdʒju krimi'nozu]

vlammen (ww)	flamejar (vi)	[flame'ʒar]
branden (ww)	queimar (vi)	[kej'mar]
afbranden (ww)	queimar tudo (vi)	[kej'mar 'tudu]

de brandweer bellen	chamar os bombeiros	[ʃa'mar us bõ'bejrus]
brandweerman (de)	bombeiro (m)	[bõ'bejru]
brandweerwagen (de)	caminhão (m) de bombeiros	[kami'ɲãw de bõ'bejrus]
brandweer (de)	corpo (m) de bombeiros	['korpu de bõ'bejrus]
uitschuifbare ladder (de)	escada (f) extensível	[is'kada istẽ'sivɛl]

brandslang (de)	mangueira (f)	[mã'gejra]
brandblusser (de)	extintor (m)	[istĩ'tor]
helm (de)	capacete (m)	[kapa'setʃi]
sirene (de)	sirene (f)	[si'rɛni]

roepen (ww)	gritar (vi)	[gri'tar]
hulp roepen	chamar por socorro	[ʃa'mar por so'kohu]
redder (de)	socorrista (m)	[soko'hista]
redden (ww)	salvar, resgatar (vt)	[saw'var], [hezga'tar]

aankomen (per auto, enz.)	chegar (vi)	[ʃe'gar]
blussen (ww)	apagar (vt)	[apa'gar]
water (het)	água (f)	['agwa]

zand (het)	areia (f)	[a'reja]
ruïnes (mv.)	ruínas (f pl)	['hwinas]
instorten (gebouw, enz.)	ruir (vi)	['hwir]
ineenstorten (ww)	desmoronar (vi)	[dʒizmoro'nar]
inzakken (ww)	desabar (vi)	[dʒiza'bar]
brokstuk (het)	fragmento (m)	[frag'mẽtu]
as (de)	cinza (f)	['sĩza]
verstikken (ww)	sufocar (vi)	[sufo'kar]
omkomen (ww)	perecer (vi)	[pere'ser]

MENSELIJKE ACTIVITEITEN

Baan. Business. Deel 1

97. Bankieren

bank (de)	banco (m)	['bãku]
bankfiliaal (het)	balcão (f)	[baw'kãw]
bankbediende (de)	consultor (m) bancário	[kõsuw'tor bã'karju]
manager (de)	gerente (m)	[ʒe'rẽtʃi]
bankrekening (de)	conta (f)	['kõta]
rekeningnummer (het)	número (m) da conta	['numeru da 'kõta]
lopende rekening (de)	conta (f) corrente	['kõta ko'hẽtʃi]
spaarrekening (de)	conta (f) poupança	['kõta po'pãsa]
een rekening openen	abrir uma conta	[a'brir 'uma 'kõta]
de rekening sluiten	fechar uma conta	[fe'ʃar 'uma 'kõta]
op rekening storten	depositar na conta	[depozi'tar na 'kõta]
opnemen (ww)	sacar (vt)	[sa'kar]
storting (de)	depósito (m)	[de'pozitu]
een storting maken	fazer um depósito	[fa'zer ũ de'pozitu]
overschrijving (de)	transferência (f) bancária	[trãsfe'rẽsja bã'karja]
een overschrijving maken	transferir (vt)	[trãsfe'rir]
som (de)	soma (f)	['soma]
Hoeveel?	Quanto?	['kwãtu]
handtekening (de)	assinatura (f)	[asina'tura]
ondertekenen (ww)	assinar (vt)	[asi'nar]
kredietkaart (de)	cartão (m) de crédito	[kar'tãw de 'krɛdʒitu]
code (de)	senha (f)	['sɛɲa]
kredietkaartnummer (het)	número (m) do cartão de crédito	['numeru du kar'tãw de 'krɛdʒitu]
geldautomaat (de)	caixa (m) eletrônico	['kaɪʃa ele'troniku]
cheque (de)	cheque (m)	['ʃeki]
een cheque uitschrijven	passar um cheque	[pa'sar ũ 'ʃeki]
chequeboekje (het)	talão (m) de cheques	[ta'lãw de 'ʃɛkis]
lening, krediet (de)	empréstimo (m)	[ẽ'prɛstʃimu]
een lening aanvragen	pedir um empréstimo	[pe'dʒir ũ ẽ'prɛstʃimu]
een lening nemen	obter empréstimo	[ob'ter ẽ'prɛstʃimu]
een lening verlenen	dar um empréstimo	[dar ũ ẽ'prɛstʃimu]
garantie (de)	garantia (f)	[garã'tʃia]

98. Telefoon. Telefoongesprek

telefoon (de)	telefone (m)	[tele'fɔni]
mobieltje (het)	celular (m)	[selu'lar]
antwoordapparaat (het)	secretária (f) eletrônica	[sekre'tarja ele'tronika]
bellen (ww)	fazer uma chamada	[fa'zer 'uma ʃa'mada]
belletje (telefoontje)	chamada (f)	[ʃa'mada]
een nummer draaien	discar um número	[dʒis'kar ũ 'numeru]
Hallo!	Alô!	[a'lo]
vragen (ww)	perguntar (vt)	[pergũ'tar]
antwoorden (ww)	responder (vt)	[hespõ'der]
horen (ww)	ouvir (vt)	[o'vir]
goed (bw)	bem	[bẽj]
slecht (bw)	mal	[maw]
storingen (mv.)	ruído (m)	['hwidu]
hoorn (de)	fone (m)	['fɔni]
opnemen (ww)	pegar o telefone	[pe'gar u tele'fɔni]
ophangen (ww)	desligar (vi)	[dʒizli'gar]
bezet (bn)	ocupado	[oku'padu]
overgaan (ww)	tocar (vi)	[to'kar]
telefoonboek (het)	lista (f) telefônica	['lista tele'fonika]
lokaal (bn)	local	[lo'kaw]
lokaal gesprek (het)	chamada (f) local	[ʃa'mada lo'kaw]
interlokaal (bn)	de longa distância	['de 'lõgu dʒis'tãsja]
interlokaal gesprek (het)	chamada (f) de longa distância	[ʃa'mada de 'lõgu dʒis'tãsja]
buitenlands (bn)	internacional	[ĩternasjo'naw]

99. Mobiele telefoon

mobieltje (het)	celular (m)	[selu'lar]
scherm (het)	tela (f)	['tɛla]
toets, knop (de)	botão (m)	[bo'tãw]
simkaart (de)	cartão SIM (m)	[kar'tãw sim]
batterij (de)	bateria (f)	[bate'ria]
leeg zijn (ww)	descarregar-se (vr)	[dʒiskahe'garsi]
acculader (de)	carregador (m)	[kahega'dor]
menu (het)	menu (m)	[me'nu]
instellingen (mv.)	configurações (f pl)	[kõfigura'sõjs]
melodie (beltoon)	melodia (f)	[melo'dʒia]
selecteren (ww)	escolher (vt)	[isko'ʎer]
rekenmachine (de)	calculadora (f)	[kawkula'dora]
voicemail (de)	correio (m) de voz	[ko'heju de vɔz]
wekker (de)	despertador (m)	[dʒisperta'dor]

contacten (mv.)	contatos (m pl)	[kõ'tatus]
SMS-bericht (het)	mensagem (f) de texto	[mẽ'saʒẽ de 'testu]
abonnee (de)	assinante (m)	[asi'nãtʃi]

100. Schrijfbehoeften

| balpen (de) | caneta (f) | [ka'neta] |
| vulpen (de) | caneta (f) tinteiro | [ka'neta tʃi'tejru] |

potlood (het)	lápis (m)	['lapis]
marker (de)	marcador (m) de texto	[marka'dor de 'testu]
viltstift (de)	caneta (f) hidrográfica	[ka'neta idro'grafika]

| notitieboekje (het) | bloco (m) de notas | ['blɔku de 'nɔtas] |
| agenda (boekje) | agenda (f) | [a'ʒẽda] |

liniaal (de/het)	régua (f)	['hɛgwa]
rekenmachine (de)	calculadora (f)	[kawkula'dora]
gom (de)	borracha (f)	[bo'haʃa]
punaise (de)	alfinete (m)	[awfi'netʃi]
paperclip (de)	clipe (m)	['klipi]

lijm (de)	cola (f)	['kɔla]
nietmachine (de)	grampeador (m)	[grãpja'dor]
perforator (de)	furador (m) de papel	[fura'dor de pa'pɛw]
potloodslijper (de)	apontador (m)	[apõta'dor]

Baan. Business. Deel 2

101. Massamedia

krant (de)	jornal (m)	[ʒor'naw]
tijdschrift (het)	revista (f)	[he'vista]
pers (gedrukte media)	imprensa (f)	[ĩ'prẽsa]
radio (de)	rádio (m)	['hadʒju]
radiostation (het)	estação (f) de rádio	[ista'sãw de 'hadʒju]
televisie (de)	televisão (f)	[televi'zãw]
presentator (de)	apresentador (m)	[aprezẽta'dor]
nieuwslezer (de)	locutor (m)	[loku'tor]
commentator (de)	comentarista (m)	[komẽta'rista]
journalist (de)	jornalista (m)	[ʒorna'lista]
correspondent (de)	correspondente (m)	[kohespõ'dẽtʃi]
fotocorrespondent (de)	repórter (m) fotográfico	[he'porter foto'grafiku]
reporter (de)	repórter (m)	[he'porter]
redacteur (de)	redator (m)	[heda'tor]
chef-redacteur (de)	redator-chefe (m)	[heda'tor 'ʃɛfi]
zich abonneren op	assinar a ...	[asi'nar a]
abonnement (het)	assinatura (f)	[asina'tura]
abonnee (de)	assinante (m)	[asi'nãtʃi]
lezen (ww)	ler (vt)	[ler]
lezer (de)	leitor (m)	[lej'tor]
oplage (de)	tiragem (f)	[tʃi'raʒẽ]
maand-, maandelijks (bn)	mensal	[mẽ'saw]
wekelijks (bn)	semanal	[sema'naw]
nummer (het)	número (m)	['numeru]
vers (~ van de pers)	recente, novo	[he'sẽtʃi], ['novu]
kop (de)	manchete (f)	[mã'ʃɛtʃi]
korte artikel (het)	pequeno artigo (m)	[pe'kenu ar'tʃigu]
rubriek (de)	coluna (f)	[ko'luna]
artikel (het)	artigo (m)	[ar'tʃigu]
pagina (de)	página (f)	['paʒina]
reportage (de)	reportagem (f)	[hepor'taʒẽ]
gebeurtenis (de)	evento (m)	[e'vẽtu]
sensatie (de)	sensação (f)	[sẽsa'sãw]
schandaal (het)	escândalo (m)	[is'kãdalu]
schandalig (bn)	escandaloso	[iskãda'lozu]
groot (~ schandaal, enz.)	grande	['grãdʒi]
programma (het)	programa (m)	[pro'grama]
interview (het)	entrevista (f)	[ẽtre'vista]

| live uitzending (de) | transmissão (f) ao vivo | [trãzmi'sãw aw 'vivu] |
| kanaal (het) | canal (m) | [ka'naw] |

102. Landbouw

landbouw (de)	agricultura (f)	[agrikuw'tura]
boer (de)	camponês (m)	[kãpo'nes]
boerin (de)	camponesa (f)	[kãpo'neza]
landbouwer (de)	agricultor, fazendeiro (m)	[agrikuw'tor], [fazẽ'dejru]

| tractor (de) | trator (m) | [tra'tor] |
| maaidorser (de) | colheitadeira (f) | [koʎejta'dejra] |

ploeg (de)	arado (m)	[a'radu]
ploegen (ww)	arar (vt)	[a'rar]
akkerland (het)	campo (m) lavrado	['kãpu la'vradu]
voor (de)	sulco (m)	[suw'ku]

zaaien (ww)	semear (vt)	[se'mjar]
zaaimachine (de)	plantadeira (f)	[plãta'dejra]
zaaien (het)	semeadura (f)	[semja'dura]

| zeis (de) | foice (m) | ['fɔjsi] |
| maaien (ww) | cortar com foice | [kor'tar kõ 'fɔjsi] |

| schop (de) | pá (f) | [pa] |
| spitten (ww) | cavar (vt) | [ka'var] |

schoffel (de)	enxada (f)	[ẽ'ʃada]
wieden (ww)	capinar (vt)	[kapi'nar]
onkruid (het)	erva (f) daninha	['ɛrva da'niɲa]

gieter (de)	regador (m)	[hega'dor]
begieten (water geven)	regar (vt)	[he'gar]
bewatering (de)	rega (f)	['hɛga]

| riek, hooivork (de) | forquilha (f) | [for'kiʎa] |
| hark (de) | ancinho (m) | [ã'siɲu] |

kunstmest (de)	fertilizante (m)	[fertʃili'zãtʃi]
bemesten (ww)	fertilizar (vt)	[fertʃili'zar]
mest (de)	estrume, esterco (m)	[is'trumi], [is'terku]

veld (het)	campo (m)	['kãpu]
wei (de)	prado (m)	['pradu]
moestuin (de)	horta (f)	['ɔrta]
boomgaard (de)	pomar (m)	[po'mar]

weiden (ww)	pastar (vt)	[pas'tar]
herder (de)	pastor (m)	[pas'tor]
weiland (de)	pastagem (f)	[pas'taʒẽ]

| veehouderij (de) | pecuária (f) | [pe'kwarja] |
| schapenteelt (de) | criação (f) de ovelhas | [krja'sãw de o'veʎas] |

plantage (de)	plantação (f)	[plãta'sãw]
rijtje (het)	canteiro (m)	[kã'tejru]
broeikas (de)	estufa (f)	[is'tufa]

| droogte (de) | seca (f) | ['seka] |
| droog (bn) | seco | ['seku] |

graan (het)	grão (m)	['grãw]
graangewassen (mv.)	cereais (m pl)	[se'rjajs]
oogsten (ww)	colher (vt)	[ko'ʎer]

molenaar (de)	moleiro (m)	[mu'lejru]
molen (de)	moinho (m)	['mwiɲu]
malen (graan ~)	moer (vt)	[mwer]
bloem (bijv. tarwebloem)	farinha (f)	[fa'riɲa]
stro (het)	palha (f)	['paʎa]

103. Gebouw. Bouwproces

bouwplaats (de)	canteiro (m) de obras	[kã'tejru de 'ɔbras]
bouwen (ww)	construir (vt)	[kõs'trwir]
bouwvakker (de)	construtor (m)	[kõstru'tor]

project (het)	projeto (m)	[pro'ʒɛtu]
architect (de)	arquiteto (m)	[arki'tɛtu]
arbeider (de)	operário (m)	[ope'rarju]

fundering (de)	fundação (f)	[fũda'sãw]
dak (het)	telhado (m)	[te'ʎadu]
heipaal (de)	estaca (f)	[is'taka]
muur (de)	parede (f)	[pa'redʒi]

| betonstaal (het) | barras (f pl) de reforço | ['bahas de he'forsu] |
| steigers (mv.) | andaime (m) | [ã'dajmi] |

beton (het)	concreto (m)	[kõ'krɛtu]
graniet (het)	granito (m)	[gra'nitu]
steen (de)	pedra (f)	['pɛdra]
baksteen (de)	tijolo (m)	[tʃi'ʒolu]

zand (het)	areia (f)	[a'reja]
cement (de/het)	cimento (m)	[si'mẽtu]
pleister (het)	emboço, reboco (m)	[ẽ'bosu], [he'boku]
pleisteren (ww)	emboçar, rebocar (vt)	[ẽbo'sar], [hebo'kar]

verf (de)	tinta (f)	[tʃĩta]
verven (muur ~)	pintar (vt)	[pĩ'tar]
ton (de)	barril (m)	[ba'hiw]

kraan (de)	grua (f), guindaste (m)	['grua], [gĩ'dastʃi]
heffen, hijsen (ww)	erguer (vt)	[er'ger]
neerlaten (ww)	baixar (vt)	[baɪ'ʃar]
bulldozer (de)	buldózer (m)	[buw'dozer]
graafmachine (de)	escavadora (f)	[iskava'dora]

graafbak (de)   **caçamba** (f)   [ka'sãba]
graven (tunnel, enz.)   **escavar** (vt)   [iska'var]
helm (de)   **capacete** (m) **de proteção**   [kapa'setʃi de prote'sãw]

Beroepen en ambachten

104. Zoeken naar werk. Ontslag

baan (de)	trabalho (m)	[tra'baʎu]
werknemers (mv.)	equipe (f)	[e'kipi]
personeel (het)	pessoal (m)	[pe'swaw]
carrière (de)	carreira (f)	[ka'hejra]
vooruitzichten (mv.)	perspectivas (f pl)	[perspek'tʃivas]
meesterschap (het)	habilidades (f pl)	[abili'dadʒis]
keuze (de)	seleção (f)	[sele'sãw]
uitzendbureau (het)	agência (f) de emprego	[a'ʒẽsja de ẽ'pregu]
CV, curriculum vitae (het)	currículo (m)	[ku'hikulu]
sollicitatiegesprek (het)	entrevista (f) de emprego	[ẽtre'vista de ẽ'pregu]
vacature (de)	vaga (f)	['vaga]
salaris (het)	salário (m)	[sa'larju]
vaste salaris (het)	salário (m) fixo	[sa'larju 'fiksu]
loon (het)	pagamento (m)	[paga'mẽtu]
betrekking (de)	cargo (m)	['kargu]
taak, plicht (de)	dever (m)	[de'ver]
takenpakket (het)	gama (f) de deveres	['gama de de'veris]
bezig (~ zijn)	ocupado	[oku'padu]
ontslagen (ww)	despedir, demitir (vt)	[dʒispe'dʒir], [demi'tʃir]
ontslag (het)	demissão (f)	[demi'sãw]
werkloosheid (de)	desemprego (m)	[dʒizẽ'pregu]
werkloze (de)	desempregado (m)	[dʒizẽpre'gadu]
pensioen (het)	aposentadoria (f)	[apozẽtado'ria]
met pensioen gaan	aposentar-se (vr)	[apozẽ'tarsi]

105. Zakenmensen

directeur (de)	diretor (m)	[dʒire'tor]
beheerder (de)	gerente (m)	[ʒe'rẽtʃi]
hoofd (het)	patrão, chefe (m)	[pa'trãw], ['ʃɛfi]
baas (de)	superior (m)	[supe'rjor]
superieuren (mv.)	superiores (m pl)	[supe'rjores]
president (de)	presidente (m)	[prezi'dẽtʃi]
voorzitter (de)	chairman, presidente (m)	['tʃɛamen], [prezi'dẽtʃi]
adjunct (de)	substituto (m)	[substi'tutu]
assistent (de)	assistente (m)	[asis'tẽtʃi]

secretaris (de)	**secretário** (m)	[sekreˈtarju]
persoonlijke assistent (de)	**secretário** (m) **pessoal**	[sekreˈtarju peˈswaw]
zakenman (de)	**homem** (m) **de negócios**	[ˈɔmẽ de neˈgɔsjus]
ondernemer (de)	**empreendedor** (m)	[ẽprjẽdeˈdor]
oprichter (de)	**fundador** (m)	[fũdaˈdor]
oprichten	**fundar** (vt)	[fũˈdar]
(een nieuw bedrijf ~)		
stichter (de)	**principiador** (m)	[prĩsipjaˈdor]
partner (de)	**parceiro, sócio** (m)	[parˈsejru], [ˈsɔsju]
aandeelhouder (de)	**acionista** (m)	[asjoˈnista]
miljonair (de)	**milionário** (m)	[miljoˈnarju]
miljardair (de)	**bilionário** (m)	[biljoˈnarju]
eigenaar (de)	**proprietário** (m)	[proprjeˈtarju]
landeigenaar (de)	**proprietário** (m) **de terras**	[proprjeˈtarju de ˈtɛhas]
klant (de)	**cliente** (m)	[ˈkljẽtʃi]
vaste klant (de)	**cliente** (m) **habitual**	[ˈkljẽtʃi abiˈtwaw]
koper (de)	**comprador** (m)	[kõpraˈdor]
bezoeker (de)	**visitante** (m)	[viziˈtãtʃi]
professioneel (de)	**profissional** (m)	[profisjoˈnaw]
expert (de)	**perito** (m)	[peˈritu]
specialist (de)	**especialista** (m)	[ispesjaˈlista]
bankier (de)	**banqueiro** (m)	[bãˈkejru]
makelaar (de)	**corretor** (m)	[koheˈtor]
kassier (de)	**caixa** (m, f)	[ˈkaɪʃa]
boekhouder (de)	**contador** (m)	[kõtaˈdɔr]
bewaker (de)	**guarda** (m)	[ˈgwarda]
investeerder (de)	**investidor** (m)	[ĩvestʃiˈdor]
schuldenaar (de)	**devedor** (m)	[deveˈdor]
crediteur (de)	**credor** (m)	[kreˈdor]
lener (de)	**mutuário** (m)	[muˈtwarju]
importeur (de)	**importador** (m)	[ĩportaˈdor]
exporteur (de)	**exportador** (m)	[isportaˈdor]
producent (de)	**produtor** (m)	[produˈtor]
distributeur (de)	**distribuidor** (m)	[dʒistribwiˈdor]
bemiddelaar (de)	**intermediário** (m)	[ĩtermeˈdʒjarju]
adviseur, consulent (de)	**consultor** (m)	[kõsuwˈtor]
vertegenwoordiger (de)	**representante** (m) **comercial**	[heprezẽˈtãtʃi komerˈsjaw]
agent (de)	**agente** (m)	[aˈʒẽtʃi]
verzekeringsagent (de)	**agente** (m) **de seguros**	[aˈʒẽtʃi de seˈgurus]

106. Dienstverlenende beroepen

kok (de)	**cozinheiro** (m)	[koziˈɲejru]
chef-kok (de)	**chefe** (m) **de cozinha**	[ˈʃɛfi de koˈziɲa]

bakker (de)	**padeiro** (m)	[pa'dejru]
barman (de)	**barman** (m)	[bar'mã]
kelner, ober (de)	**garçom** (m)	[gar'sõ]
serveerster (de)	**garçonete** (f)	[garso'netʃi]

advocaat (de)	**advogado** (m)	[adʒivo'gadu]
jurist (de)	**jurista** (m)	[ʒu'rista]
notaris (de)	**notário** (m)	[no'tarju]

elektricien (de)	**eletricista** (m)	[eletri'sista]
loodgieter (de)	**encanador** (m)	[ẽkana'dor]
timmerman (de)	**carpinteiro** (m)	[karpĩ'tejru]

masseur (de)	**massagista** (m)	[masa'ʒista]
masseuse (de)	**massagista** (f)	[masa'ʒista]
dokter, arts (de)	**médico** (m)	['mɛdʒiku]

taxichauffeur (de)	**taxista** (m)	[tak'sista]
chauffeur (de)	**condutor, motorista** (m)	[kõdu'tor], [moto'rista]
koerier (de)	**entregador** (m)	[ẽtrega'dor]

kamermeisje (het)	**camareira** (f)	[kama'rejra]
bewaker (de)	**guarda** (m)	['gwarda]
stewardess (de)	**aeromoça** (f)	[aero'mosa]

meester (de)	**professor** (m)	[profe'sor]
bibliothecaris (de)	**bibliotecário** (m)	[bibljote'karju]
vertaler (de)	**tradutor** (m)	[tradu'tor]
tolk (de)	**intérprete** (m)	[ĩ'tɛrpretʃi]
gids (de)	**guia** (m)	['gia]

kapper (de)	**cabeleireiro** (m)	[kabelej'rejru]
postbode (de)	**carteiro** (m)	[kar'tejru]
verkoper (de)	**vendedor** (m)	[vẽde'dor]

tuinman (de)	**jardineiro** (m)	[ʒardʒi'nejru]
huisbediende (de)	**criado** (m)	['krjadu]
dienstmeisje (het)	**criada** (f)	['krjada]
schoonmaakster (de)	**empregada** (f) **de limpeza**	[ẽpre'gada de lĩ'peza]

107. Militaire beroepen en rangen

soldaat (rang)	**soldado** (m) **raso**	[sow'dadu 'hazu]
sergeant (de)	**sargento** (m)	[sar'ʒẽtu]
luitenant (de)	**tenente** (m)	[te'nẽtʃi]
kapitein (de)	**capitão** (m)	[kapi'tãw]

majoor (de)	**major** (m)	[ma'ʒɔr]
kolonel (de)	**coronel** (m)	[koro'nɛw]
generaal (de)	**general** (m)	[ʒene'raw]
maarschalk (de)	**marechal** (m)	[mare'ʃaw]
admiraal (de)	**almirante** (m)	[awmi'rãtʃi]
militair (de)	**militar** (m)	[mili'tar]
soldaat (de)	**soldado** (m)	[sow'dadu]

| officier (de) | oficial (m) | [ofi'sjaw] |
| commandant (de) | comandante (m) | [komã'dãtʃi] |

grenswachter (de)	guarda (m) de fronteira	['gwarda de frõ'tejra]
marconist (de)	operador (m) de rádio	[opera'dor de 'hadʒju]
verkenner (de)	explorador (m)	[isplora'dor]
sappeur (de)	sapador-mineiro (m)	[sapa'dor-mi'nejru]
schutter (de)	atirador (m)	[atʃira'dor]
stuurman (de)	navegador (m)	[navega'dor]

108. Ambtenaren. Priesters

| koning (de) | rei (m) | [hej] |
| koningin (de) | rainha (f) | [ha'iɲa] |

| prins (de) | príncipe (m) | ['prĩsipi] |
| prinses (de) | princesa (f) | [prĩ'seza] |

| tsaar (de) | czar (m) | ['kzar] |
| tsarina (de) | czarina (f) | [kza'rina] |

president (de)	presidente (m)	[prezi'dẽtʃi]
minister (de)	ministro (m)	[mi'nistru]
eerste minister (de)	primeiro-ministro (m)	[pri'mejru mi'nistru]
senator (de)	senador (m)	[sena'dor]

diplomaat (de)	diplomata (m)	[dʒiplo'mata]
consul (de)	cônsul (m)	['kõsuw]
ambassadeur (de)	embaixador (m)	[ẽbajʃa'dor]
adviseur (de)	conselheiro (m)	[kõse'ʎejru]

ambtenaar (de)	funcionário (m)	[fũsjo'narju]
prefect (de)	prefeito (m)	[pre'fejtu]
burgemeester (de)	Presidente (m) da Câmara	[prezi'dẽtʃi da 'kamara]

| rechter (de) | juiz (m) | [ʒwiz] |
| aanklager (de) | procurador (m) | [prokura'dor] |

missionaris (de)	missionário (m)	[misjo'narju]
monnik (de)	monge (m)	['mõʒi]
abt (de)	abade (m)	[a'badʒi]
rabbi, rabbijn (de)	rabino (m)	[ha'binu]

vizier (de)	vizir (m)	[vi'zir]
sjah (de)	xá (m)	[ʃa]
sjeik (de)	xeique (m)	['ʃɛjki]

109. Agrarische beroepen

imker (de)	abelheiro (m)	[abi'ʎejru]
herder (de)	pastor (m)	[pas'tor]
landbouwkundige (de)	agrônomo (m)	[a'gronomu]

| veehouder (de) | criador (m) de gado | [krja'dor de 'gadu] |
| dierenarts (de) | veterinário (m) | [veteri'narju] |

landbouwer (de)	agricultor, fazendeiro (m)	[agrikuw'tor], [fazē'dejru]
wijnmaker (de)	vinicultor (m)	[vinikuw'tor]
zoöloog (de)	zoólogo (m)	[zo'ɔlogu]
cowboy (de)	vaqueiro (m)	[va'kejru]

110. Kunst beroepen

| acteur (de) | ator (m) | [a'tor] |
| actrice (de) | atriz (f) | [a'triz] |

| zanger (de) | cantor (m) | [kã'tor] |
| zangeres (de) | cantora (f) | [kã'tora] |

| danser (de) | bailarino (m) | [bajla'rinu] |
| danseres (de) | bailarina (f) | [bajla'rina] |

| artiest (mann.) | artista (m) | [ar'tʃista] |
| artiest (vrouw.) | artista (f) | [ar'tʃista] |

muzikant (de)	músico (m)	['muziku]
pianist (de)	pianista (m)	[pja'nista]
gitarist (de)	guitarrista (m)	[gita'hista]

orkestdirigent (de)	maestro (m)	[ma'ɛstru]
componist (de)	compositor (m)	[kõpozi'tor]
impresario (de)	empresário (m)	[ẽpre'zarju]

filmregisseur (de)	diretor (m) de cinema	[dʒire'tor de si'nɛma]
filmproducent (de)	produtor (m)	[produ'tor]
scenarioschrijver (de)	roteirista (m)	[hotej'rista]
criticus (de)	crítico (m)	['kritʃiku]

schrijver (de)	escritor (m)	[iskri'tor]
dichter (de)	poeta (m)	['pwɛta]
beeldhouwer (de)	escultor (m)	[iskuw'tor]
kunstenaar (de)	pintor (m)	[pĩ'tor]

jongleur (de)	malabarista (m)	[malaba'rista]
clown (de)	palhaço (m)	[pa'ʎasu]
acrobaat (de)	acrobata (m)	[akro'bata]
goochelaar (de)	ilusionista (m)	[iluzjo'nista]

111. Verschillende beroepen

dokter, arts (de)	médico (m)	['mɛdʒiku]
ziekenzuster (de)	enfermeira (f)	[ẽfer'mejra]
psychiater (de)	psiquiatra (m)	[psi'kjatra]
tandarts (de)	dentista (m)	[dẽ'tʃista]
chirurg (de)	cirurgião (m)	[sirur'ʒjãw]

astronaut (de)	astronauta (m)	[astro'nawta]
astronoom (de)	astrônomo (m)	[as'tronomu]
piloot (de)	piloto (m)	[pi'lotu]

chauffeur (de)	motorista (m)	[moto'rista]
machinist (de)	maquinista (m)	[maki'nista]
mecanicien (de)	mecânico (m)	[me'kaniku]

mijnwerker (de)	mineiro (m)	[mi'nejru]
arbeider (de)	operário (m)	[ope'rarju]
bankwerker (de)	serralheiro (m)	[seha'ʎejru]
houtbewerker (de)	marceneiro (m)	[marse'nejru]
draaier (de)	torneiro (m)	[tor'nejru]
bouwvakker (de)	construtor (m)	[kõstru'tor]
lasser (de)	soldador (m)	[sɔwda'dor]

professor (de)	professor (m)	[profe'sor]
architect (de)	arquiteto (m)	[arki'tɛtu]
historicus (de)	historiador (m)	[istorja'dor]
wetenschapper (de)	cientista (m)	[sjẽ'tʃista]
fysicus (de)	físico (m)	['fiziku]
scheikundige (de)	químico (m)	['kimiku]

archeoloog (de)	arqueólogo (m)	[ar'kjɔlogu]
geoloog (de)	geólogo (m)	[ʒe'ɔlogu]
onderzoeker (de)	pesquisador (m)	[peskiza'dor]

| babysitter (de) | babysitter, babá (f) | [bebi'sitter], [ba'ba] |
| leraar, pedagoog (de) | professor (m) | [profe'sor] |

redacteur (de)	redator (m)	[heda'tor]
chef-redacteur (de)	redator-chefe (m)	[heda'tor 'ʃɛfi]
correspondent (de)	correspondente (m)	[kohespõ'dẽtʃi]
typiste (de)	datilógrafa (f)	[datʃi'lɔgrafa]

designer (de)	designer (m)	[dʒi'zajner]
computerexpert (de)	perito (m) em informática	[pe'ritu ẽ ĩfur'matika]
programmeur (de)	programador (m)	[programa'dor]
ingenieur (de)	engenheiro (m)	[ẽʒe'ɲejru]

matroos (de)	marujo (m)	[ma'ruʒu]
zeeman (de)	marinheiro (m)	[mari'ɲejru]
redder (de)	socorrista (m)	[soko'hista]

brandweerman (de)	bombeiro (m)	[bõ'bejru]
politieagent (de)	polícia (m)	[po'lisja]
nachtwaker (de)	guarda-noturno (m)	['gwarda no'turnu]
detective (de)	detetive (m)	[dete'tʃivi]

douanier (de)	funcionário (m) da alfândega	[fũsjo'narju da aw'fãdʒiga]
lijfwacht (de)	guarda-costas (m)	['gwarda 'kɔstas]
gevangenisbewaker (de)	guarda (m) prisional	['gwarda prizjo'naw]
inspecteur (de)	inspetor (m)	[ĩspe'tor]

| sportman (de) | esportista (m) | [ispor'tʃista] |
| trainer (de) | treinador (m) | [trejna'dor] |

slager, beenhouwer (de)	açougueiro (m)	[aso'gejru]
schoenlapper (de)	sapateiro (m)	[sapa'tejru]
handelaar (de)	comerciante (m)	[komer'sjãtʃi]
lader (de)	carregador (m)	[kahega'dor]

| kledingstilist (de) | estilista (m) | [istʃi'lista] |
| model (het) | modelo (f) | [mo'delu] |

112. Beroepen. Sociale status

| scholier (de) | estudante (m) | [istu'dãtʃi] |
| student (de) | estudante (m) | [istu'dãtʃi] |

filosoof (de)	filósofo (m)	[fi'lɔzofu]
econoom (de)	economista (m)	[ekono'mista]
uitvinder (de)	inventor (m)	[ĩvẽ'tor]

werkloze (de)	desempregado (m)	[dʒizẽpre'gadu]
gepensioneerde (de)	aposentado (m)	[apozẽ'tadu]
spion (de)	espião (m)	[is'pjãw]

gedetineerde (de)	preso, prisioneiro (m)	['prezu], [prizjo'nejru]
staker (de)	grevista (m)	[gre'vista]
bureaucraat (de)	burocrata (m)	[buro'krata]
reiziger (de)	viajante (m)	[vja'ʒãtʃi]

homoseksueel (de)	homossexual (m)	[omosek'swaw]
hacker (computerkraker)	hacker (m)	['haker]
hippie (de)	hippie (m, f)	['hɪpɪ]

bandiet (de)	bandido (m)	[bã'dʒidu]
huurmoordenaar (de)	assassino (m)	[asa'sinu]
drugsverslaafde (de)	drogado (m)	[dro'gadu]
drugshandelaar (de)	traficante (m)	[trafi'kãtʃi]
prostituee (de)	prostituta (f)	[prostʃi'tuta]
pooier (de)	cafetão (m)	[kafe'tãw]

tovenaar (de)	bruxo (m)	['bruʃu]
tovenares (de)	bruxa (f)	['bruʃa]
piraat (de)	pirata (m)	[pi'rata]
slaaf (de)	escravo (m)	[is'kravu]
samoerai (de)	samurai (m)	[samu'raj]
wilde (de)	selvagem (m)	[sew'vaʒẽ]

Sport

113. Soorten sporten. Sporters

sportman (de)	esportista (m)	[ispor'tʃista]
soort sport (de/het)	tipo (m) de esporte	['tʃipu de is'pɔrtʃi]
basketbal (het)	basquete (m)	[bas'kɛtʃi]
basketbalspeler (de)	jogador (m) de basquete	[ʒoga'dor de bas'kɛtʃi]
baseball (het)	beisebol (m)	[bejsi'bɔw]
baseballspeler (de)	jogador (m) de beisebol	[ʒoga'dor de bejsi'bɔw]
voetbal (het)	futebol (m)	[futʃi'bɔw]
voetballer (de)	jogador (m) de futebol	[ʒoga'dor de futʃi'bɔw]
doelman (de)	goleiro (m)	[go'lejru]
hockey (het)	hóquei (m)	['hɔkej]
hockeyspeler (de)	jogador (m) de hóquei	[ʒoga'dor de 'hɔkej]
volleybal (het)	vôlei (m)	['volej]
volleybalspeler (de)	jogador (m) de vôlei	[ʒoga'dor de 'volej]
boksen (het)	boxe (m)	['bɔksi]
bokser (de)	boxeador (m)	[boksja'dor]
worstelen (het)	luta (f)	['luta]
worstelaar (de)	lutador (m)	[luta'dor]
karate (de)	caratê (m)	[kara'te]
karateka (de)	carateca (m)	[kara'teka]
judo (de)	judô (m)	[ʒu'do]
judoka (de)	judoca (m)	[ʒu'dɔka]
tennis (het)	tênis (m)	['tenis]
tennisspeler (de)	tenista (m)	[te'nista]
zwemmen (het)	natação (f)	[nata'sãw]
zwemmer (de)	nadador (m)	[nada'dor]
schermen (het)	esgrima (f)	[iz'grima]
schermer (de)	esgrimista (m)	[izgri'mista]
schaak (het)	xadrez (m)	[ʃa'drez]
schaker (de)	jogador (m) de xadrez	[ʒoga'dor de ʃa'drez]
alpinisme (het)	alpinismo (m)	[awpi'nizmu]
alpinist (de)	alpinista (m)	[awpi'nista]
hardlopen (het)	corrida (f)	[ko'hida]

renner (de)	corredor (m)	[kohe'dor]
atletiek (de)	atletismo (m)	[atle'tʃizmu]
atleet (de)	atleta (m)	[at'lɛta]

| paardensport (de) | hipismo (m) | [i'pizmu] |
| ruiter (de) | cavaleiro (m) | [kava'lejru] |

kunstschaatsen (het)	patinação (f) artística	[patʃina'sãw ar'tʃistʃika]
kunstschaatser (de)	patinador (m)	[patʃina'dor]
kunstschaatsster (de)	patinadora (f)	[patʃina'dora]

| gewichtheffen (het) | halterofilismo (m) | [awterofi'lizmu] |
| gewichtheffer (de) | halterofilista (m) | [awterofi'lista] |

| autoraces (mv.) | corrida (f) de carros | [ko'hida de 'kahos] |
| coureur (de) | piloto (m) | [pi'lotu] |

| wielersport (de) | ciclismo (m) | [si'klizmu] |
| wielrenner (de) | ciclista (m) | [si'klista] |

verspringen (het)	salto (m) em distância	['sawtu ẽ dʒis'tãsja]
polsstokspringen (het)	salto (m) com vara	['sawtu kõ 'vara]
verspringer (de)	atleta (m) de saltos	[at'lɛta de 'sawtus]

114. Soorten sporten. Diversen

Amerikaans voetbal (het)	futebol (m) americano	[futʃi'bɔw ameri'kanu]
badminton (het)	badminton (m)	[bad'mĩtõn]
biatlon (de)	biatlo (m)	[bi'atlu]
biljart (het)	bilhar (m)	[bi'ʎar]

bobsleeën (het)	bobsled (m)	['bɔbsled]
bodybuilding (de)	musculação (f)	[muskula'sãw]
waterpolo (het)	polo (m) aquático	['pɔlu a'kwatʃiku]
handbal (de)	handebol (m)	[ãde'bɔl]
golf (het)	golfe (m)	['gowfi]

roeisport (de)	remo (m)	['hɛmu]
duiken (het)	mergulho (m)	[mer'guʎu]
langlaufen (het)	corrida (f) de esqui	[ko'hida de is'ki]
tafeltennis (het)	tênis (m) de mesa	['tenis de 'meza]

zeilen (het)	vela (f)	['vɛla]
rally (de)	rali (m)	[ha'li]
rugby (het)	rúgbi (m)	['hugbi]
snowboarden (het)	snowboard (m)	[snowbɔrd]
boogschieten (het)	arco-e-flecha (m)	['arku I 'flɛʃa]

115. Fitnessruimte

| lange halter (de) | barra (f) | ['baha] |
| halters (mv.) | halteres (m pl) | [aw'tɛris] |

training machine (de)	aparelho (m) de musculação	[apa'reʌu de muskula'sãw]
hometrainer (de)	bicicleta (f) ergométrica	[bisi'klɛta ergo'mɛtrika]
loopband (de)	esteira (f) de corrida	[is'tejra de ko'hida]
rekstok (de)	barra (f) fixa	['baha 'fiksa]
brug (de) gelijke leggers	barras (f pl) paralelas	['bahas para'lɛlas]
paardsprong (de)	cavalo (m)	[ka'valu]
mat (de)	tapete (m) de ginástica	[ta'petʃi de ʒi'nastʃika]
springtouw (het)	corda (f) de saltar	['kɔrda de saw'tar]
aerobics (de)	aeróbica (f)	[ae'rɔbika]
yoga (de)	ioga, yoga (f)	['jɔga]

116. Sporten. Diversen

Olympische Spelen (mv.)	Jogos (m pl) Olímpicos	['ʒɔgus o'lĩpikus]
winnaar (de)	vencedor (m)	[vĕse'dor]
overwinnen (ww)	vencer (vi)	[vĕ'ser]
winnen (ww)	vencer (vi, vt)	[vĕ'ser]
leider (de)	líder (m)	['lider]
leiden (ww)	liderar (vt)	[lide'rar]
eerste plaats (de)	primeiro lugar (m)	[pri'mejru lu'gar]
tweede plaats (de)	segundo lugar (m)	[se'gũdu lu'gar]
derde plaats (de)	terceiro lugar (m)	[ter'sejru lu'gar]
medaille (de)	medalha (f)	[me'daʌa]
trofee (de)	troféu (m)	[tro'fɛw]
beker (de)	taça (f)	['tasa]
prijs (de)	prêmio (m)	['premju]
hoofdprijs (de)	prêmio (m) principal	['premju prĩsi'paw]
record (het)	recorde (m)	[he'kɔrdʒi]
een record breken	estabelecer um recorde	[istabele'ser ũ he'kɔrdʒi]
finale (de)	final (m)	[fi'naw]
finale (bn)	final	[fi'naw]
kampioen (de)	campeão (m)	[kã'pjãw]
kampioenschap (het)	campeonato (m)	[kãpjo'natu]
stadion (het)	estádio (m)	[is'tadʒu]
tribune (de)	arquibancadas (f pl)	[arkibã'kadas]
fan, supporter (de)	fã, torcedor (m)	[fã], [torse'dor]
tegenstander (de)	adversário (m)	[adʒiver'sarju]
start (de)	partida (f)	[par'tʃida]
finish (de)	linha (f) de chegada	['liɲa de ʃe'gada]
nederlaag (de)	derrota (f)	[de'hɔta]
verliezen (ww)	perder (vt)	[per'der]
rechter (de)	árbitro, juiz (m)	[ar'bitru], [ʒwiz]
jury (de)	júri (m)	['ʒuri]

stand (~ is 3-1)	resultado (m)	[hezuw'tadu]
gelijkspel (het)	empate (m)	[ẽ'patʃi]
in gelijk spel eindigen	empatar (vi)	[ẽpa'tar]
punt (het)	ponto (m)	['põtu]
uitslag (de)	resultado (m) final	[hezuw'tadu fi'naw]

periode (de)	tempo (m)	['tẽpu]
pauze (de)	intervalo (m)	[ĩter'valu]
doping (de)	doping (m)	['dɔpĩg]
straffen (ww)	penalizar (vt)	[penali'zar]
diskwalificeren (ww)	desqualificar (vt)	[dʒiskwalifi'kar]

toestel (het)	aparelho, aparato (m)	[apa'reʎu], [apa'ratu]
speer (de)	dardo (m)	['dardu]
kogel (de)	peso (m)	['pezu]
bal (de)	bola (f)	['bɔla]

doel (het)	alvo (m)	['awvu]
schietkaart (de)	alvo (m)	['awvu]
schieten (ww)	disparar, atirar (vi)	[dʒispa'rar], [atʃi'rar]
precies (bijv. precieze schot)	preciso	[pre'sizu]

trainer, coach (de)	treinador (m)	[trejna'dor]
trainen (ww)	treinar (vt)	[trej'nar]
zich trainen (ww)	treinar-se (vr)	[trej'narsi]
training (de)	treino (m)	['trejnu]

gymnastiekzaal (de)	academia (f) de ginástica	[akade'mia de ʒi'nastʃika]
oefening (de)	exercício (m)	[ezer'sisju]
opwarming (de)	aquecimento (m)	[akesi'mẽtu]

Onderwijs

117. School

Nederlands	Portugees	Uitspraak
school (de)	escola (f)	[is'kɔla]
schooldirecteur (de)	diretor (m) de escola	[dʒire'tor de is'kɔla]
leerling (de)	aluno (m)	[a'lunu]
leerlinge (de)	aluna (f)	[a'luna]
scholier (de)	estudante (m)	[istu'dãtʃi]
scholiere (de)	estudante (f)	[istu'dãtʃi]
leren (lesgeven)	ensinar (vt)	[ẽsi'nar]
studeren (bijv. een taal ~)	aprender (vt)	[aprẽ'der]
van buiten leren	decorar (vt)	[deko'rar]
leren (bijv. ~ tellen)	estudar (vi)	[istu'dar]
in school zijn (schooljongen zijn)	estar na escola	[is'tar na is'kɔla]
naar school gaan	ir à escola	[ir a is'kɔla]
alfabet (het)	alfabeto (m)	[awfa'bɛtu]
vak (schoolvak)	disciplina (f)	[dʒisi'plina]
klaslokaal (het)	sala (f) de aula	['sala de 'awla]
les (de)	lição, aula (f)	[li'sãw], ['awla]
pauze (de)	recreio (m)	[he'kreju]
bel (de)	toque (m)	['tɔki]
schooltafel (de)	classe (f)	['klasi]
schoolbord (het)	quadro (m) negro	['kwadru 'negru]
cijfer (het)	nota (f)	['nɔta]
goed cijfer (het)	boa nota (f)	['boa 'nɔta]
slecht cijfer (het)	nota (f) baixa	['nɔta 'baɪʃa]
een cijfer geven	dar uma nota	[dar 'uma 'nɔta]
fout (de)	erro (m)	['ehu]
fouten maken	errar (vi)	[e'har]
corrigeren (fouten ~)	corrigir (vt)	[kohi'ʒir]
spiekbriefje (het)	cola (f)	['kɔla]
huiswerk (het)	dever (m) de casa	[de'ver de 'kaza]
oefening (de)	exercício (m)	[ezer'sisju]
aanwezig zijn (ww)	estar presente	[is'tar pre'zẽtʃi]
absent zijn (ww)	estar ausente	[is'tar aw'zẽtʃi]
school verzuimen	faltar às aulas	[faw'tar as 'awlas]
bestraffen (een stout kind ~)	punir (vt)	[pu'nir]
bestraffing (de)	punição (f)	[puni'sãw]

gedrag (het)	comportamento (m)	[kõporta'mẽtu]
cijferlijst (de)	boletim (m) escolar	[bole'tʃi isko'lar]
potlood (het)	lápis (m)	['lapis]
gom (de)	borracha (f)	[bo'haʃa]
krijt (het)	giz (m)	[ʒiz]
pennendoos (de)	porta-lápis (m)	['pɔrta-'lapis]

boekentas (de)	mala, pasta, mochila (f)	['mala], ['pasta], [mo'ʃila]
pen (de)	caneta (f)	[ka'neta]
schrift (de)	caderno (m)	[ka'dɛrnu]
leerboek (het)	livro (m) didático	['livru dʒi'datʃiku]
passer (de)	compasso (m)	[kõ'pasu]

technisch tekenen (ww)	traçar (vt)	[tra'sar]
technische tekening (de)	desenho (m) técnico	[de'zeɲu 'tɛkniku]

gedicht (het)	poesia (f)	[poe'zia]
van buiten (bw)	de cor	[de kɔr]
van buiten leren	decorar (vt)	[deko'rar]

vakantie (de)	férias (f pl)	['fɛrjas]
met vakantie zijn	estar de férias	[is'tar de 'fɛrjas]
vakantie doorbrengen	passar as férias	[pa'sar as 'fɛrjas]

toets (schriftelijke ~)	teste (m), prova (f)	['tɛstʃi], ['prɔva]
opstel (het)	redação (f)	[heda'sãw]
dictee (het)	ditado (m)	[dʒi'tadu]
examen (het)	exame (m), prova (f)	[e'zami], ['prɔva]
examen afleggen	fazer prova	[fa'zer 'prɔva]
experiment (het)	experiência (f)	[ispe'rjẽsja]

118. Hogeschool. Universiteit

academie (de)	academia (f)	[akade'mia]
universiteit (de)	universidade (f)	[universi'dadʒi]
faculteit (de)	faculdade (f)	[fakuw'dadʒi]

student (de)	estudante (m)	[istu'dãtʃi]
studente (de)	estudante (f)	[istu'dãtʃi]
leraar (de)	professor (m)	[profe'sor]

collegezaal (de)	auditório (m)	[awdʒi'tɔrju]
afgestudeerde (de)	graduado (m)	[gra'dwadu]

diploma (het)	diploma (m)	[dʒip'lɔma]
dissertatie (de)	tese (f)	['tɛzi]

onderzoek (het)	estudo (m)	[is'tudu]
laboratorium (het)	laboratório (m)	[labora'tɔrju]

college (het)	palestra (f)	[pa'lɛstra]
medestudent (de)	colega (m) de curso	[ko'lɛga de 'kursu]
studiebeurs (de)	bolsa (f) de estudos	['bowsa de is'tudus]
academische graad (de)	grau (m) acadêmico	['graw aka'demiku]

119. Wetenschappen. Disciplines

wiskunde (de)	matemática (f)	[mate'matʃika]
algebra (de)	álgebra (f)	['awʒebra]
meetkunde (de)	geometria (f)	[ʒeome'tria]
astronomie (de)	astronomia (f)	[astrono'mia]
biologie (de)	biologia (f)	[bjolo'ʒia]
geografie (de)	geografia (f)	[ʒeogra'fia]
geologie (de)	geologia (f)	[ʒeolo'ʒia]
geschiedenis (de)	história (f)	[is'tɔrja]
geneeskunde (de)	medicina (f)	[medʒi'sina]
pedagogiek (de)	pedagogia (f)	[pedago'ʒia]
rechten (mv.)	direito (m)	[dʒi'rejtu]
fysica, natuurkunde (de)	física (f)	['fizika]
scheikunde (de)	química (f)	['kimika]
filosofie (de)	filosofia (f)	[filozo'fia]
psychologie (de)	psicologia (f)	[psikolo'ʒia]

120. Schrift. Spelling

grammatica (de)	gramática (f)	[gra'matʃika]
vocabulaire (het)	vocabulário (m)	[vokabu'larju]
fonetiek (de)	fonética (f)	[fo'nɛtʃika]
zelfstandig naamwoord (het)	substantivo (m)	[substã'tʃivu]
bijvoeglijk naamwoord (het)	adjetivo (m)	[adʒe'tʃivu]
werkwoord (het)	verbo (m)	['vɛrbu]
bijwoord (het)	advérbio (m)	[adʒi'vɛrbju]
voornaamwoord (het)	pronome (m)	[pro'nɔmi]
tussenwerpsel (het)	interjeição (f)	[ĩterʒej'sãw]
voorzetsel (het)	preposição (f)	[prepozi'sãw]
stam (de)	raiz (f)	[ha'iz]
achtervoegsel (het)	terminação (f)	[termina'sãw]
voorvoegsel (het)	prefixo (m)	[pre'fiksu]
lettergreep (de)	sílaba (f)	['silaba]
achtervoegsel (het)	sufixo (m)	[su'fiksu]
nadruk (de)	acento (m)	[a'sẽtu]
afkappingsteken (het)	apóstrofo (m)	[a'pɔstrofu]
punt (de)	ponto (m)	['põtu]
komma (de/het)	vírgula (f)	['virgula]
puntkomma (de)	ponto e vírgula (m)	['põtu e 'virgula]
dubbelpunt (de)	dois pontos (m pl)	['dojs 'põtus]
beletselteken (het)	reticências (f pl)	[hetʃi'sẽsjas]
vraagteken (het)	ponto (m) de interrogação	['põtu de ĩtehoga'sãw]
uitroepteken (het)	ponto (m) de exclamação	['põtu de isklama'sãw]

aanhalingstekens (mv.)	aspas (f pl)	['aspas]
tussen aanhalingstekens (bw)	entre aspas	[ẽtri 'aspas]
haakjes (mv.)	parênteses (m pl)	[pa'rẽtezis]
tussen haakjes (bw)	entre parênteses	[ẽtri pa'rẽtezis]

streepje (het)	hífen (m)	['ifẽ]
gedachtestreepje (het)	travessão (m)	[trave'sãw]
spatie	espaço (m)	[is'pasu]
(~ tussen twee woorden)		

letter (de)	letra (f)	['letra]
hoofdletter (de)	letra (f) maiúscula	['letra ma'juskula]

klinker (de)	vogal (f)	[vo'gaw]
medeklinker (de)	consoante (f)	[kõso'ãtʃi]

zin (de)	frase (f)	['frazi]
onderwerp (het)	sujeito (m)	[su'ʒejtu]
gezegde (het)	predicado (m)	[predʒi'kadu]

regel (in een tekst)	linha (f)	['liɲa]
op een nieuwe regel (bw)	em uma nova linha	[ẽ 'uma 'nɔva 'liɲa]
alinea (de)	parágrafo (m)	[pa'ragrafu]

woord (het)	palavra (f)	[pa'lavra]
woordgroep (de)	grupo (m) de palavras	['grupu de pa'lavras]
uitdrukking (de)	expressão (f)	[ispre'sãw]
synoniem (het)	sinônimo (m)	[si'nonimu]
antoniem (het)	antônimo (m)	[ã'tonimu]

regel (de)	regra (f)	['hɛgra]
uitzondering (de)	exceção (f)	[ese'sãw]
correct (bijv. ~e spelling)	correto	[ko'hɛtu]

vervoeging, conjugatie (de)	conjugação (f)	[kõʒuga'sãw]
verbuiging, declinatie (de)	declinação (f)	[deklina'sãw]
naamval (de)	caso (m)	['kazu]
vraag (de)	pergunta (f)	[per'gũta]
onderstrepen (ww)	sublinhar (vt)	[subli'ɲar]
stippellijn (de)	linha (f) pontilhada	['liɲa põtʃi'ʎada]

121. Vreemde talen

taal (de)	língua (f)	['lĩgwa]
vreemd (bn)	estrangeiro	[istrã'ʒejru]
vreemde taal (de)	língua (f) estrangeira	['lĩgwa istrã'ʒejra]
leren (bijv. van buiten ~)	estudar (vt)	[istu'dar]
studeren (Nederlands ~)	aprender (vt)	[aprẽ'der]

lezen (ww)	ler (vt)	[ler]
spreken (ww)	falar (vi)	[fa'lar]
begrijpen (ww)	entender (vt)	[ẽtẽ'der]
schrijven (ww)	escrever (vt)	[iskre'ver]
snel (bw)	rapidamente	[hapida'mẽtʃi]

| langzaam (bw) | lentamente | [lẽta'mẽtʃi] |
| vloeiend (bw) | fluentemente | [fluẽte'mẽtʃi] |

regels (mv.)	regras (f pl)	['hɛgras]
grammatica (de)	gramática (f)	[gra'matʃika]
vocabulaire (het)	vocabulário (m)	[vokabu'larju]
fonetiek (de)	fonética (f)	[fo'nɛtʃika]

leerboek (het)	livro (m) didático	['livru dʒi'datʃiku]
woordenboek (het)	dicionário (m)	[dʒisjo'narju]
leerboek (het) voor zelfstudie	manual (m) autodidático	[ma'nwaw awtɔdʒi'datʃiku]
taalgids (de)	guia (m) de conversação	['gia de kõversa'sãw]

cassette (de)	fita (f) cassete	['fita ka'sɛtʃi]
videocassette (de)	videoteipe (m)	[vidʒju'tejpi]
CD (de)	CD, disco (m) compacto	['sede], ['dʒisku kõ'paktu]
DVD (de)	DVD (m)	[deve'de]

alfabet (het)	alfabeto (m)	[awfa'bɛtu]
spellen (ww)	soletrar (vt)	[sole'trar]
uitspraak (de)	pronúncia (f)	[pro'nũsja]

accent (het)	sotaque (m)	[so'taki]
met een accent (bw)	com sotaque	[kõ so'taki]
zonder accent (bw)	sem sotaque	[sẽ so'taki]

| woord (het) | palavra (f) | [pa'lavra] |
| betekenis (de) | sentido (m) | [sẽ'tʃidu] |

cursus (de)	curso (m)	['kursu]
zich inschrijven (ww)	inscrever-se (vr)	[ĩskre'verse]
leraar (de)	professor (m)	[profe'sor]

vertaling (een ~ maken)	tradução (f)	[tradu'sãw]
vertaling (tekst)	tradução (f)	[tradu'sãw]
vertaler (de)	tradutor (m)	[tradu'tor]
tolk (de)	intérprete (m)	[ĩ'tɛrpretʃi]

| polyglot (de) | poliglota (m) | [pɔli'glɔta] |
| geheugen (het) | memória (f) | [me'mɔrja] |

122. Sprookjesfiguren

Sinterklaas (de)	Papai Noel (m)	[pa'paj nɔ'ɛl]
Assepoester (de)	Cinderela (f)	[sĩde'rɛla]
zeemeermin (de)	sereia (f)	[se'reja]
Neptunus (de)	Netuno (m)	[ne'tunu]

magiër, tovenaar (de)	bruxo, feiticeiro (m)	['bruʃu], [fejtʃi'sejru]
goede heks (de)	fada (f)	['fada]
magisch (bn)	mágico	['maʒiku]
toverstokje (het)	varinha (f) mágica	[va'riɲa 'maʒika]
sprookje (het)	conto (m) de fadas	['kõtu de 'fadas]
wonder (het)	milagre (m)	[mi'lagri]

dwerg (de)	anão (m)	[a'nãw]
veranderen in ...	transformar-se em ...	[trãsfor'marsi ẽ]
(anders worden)		

geest (de)	fantasma (m)	[fã'tazma]
spook (het)	fantasma (m)	[fã'tazma]
monster (het)	monstro (m)	['mõstru]
draak (de)	dragão (m)	[dra'gãw]
reus (de)	gigante (m)	[ʒi'gãtʃi]

123. Dierenriem

Ram (de)	Áries (f)	['aris]
Stier (de)	Touro (m)	['toru]
Tweelingen (mv.)	Gêmeos (m pl)	['ʒemjus]
Kreeft (de)	Câncer (m)	['kãser]
Leeuw (de)	Leão (m)	[le'ãw]
Maagd (de)	Virgem (f)	['virʒẽ]

Weegschaal (de)	Libra (f)	['libra]
Schorpioen (de)	Escorpião (m)	[iskorpi'ãw]
Boogschutter (de)	Sagitário (m)	[saʒi'tarju]
Steenbok (de)	Capricórnio (m)	[kapri'kɔrnju]
Waterman (de)	Aquário (m)	[a'kwarju]
Vissen (mv.)	Peixes (pl)	['pejʃis]

karakter (het)	caráter (m)	[ka'rater]
karaktertrekken (mv.)	traços (m pl) do caráter	['trasus du ka'rater]
gedrag (het)	comportamento (m)	[kõporta'mẽtu]
waarzeggen (ww)	prever a sorte	[pre'ver a 'sɔrtʃi]
waarzegster (de)	adivinha (f)	[adʒi'viɲa]
horoscoop (de)	horóscopo (m)	[o'rɔskopu]

Kunst

124. Theater

theater (het)	teatro (m)	['tʃatru]
opera (de)	ópera (f)	['ɔpera]
operette (de)	opereta (f)	[ope'reta]
ballet (het)	balé (m)	[ba'lɛ]
affiche (de/het)	cartaz (m)	[kar'taz]
theatergezelschap (het)	companhia (f) de teatro	[kõpa'ɲia de 'tʃatru]
tournee (de)	turnê (f)	[tur'ne]
op tournee zijn	estar em turnê	[is'tar ẽ tur'ne]
repeteren (ww)	ensaiar (vt)	[ẽsa'jar]
repetitie (de)	ensaio (m)	[ẽ'saju]
repertoire (het)	repertório (m)	[heper'tɔrju]
voorstelling (de)	apresentação (f)	[aprezẽta'sãw]
spektakel (het)	espetáculo (m)	[ispe'takulu]
toneelstuk (het)	peça (f)	['pɛsa]
biljet (het)	entrada (m)	[ẽ'trada]
kassa (de)	bilheteira (f)	[biʎe'tejra]
foyer (de)	hall (m)	[hɔw]
garderobe (de)	vestiário (m)	[ves'tʃarju]
garderobe nummer (het)	senha (f) numerada	['sɛɲa nume'rada]
verrekijker (de)	binóculo (m)	[bi'nɔkulu]
plaatsaanwijzer (de)	lanterninha (m, f)	[lãter'niɲa]
parterre (de)	plateia (f)	[pla'tɛja]
balkon (het)	balcão (m)	[baw'kãw]
gouden rang (de)	primeiro balcão (m)	[pri'mejru baw'kãw]
loge (de)	camarote (m)	[kama'rɔtʃi]
rij (de)	fila (f)	['fila]
plaats (de)	assento (m)	[a'sẽtu]
publiek (het)	público (m)	['publiku]
kijker (de)	espectador (m)	[ispekta'dor]
klappen (ww)	aplaudir (vt)	[aplaw'dʒir]
applaus (het)	aplauso (m)	[a'plawzu]
ovatie (de)	ovação (f)	[ova'sãw]
toneel (op het ~ staan)	palco (m)	['pawku]
gordijn, doek (het)	cortina (f)	[kor'tʃina]
toneeldecor (het)	cenário (m)	[se'narju]
backstage (de)	bastidores (m pl)	[bastʃi'doris]
scène (de)	cena (f)	['sɛna]
bedrijf (het)	ato (m)	['atu]
pauze (de)	intervalo (m)	[ĩter'valu]

125. Bioscoop

acteur (de)	ator (m)	[a'tor]
actrice (de)	atriz (f)	[a'triz]
bioscoop (de)	cinema (m)	[si'nɛma]
speelfilm (de)	filme (m)	['fiwmi]
aflevering (de)	episódio (m)	[epi'zɔdʒu]
detectivefilm (de)	filme (m) policial	['fiwmi poli'sjaw]
actiefilm (de)	filme (m) de ação	['fiwmi de a'sãw]
avonturenfilm (de)	filme (m) de aventuras	['fiwmi de avẽ'turas]
sciencefictionfilm (de)	filme (m) de ficção científica	['fiwmi de fik'sãw sjẽ'tʃifika]
griezelfilm (de)	filme (m) de horror	['fiwmi de o'hor]
komedie (de)	comédia (f)	[ko'mɛdʒja]
melodrama (het)	melodrama (m)	[melo'drama]
drama (het)	drama (m)	['drama]
speelfilm (de)	filme (m) de ficção	['fiwmi de fik'sãw]
documentaire (de)	documentário (m)	[dokumẽ'tarju]
tekenfilm (de)	desenho (m) animado	[de'zɛɲu ani'madu]
stomme film (de)	cinema (m) mudo	[si'nɛma 'mudu]
rol (de)	papel (m)	[pa'pɛw]
hoofdrol (de)	papel (m) principal	[pa'pɛw prĩsi'paw]
spelen (ww)	representar (vt)	[heprezẽ'tar]
filmster (de)	estrela (f) de cinema	[is'trela de si'nɛma]
bekend (bn)	conhecido	[koɲe'sidu]
beroemd (bn)	famoso	[fa'mozu]
populair (bn)	popular	[popu'lar]
scenario (het)	roteiro (m)	[ho'tejru]
scenarioschrijver (de)	roteirista (m)	[hotej'rista]
regisseur (de)	diretor (m) de cinema	[dʒire'tor de si'nɛma]
filmproducent (de)	produtor (m)	[produ'tor]
assistent (de)	assistente (m)	[asis'tẽtʃi]
cameraman (de)	diretor (m) de fotografia	[dʒire'tor de fotogra'fia]
stuntman (de)	dublê (m)	[du'ble]
stuntdubbel (de)	dublê (m) de corpo	[du'ble de korpu]
een film maken	filmar (vt)	[fiw'mar]
auditie (de)	audição (f)	[awdʒi'sãw]
opnamen (mv.)	filmagem (f)	[fiw'maʒẽ]
filmploeg (de)	equipe (f) de filmagem	[e'kipi de fiw'maʒẽ]
filmset (de)	set (m) de filmagem	['sɛtʃi de fiw'maʒẽ]
filmcamera (de)	câmera (f)	['kamera]
bioscoop (de)	cinema (m)	[si'nɛma]
scherm (het)	tela (f)	['tɛla]
een film vertonen	exibir um filme	[ezi'bir ũ 'fiwmi]
geluidsspoor (de)	trilha (f) sonora	['triʎa so'nɔra]
speciale effecten (mv.)	efeitos (m pl) especiais	[e'fejtus ispe'sjajs]

ondertiteling (de)	**legendas** (f pl)	[le'ʒẽdas]
voortiteling, aftiteling (de)	**crédito** (m)	['krɛdʒitu]
vertaling (de)	**tradução** (f)	[tradu'sãw]

126. Schilderij

kunst (de)	**arte** (f)	['artʃi]
schone kunsten (mv.)	**belas-artes** (f pl)	[bɛlaz 'artʃis]
kunstgalerie (de)	**galeria** (f) **de arte**	[gale'ria de 'artʃi]
kunsttentoonstelling (de)	**exibição** (f) **de arte**	[ezibi'sãw de 'artʃi]
schilderkunst (de)	**pintura** (f)	[pĩ'tura]
grafiek (de)	**arte** (f) **gráfica**	['artʃis 'grafikas]
abstracte kunst (de)	**arte** (f) **abstrata**	['artʃi abs'trata]
impressionisme (het)	**impressionismo** (m)	[ĩpresjo'nizmu]
schilderij (het)	**pintura** (f), **quadro** (m)	[pĩ'tura], ['kwadru]
tekening (de)	**desenho** (m)	[de'zɛɲu]
poster (de)	**pôster** (m)	['poster]
illustratie (de)	**ilustração** (f)	[ilustra'sãw]
miniatuur (de)	**miniatura** (f)	[minja'tura]
kopie (de)	**cópia** (f)	['kɔpja]
reproductie (de)	**reprodução** (f)	[heprodu'sãw]
mozaïek (het)	**mosaico** (m)	[mo'zajku]
gebrandschilderd glas (het)	**vitral** (m)	[vi'traw]
fresco (het)	**afresco** (m)	[a'fresku]
gravure (de)	**gravura** (f)	[gra'vura]
buste (de)	**busto** (m)	['bustu]
beeldhouwwerk (het)	**escultura** (f)	[iskuw'tura]
beeld (bronzen ~)	**estátua** (f)	[is'tatwa]
gips (het)	**gesso** (m)	['ʒesu]
gipsen (bn)	**em gesso**	[ẽ 'ʒesu]
portret (het)	**retrato** (m)	[he'tratu]
zelfportret (het)	**autorretrato** (m)	[awtohe'tratu]
landschap (het)	**paisagem** (f)	[paj'zaʒẽ]
stilleven (het)	**natureza** (f) **morta**	[natu'reza 'mɔrta]
karikatuur (de)	**caricatura** (f)	[karika'tura]
schets (de)	**esboço** (m)	[iz'bosu]
verf (de)	**tinta** (f)	[tʃĩta]
aquarel (de)	**aquarela** (f)	[akwa'rɛla]
olieverf (de)	**tinta** (f) **a óleo**	[tʃĩta a 'ɔlju]
potlood (het)	**lápis** (m)	['lapis]
Oost-Indische inkt (de)	**tinta** (f) **nanquim**	[tʃĩta nã'kĩ]
houtskool (de)	**carvão** (m)	[kar'vãw]
tekenen (met krijt)	**desenhar** (vt)	[deze'ɲar]
schilderen (ww)	**pintar** (vt)	[pĩ'tar]
poseren (ww)	**posar** (vi)	[po'zar]
naaktmodel (man)	**modelo** (m)	[mo'delu]

naaktmodel (vrouw)	modelo (f)	[mo'delu]
kunstenaar (de)	pintor (m)	[pĩ'tor]
kunstwerk (het)	obra (f)	['ɔbra]
meesterwerk (het)	obra-prima (f)	['ɔbra 'prima]
studio, werkruimte (de)	estúdio (m)	[is'tudʒu]

schildersdoek (het)	tela (f)	['tɛla]
schildersezel (de)	cavalete (m)	[kava'letʃi]
palet (het)	paleta (f)	[pa'leta]

lijst (een vergulde ~)	moldura (f)	[mow'dura]
restauratie (de)	restauração (f)	[hestawra'sãw]
restaureren (ww)	restaurar (vt)	[hestaw'rar]

127. Literatuur & Poëzie

literatuur (de)	literatura (f)	[litera'tura]
auteur (de)	autor (m)	[aw'tor]
pseudoniem (het)	pseudônimo (m)	[psew'donimu]

boek (het)	livro (m)	['livru]
boekdeel (het)	volume (m)	[vo'lumi]
inhoudsopgave (de)	índice (m)	['indʒisi]
pagina (de)	página (f)	['paʒina]
hoofdpersoon (de)	protagonista (m)	[protago'nista]
handtekening (de)	autógrafo (m)	[aw'tɔgrafu]

verhaal (het)	conto (m)	['kõtu]
novelle (de)	novela (f)	[no'vɛla]
roman (de)	romance (m)	[ho'mãsi]
werk (literatuur)	obra (f)	['ɔbra]
fabel (de)	fábula (f)	['fabula]
detectiveroman (de)	romance (m) policial	[ho'mãsi poli'sjaw]

gedicht (het)	verso (m)	['vɛrsu]
poëzie (de)	poesia (f)	[poe'zia]
epos (het)	poema (m)	['pwema]
dichter (de)	poeta (m)	['pwɛta]

fictie (de)	ficção (f)	[fik'sãw]
sciencefiction (de)	ficção (f) científica	[fik'sãw sjẽ'tʃifika]
avonturenroman (de)	aventuras (f pl)	[avẽ'turas]
opvoedkundige literatuur (de)	literatura (f) didática	[litera'tura dʒi'datʃika]
kinderliteratuur (de)	literatura (f) infantil	[litera'tura ĩfã'tʃiw]

128. Circus

circus (de/het)	circo (m)	['sirku]
chapiteau circus (de/het)	circo (m) ambulante	['sirku ãbu'lãtʃi]
programma (het)	programa (m)	[pro'grama]
voorstelling (de)	apresentação (f)	[aprezẽta'sãw]
nummer (circus ~)	número (m)	['numeru]

arena (de)	picadeiro (f)	[pika'dejru]
pantomime (de)	pantomima (f)	[păto'mima]
clown (de)	palhaço (m)	[pa'ʎasu]
acrobaat (de)	acrobata (m)	[akro'bata]
acrobatiek (de)	acrobacia (f)	[akroba'sia]
gymnast (de)	ginasta (m)	[ʒi'nasta]
gymnastiek (de)	ginástica (f)	[ʒi'nastʃika]
salto (de)	salto (m) mortal	['sawtu mor'taw]
sterke man (de)	homem (m) forte	['omẽ 'fɔrtʃi]
temmer (de)	domador (m)	[doma'dor]
ruiter (de)	cavaleiro (m) equilibrista	[kava'lejru ekili'brista]
assistent (de)	assistente (m)	[asis'tẽtʃi]
stunt (de)	truque (m)	['truki]
goocheltruc (de)	truque (m) de mágica	['truki de 'maʒika]
goochelaar (de)	ilusionista (m)	[iluzjo'nista]
jongleur (de)	malabarista (m)	[malaba'rista]
jongleren (ww)	fazer malabarismos	[fa'zer malaba'rizmus]
dierentrainer (de)	adestrador (m)	[adestra'dɔr]
dressuur (de)	adestramento (m)	[adestra'mẽtu]
dresseren (ww)	adestrar (vt)	[ades'trar]

129. Muziek. Popmuziek

muziek (de)	música (f)	['muzika]
muzikant (de)	músico (m)	['muziku]
muziekinstrument (het)	instrumento (m) musical	[ĩstru'mẽtu muzi'kaw]
spelen (bijv. gitaar ~)	tocar ...	[to'kar]
gitaar (de)	guitarra (f)	[gi'taha]
viool (de)	violino (m)	[vjo'linu]
cello (de)	violoncelo (m)	[vjolõ'sɛlu]
contrabas (de)	contrabaixo (m)	[kõtra'baɪʃu]
harp (de)	harpa (f)	['arpa]
piano (de)	piano (m)	['pjanu]
vleugel (de)	piano (m) de cauda	['pjanu de 'kawda]
orgel (het)	órgão (m)	['ɔrgãw]
blaasinstrumenten (mv.)	instrumentos (m pl) de sopro	[ĩstru'mẽtus de 'sopru]
hobo (de)	oboé (m)	[o'bwɛ]
saxofoon (de)	saxofone (m)	[sakso'foni]
klarinet (de)	clarinete (m)	[klari'netʃi]
fluit (de)	flauta (f)	['flawta]
trompet (de)	trompete (m)	[trõ'pɛte]
accordeon (de/het)	acordeão (m)	[akor'dʒjãw]
trommel (de)	tambor (m)	[tã'bor]
duet (het)	dueto (m)	['dwetu]
trio (het)	trio (m)	['triu]

kwartet (het)	quarteto (m)	[kwar'tetu]
koor (het)	coro (m)	['koru]
orkest (het)	orquestra (f)	[or'kɛstra]
popmuziek (de)	música (f) pop	['muzika 'pɔpi]
rockmuziek (de)	música (f) rock	['muzika 'hɔki]
rockgroep (de)	grupo (m) de rock	['grupu de 'hɔki]
jazz (de)	jazz (m)	[dʒɛz]
idool (het)	ídolo (m)	['idolu]
bewonderaar (de)	fã, admirador (m)	[fã], [adʒimira'dor]
concert (het)	concerto (m)	[kõ'sertu]
symfonie (de)	sinfonia (f)	[sĩfo'nia]
compositie (de)	composição (f)	[kõpozi'sãw]
componeren (muziek ~)	compor (vt)	[kõ'por]
zang (de)	canto (m)	['kãtu]
lied (het)	canção (f)	[kã'sãw]
melodie (de)	melodia (f)	[melo'dʒia]
ritme (het)	ritmo (m)	['hitʃmu]
blues (de)	blues (m)	[bluz]
bladmuziek (de)	notas (f pl)	['nɔtas]
dirigeerstok (baton)	batuta (f)	[ba'tuta]
strijkstok (de)	arco (m)	['arku]
snaar (de)	corda (f)	['kɔrda]
koffer (de)	estojo (m)	[is'toʒu]

Rusten. Entertainment. Reizen

130. Trip. Reizen

toerisme (het)	turismo (m)	[tu'rizmu]
toerist (de)	turista (m)	[tu'rista]
reis (de)	viagem (f)	['vjaʒẽ]
avontuur (het)	aventura (f)	[avẽ'tura]
tocht (de)	viagem (f)	['vjaʒẽ]
vakantie (de)	férias (f pl)	['fɛrjas]
met vakantie zijn	estar de férias	[is'tar de 'fɛrjas]
rust (de)	descanso (m)	[dʒis'kãsu]
trein (de)	trem (m)	[trẽj]
met de trein	de trem	[de trẽj]
vliegtuig (het)	avião (m)	[a'vjãw]
met het vliegtuig	de avião	[de a'vjãw]
met de auto	de carro	[de 'kaho]
per schip (bw)	de navio	[de na'viu]
bagage (de)	bagagem (f)	[ba'gaʒẽ]
valies (de)	mala (f)	['mala]
bagagekarretje (het)	carrinho (m)	[ka'hiɲu]
paspoort (het)	passaporte (m)	[pasa'pɔrtʃi]
visum (het)	visto (m)	['vistu]
kaartje (het)	passagem (f)	[pa'saʒẽ]
vliegticket (het)	passagem (f) aérea	[pa'saʒẽ a'erja]
reisgids (de)	guia (m) de viagem	['gia de vi'aʒẽ]
kaart (de)	mapa (m)	['mapa]
gebied (landelijk ~)	área (f)	['arja]
plaats (de)	lugar (m)	[lu'gar]
exotische bestemming (de)	exotismo (m)	[ezo'tʃizmu]
exotisch (bn)	exótico	[e'zɔtʃiku]
verwonderlijk (bn)	surpreendente	[surprjẽ'dẽtʃi]
groep (de)	grupo (m)	['grupu]
rondleiding (de)	excursão (f)	[iskur'sãw]
gids (de)	guia (m)	['gia]

131. Hotel

hotel (het)	hotel (m)	[o'tɛw]
motel (het)	motel (m)	[mo'tɛw]
3-sterren	três estrelas	['tres is'trelas]

| 5-sterren | cinco estrelas | ['sĩku is'trelas] |
| overnachten (ww) | ficar (vi, vt) | [fi'kar] |

kamer (de)	quarto (m)	['kwartu]
eenpersoonskamer (de)	quarto (m) individual	['kwartu ĩdʒivi'dwaw]
tweepersoonskamer (de)	quarto (m) duplo	['kwartu 'duplu]
een kamer reserveren	reservar um quarto	[hezer'var ũ 'kwartu]

| halfpension (het) | meia pensão (f) | ['meja pẽ'sãw] |
| volpension (het) | pensão (f) completa | [pẽ'sãw kõ'plɛta] |

met badkamer	com banheira	[kõ ba'ɲejra]
met douche	com chuveiro	[kõ ʃu'vejru]
satelliet-tv (de)	televisão (m) por satélite	[televi'zãw por sa'tɛlitʃi]
airconditioner (de)	ar (m) condicionado	[ar kõdʒisjo'nadu]
handdoek (de)	toalha (f)	[to'aʎa]
sleutel (de)	chave (f)	['ʃavi]

administrateur (de)	administrador (m)	[adʒiministra'dor]
kamermeisje (het)	camareira (f)	[kama'rejra]
piccolo (de)	bagageiro (m)	[baga'ʒejru]
portier (de)	porteiro (m)	[por'tejru]

restaurant (het)	restaurante (m)	[hestaw'rãtʃi]
bar (de)	bar (m)	[bar]
ontbijt (het)	café (m) da manhã	[ka'fɛ da ma'ɲã]
avondeten (het)	jantar (m)	[ʒã'tar]
buffet (het)	bufê (m)	[bu'fe]

| hal (de) | saguão (m) | [sa'gwãw] |
| lift (de) | elevador (m) | [eleva'dor] |

| NIET STOREN | NÃO PERTURBE | ['nãw per'turbi] |
| VERBODEN TE ROKEN! | PROIBIDO FUMAR! | [proi'bidu fu'mar] |

132. Boeken. Lezen

boek (het)	livro (m)	['livru]
auteur (de)	autor (m)	[aw'tor]
schrijver (de)	escritor (m)	[iskri'tor]
schrijven (een boek)	escrever (vt)	[iskre'ver]

lezer (de)	leitor (m)	[lej'tor]
lezen (ww)	ler (vt)	[ler]
lezen (het)	leitura (f)	[lej'tura]

| stil (~ lezen) | para si | ['para si] |
| hardop (~ lezen) | em voz alta | [ẽ vɔz 'awta] |

uitgeven (boek ~)	publicar (vt)	[publi'kar]
uitgeven (het)	publicação (f)	[publika'sãw]
uitgever (de)	editor (m)	[edʒi'tor]
uitgeverij (de)	editora (f)	[edʒi'tora]
verschijnen (bijv. boek)	sair (vi)	[sa'ir]

| verschijnen (het) | lançamento (m) | [lãsa'mẽtu] |
| oplage (de) | tiragem (f) | [tʃi'raʒẽ] |

| boekhandel (de) | livraria (f) | [livra'ria] |
| bibliotheek (de) | biblioteca (f) | [bibljo'tɛka] |

novelle (de)	novela (f)	[no'vɛla]
verhaal (het)	conto (m)	['kõtu]
roman (de)	romance (m)	[ho'mãsi]
detectiveroman (de)	romance (m) policial	[ho'mãsi poli'sjaw]

memoires (mv.)	memórias (f pl)	[me'mɔrias]
legende (de)	lenda (f)	['lẽda]
mythe (de)	mito (m)	['mitu]

gedichten (mv.)	poesia (f)	[poe'zia]
autobiografie (de)	autobiografia (f)	[awtobjogra'fia]
bloemlezing (de)	obras (f pl) escolhidas	['ɔbraʃ isko'ʎidas]
sciencefiction (de)	ficção (f) científica	[fik'sãw sjẽ'tʃifika]

naam (de)	título (m)	['tʃitulu]
inleiding (de)	introdução (f)	[ĩtrodu'sãw]
voorblad (het)	folha (f) de rosto	['foʎa de 'hostu]

hoofdstuk (het)	capítulo (m)	[ka'pitulu]
fragment (het)	excerto (m)	[e'sɛrtu]
episode (de)	episódio (m)	[epi'zɔdʒu]

intrige (de)	enredo (m)	[ẽ'hedu]
inhoud (de)	conteúdo (m)	[kõte'udu]
inhoudsopgave (de)	índice (m)	['ĩdʒisi]
hoofdpersonage (het)	protagonista (m)	[protago'nista]

boekdeel (het)	volume (m)	[vo'lumi]
omslag (de/het)	capa (f)	['kapa]
boekband (de)	encadernação (f)	[ẽkaderna'sãw]
bladwijzer (de)	marcador (m) de página	[marka'dor de 'paʒina]

pagina (de)	página (f)	['paʒina]
bladeren (ww)	folhear (vt)	[fo'ʎjar]
marges (mv.)	margem (f)	['marʒẽ]
annotatie (de)	anotação (f)	[anota'sãw]
opmerking (de)	nota (f) de rodapé	['nɔta de hoda'pɛ]

tekst (de)	texto (m)	['testu]
lettertype (het)	fonte (f)	['fõtʃi]
drukfout (de)	falha (f) de impressão	['faʎa de impre'sãw]

vertaling (de)	tradução (f)	[tradu'sãw]
vertalen (ww)	traduzir (vt)	[tradu'zir]
origineel (het)	original (m)	[oriʒi'naw]

beroemd (bn)	famoso	[fa'mozu]
onbekend (bn)	desconhecido	[dʒiskoɲe'sidu]
interessant (bn)	interessante	[ĩtere'sãtʃi]
bestseller (de)	best-seller (m)	[bɛst'sɛler]

woordenboek (het)	dicionário (m)	[dʒisjo'narju]
leerboek (het)	livro (m) didático	['livru dʒi'datʃiku]
encyclopedie (de)	enciclopédia (f)	[ēsiklo'pɛdʒja]

133. Jacht. Vissen

jacht (de)	caça (f)	['kasa]
jagen (ww)	caçar (vi)	[ka'sar]
jager (de)	caçador (m)	[kasa'dor]
schieten (ww)	disparar, atirar (vi)	[dʒispa'rar], [atʃi'rar]
geweer (het)	rifle (m)	['hifli]
patroon (de)	cartucho (m)	[kar'tuʃu]
hagel (de)	chumbo (m) de caça	['ʃūbu de 'kasa]
val (de)	armadilha (f)	arma'dʒiʎa]
valstrik (de)	armadilha (f)	arma'dʒiʎa]
in de val trappen	cair na armadilha	[ka'ir na arma'dʒiʎa]
een val zetten	pôr a armadilha	['por a arma'dʒiʎa]
stroper (de)	caçador (m) furtivo	[kasa'dor fur'tʃivu]
wild (het)	caça (f)	['kasa]
jachthond (de)	cão (m) de caça	['kãw de 'kasa]
safari (de)	safári (m)	[sa'fari]
opgezet dier (het)	animal (m) empalhado	[ani'maw ēpa'ʎadu]
visser (de)	pescador (m)	[peska'dor]
visvangst (de)	pesca (f)	['pɛska]
vissen (ww)	pescar (vt)	[pes'kar]
hengel (de)	vara (f) de pesca	['vara de 'pɛska]
vislijn (de)	linha (f) de pesca	['liɲa de 'pɛska]
haak (de)	anzol (m)	[ã'zɔw]
dobber (de)	boia (f), flutuador (m)	['bɔja], [flutwa'dor]
aas (het)	isca (f)	['iska]
de hengel uitwerpen	lançar a linha	[lã'sar a 'liɲa]
bijten (ov. de vissen)	morder (vt)	[mor'der]
vangst (de)	pesca (f)	['pɛska]
wak (het)	buraco (m) no gelo	[bu'raku nu 'ʒelu]
net (het)	rede (f)	['hedʒi]
boot (de)	barco (m)	['barku]
vissen met netten	pescar com rede	[pes'kar kõ 'hedʒi]
het net uitwerpen	lançar a rede	[lã'sar a 'hedʒi]
het net binnenhalen	puxar a rede	[pu'ʃar a 'hedʒi]
in het net vallen	cair na rede	[ka'ir na 'hedʒi]
walvisvangst (de)	baleeiro (m)	[bale'ejro]
walvisvaarder (de)	baleeira (f)	[bale'ejra]
harpoen (de)	arpão (m)	[ar'pãw]

134. Spellen. Biljart

biljart (het)	bilhar (m)	[bi'ʎar]
biljartzaal (de)	sala (f) de bilhar	['sala de bi'ʎar]
biljartbal (de)	bola (f) de bilhar	['bola de bi'ʎar]
een bal in het gat jagen	embolsar uma bola	[ẽbow'sar 'uma 'bola]
keu (de)	taco (m)	['taku]
gat (het)	caçapa (f)	[ka'sapa]

135. Spellen. Speelkaarten

ruiten (mv.)	ouros (m pl)	['orus]
schoppen (mv.)	espadas (f pl)	[is'padas]
klaveren (mv.)	copas (f pl)	['kɔpas]
harten (mv.)	paus (m pl)	['paws]
aas (de)	ás (m)	[ajs]
koning (de)	rei (m)	[hej]
dame (de)	dama (f), rainha (f)	['dama], [ha'iɲa]
boer (de)	valete (m)	[va'lɛtʃi]
speelkaart (de)	carta (f) de jogar	['karta de ʒo'gar]
kaarten (mv.)	cartas (f pl)	['kartas]
troef (de)	trunfo (m)	['trũfu]
pak (het) kaarten	baralho (m)	[ba'raʎu]
punt (bijv. vijftig ~en)	ponto (m)	['põtu]
uitdelen (kaarten ~)	dar, distribuir (vt)	[dar], [dʒistri'bwir]
schudden (de kaarten ~)	embaralhar (vt)	[ẽbara'ʎar]
beurt (de)	vez, jogada (f)	[vez], [ʒo'gada]
valsspeler (de)	trapaceiro (m)	[trapa'sejru]

136. Rusten. Spellen. Diversen

wandelen (on.ww.)	passear (vi)	[pa'sjar]
wandeling (de)	passeio (m)	[pa'seju]
trip (per auto)	viagem (f) de carro	['vjaʒẽ de 'kaho]
avontuur (het)	aventura (f)	[avẽ'tura]
picknick (de)	piquenique (m)	[piki'niki]
spel (het)	jogo (m)	['ʒogu]
speler (de)	jogador (m)	[ʒoga'dor]
partij (de)	partida (f)	[par'tʃida]
collectioneur (de)	colecionador (m)	[kolesjona'dor]
collectioneren (ww)	colecionar (vt)	[kolesjo'nar]
collectie (de)	coleção (f)	[kole'sãw]
kruiswoordraadsel (het)	palavras (f pl) cruzadas	[pa'lavras kru'zadas]
hippodroom (de)	hipódromo (m)	[i'pɔdromu]

discotheek (de)	discoteca (f)	[dʒisko'tɛka]
sauna (de)	sauna (f)	['sawna]
loterij (de)	loteria (f)	[lote'ria]

trektocht (kampeertocht)	campismo (m)	[kã'pizmu]
kamp (het)	acampamento (m)	[akãpa'mẽtu]
tent (de)	barraca (f)	[ba'haka]
kompas (het)	bússola (f)	['busola]
rugzaktoerist (de)	campista (m)	[kã'pista]

bekijken (een film ~)	ver (vt), assistir à ...	[ver], [asis'tʃir a]
kijker (televisie~)	telespectador (m)	[telespekta'dor]
televisie-uitzending (de)	programa (m) de TV	[pro'grama de te've]

137. Fotografie

| fotocamera (de) | máquina (f) fotográfica | ['makina foto'grafika] |
| foto (de) | foto, fotografia (f) | ['fɔtu], [fotogra'fia] |

fotograaf (de)	fotógrafo (m)	[fo'tɔgrafu]
fotostudio (de)	estúdio (m) fotográfico	[is'tudʒu foto'grafiku]
fotoalbum (het)	álbum (m) de fotografias	['awbũ de fotogra'fias]

lens (de), objectief (het)	lente (f) fotográfica	['lẽtʃi foto'grafika]
telelens (de)	lente (f) teleobjetiva	['lẽtʃi teleobʒe'tʃiva]
filter (de/het)	filtro (m)	['fiwtru]
lens (de)	lente (f)	['lẽtʃi]

optiek (de)	ótica (f)	['ɔtʃika]
diafragma (het)	abertura (f)	[aber'tura]
belichtingstijd (de)	exposição (f)	[ispozi'sãw]
zoeker (de)	visor (m)	[vi'zor]

digitale camera (de)	câmera (f) digital	['kamera dʒiʒi'taw]
statief (het)	tripé (m)	[tri'pɛ]
flits (de)	flash (m)	[flaʃ]

fotograferen (ww)	fotografar (vt)	[fotogra'far]
foto's maken	tirar fotos	[tʃi'rar 'fɔtus]
zich laten fotograferen	fotografar-se (vr)	[fotogra'farse]

focus (de)	foco (m)	['fɔku]
scherpstellen (ww)	focar (vt)	[fo'kar]
scherp (bn)	nítido	['nitʃidu]
scherpte (de)	nitidez (f)	[nitʃi'dez]

| contrast (het) | contraste (m) | [kõ'trastʃi] |
| contrastrijk (bn) | contrastante | [kõtras'tãtʃi] |

kiekje (het)	retrato (m)	[he'tratu]
negatief (het)	negativo (m)	[nega'tʃivu]
filmpje (het)	filme (m)	['fiwmi]
beeld (frame)	fotograma (m)	[foto'grama]
afdrukken (foto's ~)	imprimir (vt)	[ĩpri'mir]

138. Strand. Zwemmen

strand (het)	praia (f)	['praja]
zand (het)	areia (f)	[a'reja]
leeg (~ strand)	deserto	[de'zɛrtu]
bruine kleur (de)	bronzeado (m)	[brõ'zjadu]
zonnebaden (ww)	bronzear-se (vr)	[brõ'zjarsi]
gebruind (bn)	bronzeado	[brõ'zjadu]
zonnecrème (de)	protetor (m) solar	[prute'tor so'lar]
bikini (de)	biquíni (m)	[bi'kini]
badpak (het)	maiô (m)	[ma'jo]
zwembroek (de)	calção (m) de banho	[kaw'sãw de 'baɲu]
zwembad (het)	piscina (f)	[pi'sina]
zwemmen (ww)	nadar (vi)	[na'dar]
douche (de)	chuveiro (m), ducha (f)	[ʃu'vejru], ['duʃa]
zich omkleden (ww)	mudar, trocar (vt)	[mu'dar], [tro'kar]
handdoek (de)	toalha (f)	[to'aʎa]
boot (de)	barco (m)	['barku]
motorboot (de)	lancha (f)	['lãʃa]
waterski's (mv.)	esqui (m) aquático	[is'ki a'kwatʃiku]
waterfiets (de)	barco (m) de pedais	['barku de pe'dajs]
surfen (het)	surfe (m)	['surfi]
surfer (de)	surfista (m)	[sur'fista]
scuba, aqualong (de)	equipamento (m) de mergulho	[ekipa'mẽtu de mer'guʎu]
zwemvliezen (mv.)	pé (m pl) de pato	[pɛ de 'patu]
duikmasker (het)	máscara (f)	['maskara]
duiker (de)	mergulhador (m)	[merguʎa'dor]
duiken (ww)	mergulhar (vi)	[mergu'ʎar]
onder water (bw)	debaixo d'água	[de'baɪʃu 'dagwa]
parasol (de)	guarda-sol (m)	['gwarda 'sɔw]
ligstoel (de)	espreguiçadeira (f)	[ispregisa'dejra]
zonnebril (de)	óculos (m pl) de sol	['ɔkulus de 'sɔw]
luchtmatras (de/het)	colchão (m) de ar	[kow'ʃãw de 'ar]
spelen (ww)	brincar (vi)	[brĩ'kar]
gaan zwemmen (ww)	ir nadar	[ir na'dar]
bal (de)	bola (f) de praia	['bɔla de 'praja]
opblazen (oppompen)	encher (vt)	[ẽ'ʃer]
lucht-, opblaasbare (bn)	inflável	[ĩ'flavew]
golf (hoge ~)	onda (f)	['õda]
boei (de)	boia (f)	['bɔja]
verdrinken (ww)	afogar-se (vr)	[afo'garse]
redden (ww)	salvar (vt)	[saw'var]
reddingsvest (de)	colete (m) salva-vidas	[ko'letʃi 'sawva 'vidas]

waarnemen (ww)	observar (vt)	[obser'var]
redder (de)	salva-vidas (m)	[sawva-'vidas]

TECHNISCHE APPARATUUR. VERVOER

Technische apparatuur

139. Computer

computer (de)	computador (m)	[kõputa'dor]
laptop (de)	computador (m) portátil	[kõputa'dɔr por'tatʃiw]
aanzetten (ww)	ligar (vt)	[li'gar]
uitzetten (ww)	desligar (vt)	[dʒizli'gar]
toetsenbord (het)	teclado (m)	[tɛk'ladu]
toets (enter~)	tecla (f)	['tɛkla]
muis (de)	mouse (m)	['mawz]
muismat (de)	tapete (m) para mouse	[ta'petʃi 'para 'mawz]
knopje (het)	botão (m)	[bo'tãw]
cursor (de)	cursor (m)	[kur'sor]
monitor (de)	monitor (m)	[moni'tor]
scherm (het)	tela (f)	['tɛla]
harde schijf (de)	disco (m) rígido	['dʒisku 'hiʒidu]
volume (het)	capacidade (f)	[kapasi'dadʒi
van de harde schijf	do disco rígido	du 'dʒisku 'hiʒidu]
geheugen (het)	memória (f)	[me'mɔrja]
RAM-geheugen (het)	memória RAM (f)	[me'mɔrja ram]
bestand (het)	arquivo (m)	[ar'kivu]
folder (de)	pasta (f)	['pasta]
openen (ww)	abrir (vt)	[a'brir]
sluiten (ww)	fechar (vt)	[fe'ʃar]
opslaan (ww)	salvar (vt)	[saw'var]
verwijderen (wissen)	deletar (vt)	[dele'tar]
kopiëren (ww)	copiar (vt)	[ko'pjar]
sorteren (ww)	ordenar (vt)	[orde'nar]
overplaatsen (ww)	copiar (vt)	[ko'pjar]
programma (het)	programa (m)	[pro'grama]
software (de)	software (m)	[sof'twer]
programmeur (de)	programador (m)	[programa'dor]
programmeren (ww)	programar (vt)	[progra'mar]
hacker (computerkraker)	hacker (m)	['haker]
wachtwoord (het)	senha (f)	['sɛɲa]
virus (het)	vírus (m)	['virus]
ontdekken (virus ~)	detectar (vt)	[detek'tar]

| byte (de) | byte (m) | ['bajtʃi] |
| megabyte (de) | megabyte (m) | [mega'bajtʃi] |

| data (de) | dados (m pl) | ['dadus] |
| databank (de) | base (f) de dados | ['bazi de 'dadus] |

kabel (USB-~, enz.)	cabo (m)	['kabu]
afsluiten (ww)	desconectar (vt)	[dezkonek'tar]
aansluiten op (ww)	conectar (vt)	[konek'tar]

140. Internet. E-mail

internet (het)	internet (f)	[ĩter'nɛtʃi]
browser (de)	browser (m)	['brawzer]
zoekmachine (de)	motor (m) de busca	[mo'tor de 'buska]
internetprovider (de)	provedor (m)	[prove'dor]

webmaster (de)	webmaster (m)	[web'master]
website (de)	website (m)	[websajt]
webpagina (de)	página web (f)	['paʒina webi]

| adres (het) | endereço (m) | [ẽde'resu] |
| adresboek (het) | livro (m) de endereços | ['livru de ẽde'resus] |

postvak (het)	caixa (f) de correio	['kaɪʃa de ko'heju]
post (de)	correio (m)	[ko'heju]
vol (~ postvak)	cheia	['ʃeja]

| bericht (het) | mensagem (f) | [mẽ'saʒẽ] |
| binnenkomende berichten (mv.) | mensagens (f pl) recebidas | [mẽ'saʒẽs hese'bidas] |

uitgaande berichten (mv.)	mensagens (f pl) enviadas	[mẽ'saʒẽs ẽ'vjadas]
verzender (de)	remetente (m)	[heme'tẽtʃi]
verzenden (ww)	enviar (vt)	[ẽ'vjar]
verzending (de)	envio (m)	[ẽ'viu]

| ontvanger (de) | destinatário (m) | [destʃina'tarju] |
| ontvangen (ww) | receber (vt) | [hese'ber] |

| correspondentie (de) | correspondência (f) | [kohespõ'dẽsja] |
| corresponderen (met ...) | corresponder-se (vr) | [kohespõ'dersi] |

bestand (het)	arquivo (m)	[ar'kivu]
downloaden (ww)	fazer o download, baixar (vt)	[fa'zer u dawn'load], [baj'ʃar]
creëren (ww)	criar (vt)	[krjar]
verwijderen (een bestand ~)	deletar (vt)	[dele'tar]
verwijderd (bn)	deletado	[dele'tadu]

verbinding (de)	conexão (f)	[konek'sãw]
snelheid (de)	velocidade (f)	[velosi'dadʒi]
modem (de)	modem (m)	['modẽ]
toegang (de)	acesso (m)	[a'sɛsu]
poort (de)	porta (f)	['pɔrta]
aansluiting (de)	conexão (f)	[konek'sãw]

zich aansluiten (ww)	**conectar** (vi)	[konek'tar]
selecteren (ww)	**escolher** (vt)	[isko'ʎer]
zoeken (ww)	**buscar** (vt)	[bus'kar]

Vervoer

141. Vliegtuig

vliegtuig (het)	avião (m)	[a'vjãw]
vliegticket (het)	passagem (f) aérea	[pa'saʒẽ a'ɛrja]
luchtvaartmaatschappij (de)	companhia (f) aérea	[kõpa'ɲia a'ɛrja]
luchthaven (de)	aeroporto (m)	[aero'portu]
supersonisch (bn)	supersônico	[super'soniku]
gezagvoerder (de)	comandante (m) do avião	[komã'dãtʃi du a'vjãw]
bemanning (de)	tripulação (f)	[tripula'sãw]
piloot (de)	piloto (m)	[pi'lotu]
stewardess (de)	aeromoça (f)	[aero'mosa]
stuurman (de)	copiloto (m)	[kopi'lotu]
vleugels (mv.)	asas (f pl)	['azas]
staart (de)	cauda (f)	['kawda]
cabine (de)	cabine (f)	[ka'bini]
motor (de)	motor (m)	[mo'tor]
landingsgestel (het)	trem (m) de pouso	[trẽj de 'pozu]
turbine (de)	turbina (f)	[tur'bina]
propeller (de)	hélice (f)	['ɛlisi]
zwarte doos (de)	caixa-preta (f)	['kaɪʃa 'preta]
stuur (het)	coluna (f) de controle	[ko'luna de kõ'troli]
brandstof (de)	combustível (m)	[kõbus'tʃivew]
veiligheidskaart (de)	instruções (f pl) de segurança	[ĩstru'sõjs de segu'rãsa]
zuurstofmasker (het)	máscara (f) de oxigênio	['maskara de oksi'ʒenju]
uniform (het)	uniforme (m)	[uni'fɔrmi]
reddingsvest (de)	colete (m) salva-vidas	[ko'letʃi 'sawva 'vidas]
parachute (de)	paraquedas (m)	[para'kɛdas]
opstijgen (het)	decolagem (f)	[deko'laʒẽ]
opstijgen (ww)	descolar (vi)	[dʒisko'lar]
startbaan (de)	pista (f) de decolagem	['pista de deko'laʒẽ]
zicht (het)	visibilidade (f)	[vizibili'dadʒi]
vlucht (de)	voo (m)	['vou]
hoogte (de)	altura (f)	[aw'tura]
luchtzak (de)	poço (m) de ar	['posu de 'ar]
plaats (de)	assento (m)	[a'sẽtu]
koptelefoon (de)	fone (m) de ouvido	['foni de o'vidu]
tafeltje (het)	mesa (f) retrátil	['meza he'tratʃiw]
venster (het)	janela (f)	[ʒa'nɛla]
gangpad (het)	corredor (m)	[kohe'dor]

142. Trein

trein (de)	trem (m)	[trẽj]
elektrische trein (de)	trem (m) elétrico	[trẽj e'lɛtriku]
sneltrein (de)	trem (m)	[trẽj]
diesellocomotief (de)	locomotiva (f) diesel	[lokomo'tʃiva 'dʒizew]
stoomlocomotief (de)	locomotiva (f) a vapor	[lokomo'tʃiva a va'por]
rijtuig (het)	vagão (f) de passageiros	[va'gãw de pasa'ʒejrus]
restauratierijtuig (het)	vagão-restaurante (m)	[va'gãw-hestaw'rãtʃi]
rails (mv.)	carris (m pl)	[ka'his]
spoorweg (de)	estrada (f) de ferro	[is'trada de 'fɛhu]
dwarsligger (de)	travessa (f)	[tra'vɛsa]
perron (het)	plataforma (f)	[plata'fɔrma]
spoor (het)	linha (f)	['liɲa]
semafoor (de)	semáforo (m)	[se'maforu]
halte (bijv. kleine treinhalte)	estação (f)	[ista'sãw]
machinist (de)	maquinista (m)	[maki'nista]
kruier (de)	bagageiro (m)	[baga'ʒejru]
conducteur (de)	hospedeiro, -a (m, f)	[ospe'dejru, -a]
passagier (de)	passageiro (m)	[pasa'ʒejru]
controleur (de)	revisor (m)	[hevi'zor]
gang (in een trein)	corredor (m)	[kohe'dor]
noodrem (de)	freio (m) de emergência	['freju de imer'ʒẽsja]
coupé (de)	compartimento (m)	[kõpartʃi'mẽtu]
bed (slaapplaats)	cama (f)	['kama]
bovenste bed (het)	cama (f) de cima	['kama de 'sima]
onderste bed (het)	cama (f) de baixo	['kama de 'baɪʃu]
beddengoed (het)	roupa (f) de cama	['hopa de 'kama]
kaartje (het)	passagem (f)	[pa'saʒẽ]
dienstregeling (de)	horário (m)	[o'rarju]
informatiebord (het)	painel (m) de informação	[paj'nɛw de ĩforma'sãw]
vertrekken (De trein vertrekt …)	partir (vt)	[par'tʃir]
vertrek (ov. een trein)	partida (f)	[par'tʃida]
aankomen (ov. de treinen)	chegar (vi)	[ʃe'gar]
aankomst (de)	chegada (f)	[ʃe'gada]
aankomen per trein	chegar de trem	[ʃe'gar de trẽj]
in de trein stappen	pegar o trem	[pe'gar u trẽj]
uit de trein stappen	descer de trem	[de'ser de trẽj]
treinwrak (het)	acidente (m) ferroviário	[asi'dẽtʃi feho'vjarju]
ontspoord zijn	descarrilar (vi)	[dʒiskahi'ʎar]
stoomlocomotief (de)	locomotiva (f) a vapor	[lokomo'tʃiva a va'por]
stoker (de)	foguista (m)	[fo'gista]
stookplaats (de)	fornalha (f)	[for'naʎa]
steenkool (de)	carvão (m)	[kar'vãw]

143. Schip

| schip (het) | navio (m) | [na'viu] |
| vaartuig (het) | embarcação (f) | [ẽbarka'sãw] |

stoomboot (de)	barco (m) a vapor	['barku a va'por]
motorschip (het)	barco (m) fluvial	['barku flu'vjaw]
lijnschip (het)	transatlântico (m)	[trãzat'lãtʃiku]
kruiser (de)	cruzeiro (m)	[kru'zejru]

jacht (het)	iate (m)	['jatʃi]
sleepboot (de)	rebocador (m)	[heboka'dor]
duwbak (de)	barcaça (f)	[bar'kasa]
ferryboot (de)	ferry (m), balsa (f)	['fɛʀi], ['balsa]

| zeilboot (de) | veleiro (m) | [ve'lejru] |
| brigantijn (de) | bergantim (m) | [behgã'tʃĩ] |

| ijsbreker (de) | quebra-gelo (m) | ['kɛbra 'ʒelu] |
| duikboot (de) | submarino (m) | [subma'rinu] |

boot (de)	bote, barco (m)	['botʃi], ['barku]
sloep (de)	baleeira (f)	[bale'ejra]
reddingssloep (de)	bote (m) salva-vidas	['botʃi 'sawva 'vidas]
motorboot (de)	lancha (f)	['lãʃa]

kapitein (de)	capitão (m)	[kapi'tãw]
zeeman (de)	marinheiro (m)	[mari'ɲejru]
matroos (de)	marujo (m)	[ma'ruʒu]
bemanning (de)	tripulação (f)	[tripula'sãw]

bootsman (de)	contramestre (m)	[kõtra'mɛstri]
scheepsjongen (de)	grumete (m)	[gru'mɛtʃi]
kok (de)	cozinheiro (m) de bordo	[kozi'ɲejru de 'bordu]
scheepsarts (de)	médico (m) de bordo	['mɛdʒiku de 'bordu]

dek (het)	convés (m)	[kõ'vɛs]
mast (de)	mastro (m)	['mastru]
zeil (het)	vela (f)	['vɛla]

ruim (het)	porão (m)	[po'rãw]
voorsteven (de)	proa (f)	['proa]
achtersteven (de)	popa (f)	['popa]
roeispaan (de)	remo (m)	['hɛmu]
schroef (de)	hélice (f)	['ɛlisi]

kajuit (de)	cabine (m)	[ka'bini]
officierskamer (de)	sala (f) dos oficiais	['sala dus ofi'sjajs]
machinekamer (de)	sala (f) das máquinas	['sala das 'makinas]
brug (de)	ponte (m) de comando	['põtʃi de ko'mãdu]
radiokamer (de)	sala (f) de comunicações	['sala de komunika'sõjs]
radiogolf (de)	onda (f)	['õda]
logboek (het)	diário (m) de bordo	['dʒjarju de 'bordu]
verrekijker (de)	luneta (f)	[lu'neta]
klok (de)	sino (m)	['sinu]

vlag (de)	bandeira (f)	[bã'dejra]
kabel (de)	cabo (m)	['kabu]
knoop (de)	nó (m)	[nɔ]

| leuning (de) | corrimão (m) | [kohi'mãw] |
| trap (de) | prancha (f) de embarque | ['prãʃa de ẽ'barki] |

anker (het)	âncora (f)	['ãkora]
het anker lichten	recolher a âncora	[heko'ʎer a 'ãkora]
het anker neerlaten	jogar a âncora	[ʒo'gar a 'ãkora]
ankerketting (de)	amarra (f)	[a'maha]

haven (bijv. containerhaven)	porto (m)	['portu]
kaai (de)	cais, amarradouro (m)	[kajs], [amaha'doru]
aanleggen (ww)	atracar (vi)	[atra'kar]
wegvaren (ww)	desatracar (vi)	[dʒizatra'kar]

reis (de)	viagem (f)	['vjaʒẽ]
cruise (de)	cruzeiro (m)	[kru'zejru]
koers (de)	rumo (m)	['humu]
route (de)	itinerário (m)	[itʃine'rarju]

vaarwater (het)	canal (m) de navegação	[ka'naw de navega'sãw]
zandbank (de)	banco (m) de areia	['bãku de a'reja]
stranden (ww)	encalhar (vt)	[ẽka'ʎar]

storm (de)	tempestade (f)	[tẽpes'tadʒi]
signaal (het)	sinal (m)	[si'naw]
zinken (ov. een boot)	afundar-se (vr)	[afũ'darse]
Man overboord!	Homem ao mar!	['ɔmẽ aw mah]
SOS (noodsignaal)	SOS	[ɛseo'ɛsi]
reddingsboei (de)	boia (f) salva-vidas	['bɔja 'sawva 'vidas]

144. Vliegveld

luchthaven (de)	aeroporto (m)	[aero'portu]
vliegtuig (het)	avião (m)	[a'vjãw]
luchtvaartmaatschappij (de)	companhia (f) aérea	[kõpa'ɲia a'erja]
luchtverkeersleider (de)	controlador (m) de tráfego aéreo	[kõtrola'dor de 'trafegu a'erju]

vertrek (het)	partida (f)	[par'tʃida]
aankomst (de)	chegada (f)	[ʃe'gada]
aankomen (per vliegtuig)	chegar (vi)	[ʃe'gar]

| vertrektijd (de) | hora (f) de partida | ['ɔra de par'tʃida] |
| aankomstuur (het) | hora (f) de chegada | ['ɔra de ʃe'gada] |

| vertraagd zijn (ww) | estar atrasado | [is'tar atra'zadu] |
| vluchtvertraging (de) | atraso (m) de voo | [a'trazu de 'vou] |

informatiebord (het)	painel (m) de informação	[paj'nɛw de ĩforma'sãw]
informatie (de)	informação (f)	[ĩforma'sãw]
aankondigen (ww)	anunciar (vt)	[anũ'sjar]

vlucht (bijv. KLM ~)	voo (m)	['vou]
douane (de)	alfândega (f)	[aw'fãdʒiga]
douanier (de)	funcionário (m) da alfândega	[fũsjo'narju da aw'fãdʒiga]

douaneaangifte (de)	declaração (f) alfandegária	[deklara'sãw awfãde'garja]
invullen (douaneaangifte ~)	preencher (vt)	[preẽ'ʃer]
een douaneaangifte invullen	preencher a declaração	[preẽ'ʃer a deklara'sãw]
paspoortcontrole (de)	controle (m) de passaporte	[kõ'troli de pasa'pɔrtʃi]

bagage (de)	bagagem (f)	[ba'gaʒẽ]
handbagage (de)	bagagem (f) de mão	[ba'gaʒẽ de 'mãw]
bagagekarretje (het)	carrinho (m)	[ka'hiɲu]

landing (de)	pouso (m)	['pozu]
landingsbaan (de)	pista (f) de pouso	['pista de 'pozu]
landen (ww)	aterrissar (vi)	[atehi'sar]
vliegtuigtrap (de)	escada (f) de avião	[is'kada de a'vjãw]

inchecken (het)	check-in (m)	[ʃɛ'kin]
incheckbalie (de)	balcão (m) do check-in	[baw'kãw du ʃɛ'kin]
inchecken (ww)	fazer o check-in	[fa'zer u ʃɛ'kin]
instapkaart (de)	cartão (m) de embarque	[kar'tãw de ẽ'barki]
gate (de)	portão (m) de embarque	[por'tãw de ẽ'barki]

transit (de)	trânsito (m)	['trãzitu]
wachten (ww)	esperar (vt)	[ispe'rar]
wachtzaal (de)	sala (f) de espera	['sala de is'pɛra]
begeleiden (uitwuiven)	despedir-se de …	[dʒispe'dʒirsi de]
afscheid nemen (ww)	despedir-se (vr)	[dʒispe'dʒirsi]

145. Fiets. Motorfiets

fiets (de)	bicicleta (f)	[bisi'klɛta]
bromfiets (de)	lambreta (f)	[lã'breta]
motorfiets (de)	moto (f)	['mɔtu]

met de fiets rijden	ir de bicicleta	[ir de bisi'klɛta]
stuur (het)	guidão (m)	[gi'dãw]
pedaal (de/het)	pedal (m)	[pe'daw]
remmen (mv.)	freios (m pl)	['frejus]
fietszadel (de/het)	banco, selim (m)	['bãku], [se'lĩ]

pomp (de)	bomba (f)	['bõba]
bagagedrager (de)	bagageiro (m) de teto	[baga'ʒejru de tɛtu]
fietslicht (het)	lanterna (f)	[lã'tɛrna]
helm (de)	capacete (m)	[kapa'setʃi]

wiel (het)	roda (f)	['hɔda]
spatbord (het)	para-choque (m)	[para'ʃɔki]
velg (de)	aro (m)	['aru]
spaak (de)	raio (m)	['haju]

Auto's

146. Soorten auto's

auto (de)	carro, automóvel (m)	['kaho], [awto'mɔvew]
sportauto (de)	carro (m) esportivo	['kaho ispor'tʃivu]
limousine (de)	limusine (f)	[limu'zini]
terreinwagen (de)	todo o terreno (m)	['todu u te'hɛnu]
cabriolet (de)	conversível (m)	[kõver'sivew]
minibus (de)	minibus (m)	['minibus]
ambulance (de)	ambulância (f)	[ãbu'lãsja]
sneeuwruimer (de)	limpa-neve (m)	['lĩpa 'nɛvi]
vrachtwagen (de)	caminhão (m)	[kami'ɲãw]
tankwagen (de)	caminhão-tanque (m)	[kami'ɲãw-'tãki]
bestelwagen (de)	perua, van (f)	[pe'rua], [van]
trekker (de)	caminhão-trator (m)	[kami'ɲãw-tra'tor]
aanhangwagen (de)	reboque (m)	[he'bɔki]
comfortabel (bn)	confortável	[kõfor'tavew]
tweedehands (bn)	usado	[u'zadu]

147. Auto's. Carrosserie

motorkap (de)	capô (m)	[ka'po]
spatbord (het)	para-choque (m)	[para'ʃɔki]
dak (het)	teto (m)	['tɛtu]
voorruit (de)	para-brisa (m)	[para'briza]
achterruit (de)	retrovisor (m)	[hetrovi'zor]
ruitensproeier (de)	esguicho (m)	[iʃ'giʃu]
wisserbladen (mv.)	limpadores (m) de para-brisas	[lĩpa'dores de para'brizas]
zijruit (de)	vidro (m) lateral	['vidru late'raw]
raamlift (de)	elevador (m) do vidro	[eleva'dor du 'vidru]
antenne (de)	antena (f)	[ã'tɛna]
zonnedak (het)	teto (m) solar	['tɛtu so'lar]
bumper (de)	para-choque (m)	[para'ʃɔki]
koffer (de)	porta-malas (f)	[porta-'malas]
imperiaal (de/het)	bagageira (f)	[baga'ʒejra]
portier (het)	porta (f)	['pɔrta]
handvat (het)	maçaneta (f)	[masa'neta]
slot (het)	fechadura (f)	[feʃa'dura]
nummerplaat (de)	placa (f)	['plaka]

knalpot (de)	silenciador (m)	[silẽsja'dor]
benzinetank (de)	tanque (m) de gasolina	['tãki de gazo'lina]
uitlaatpijp (de)	tubo (m) de exaustão	['tubu de ezaw'stãw]

gas (het)	acelerador (m)	[aselera'dor]
pedaal (de/het)	pedal (m)	[pe'daw]
gaspedaal (de/het)	pedal (m) do acelerador	[pe'daw du aselera'dor]

rem (de)	freio (m)	['freju]
rempedaal (de/het)	pedal (m) do freio	[pe'daw du 'freju]
remmen (ww)	frear (vt)	[fre'ar]
handrem (de)	freio (m) de mão	['freju de mãw]

koppeling (de)	embreagem (f)	[ẽb'rjaʒẽ]
koppelingspedaal (de/het)	pedal (m) da embreagem	[pe'daw da ẽb'rjaʒẽ]
koppelingsschijf (de)	disco (m) de embreagem	['dʒisku de ẽb'rjaʒẽ]
schokdemper (de)	amortecedor (m)	[amortese'dor]

wiel (het)	roda (f)	['hɔda]
reservewiel (het)	pneu (m) estepe	['pnew is'tɛpi]
band (de)	pneu (m)	['pnew]
wieldop (de)	calota (f)	[ka'lɔta]

aandrijfwielen (mv.)	rodas (f pl) motrizes	['hɔdas muo'trizis]
met voorwielaandrijving	de tração dianteira	[de tra'sãw dʒjã'tejra]
met achterwielaandrijving	de tração traseira	[de tra'sãw tra'zejra]
met vierwielaandrijving	de tração às 4 rodas	[de tra'sãw as 'kwatru 'hɔdas]

versnellingsbak (de)	caixa (f) de mudanças	['kaɪʃa de mu'dãsas]
automatisch (bn)	automático	[awto'matʃiku]
mechanisch (bn)	mecânico	[me'kaniku]
versnellingspook (de)	alavanca (f) de câmbio	[ala'vãka de 'kãbju]

| voorlicht (het) | farol (m) | [fa'rɔw] |
| voorlichten (mv.) | faróis (m pl) | [fa'rɔis] |

dimlicht (het)	farol (m) baixo	[fa'rɔw 'baɪʃu]
grootlicht (het)	farol (m) alto	[fa'rɔw 'altu]
stoplicht (het)	luzes (f pl) de parada	['luzes de pa'rada]

standlichten (mv.)	luzes (f pl) de posição	['luzes de pozi'sãw]
noodverlichting (de)	luzes (f pl) de emergência	['luzes de emer'ʒẽsia]
mistlichten (mv.)	faróis (m pl) de neblina	[fa'rɔis de ne'blina]
pinker (de)	pisca-pisca (m)	[piska-'piska]
achteruitrijdlicht (het)	luz (f) de marcha ré	[luz de 'marʃa hɛ]

148. Auto's. Passagiersruimte

interieur (het)	interior (m) do carro	[ĩte'rjor du 'kaho]
leren (van leer gemaak)	de couro	[de 'koru]
fluwelen (abn)	de veludo	[de ve'ludu]
bekleding (de)	estofamento (m)	[istofa'mẽtu]
toestel (het)	indicador (m)	[ĩdʒika'dor]
instrumentenbord (het)	painel (m)	[paj'nɛw]

snelheidsmeter (de)	velocímetro (m)	[velo'simetru]
pijltje (het)	ponteiro (m)	[põ'tejru]
kilometerteller (de)	hodômetro, odômetro (m)	[o'dometru]
sensor (de)	indicador (m)	[ĩdʒika'dor]
niveau (het)	nível (m)	['nivew]
controlelampje (het)	luz (f) de aviso	[luz de a'vizu]
stuur (het)	volante (m)	[vo'lãtʃi]
toeter (de)	buzina (f)	[bu'zina]
knopje (het)	botão (m)	[bo'tãw]
schakelaar (de)	interruptor (m)	[ĩtehup'tor]
stoel (bestuurders~)	assento (m)	[a'sẽtu]
rugleuning (de)	costas (f pl) do assento	['kɔstas du a'sẽtu]
hoofdsteun (de)	cabeceira (f)	[kabe'sejra]
veiligheidsgordel (de)	cinto (m) de segurança	['sĩtu de segu'rãsa]
de gordel aandoen	apertar o cinto	[aper'tar u 'sĩtu]
regeling (de)	ajuste (m)	[a'ʒustʃi]
airbag (de)	airbag (m)	[ɛr'bɛgi]
airconditioner (de)	ar (m) condicionado	[ar kõdʒisjo'nadu]
radio (de)	rádio (m)	['hadʒju]
CD-speler (de)	leitor (m) de CD	[lej'tor de 'sede]
aanzetten (bijv. radio ~)	ligar (vt)	[li'gar]
antenne (de)	antena (f)	[ã'tɛna]
handschoenenkastje (het)	porta-luvas (m)	['pɔrta-'luvas]
asbak (de)	cinzeiro (m)	[sĩ'zejru]

149. Auto's. Motor

motor (de)	motor (m)	[mo'tor]
diesel- (abn)	a diesel	[a 'dʒizew]
benzine- (~motor)	a gasolina	[a gazo'lina]
motorinhoud (de)	cilindrada (f)	[silĩ'drada]
vermogen (het)	potência (f)	[po'tẽsja]
paardenkracht (de)	cavalo (m) de potência	[ka'valu de po'tẽsja]
zuiger (de)	pistão (m)	[pis'tãw]
cilinder (de)	cilindro (m)	[si'lĩdru]
klep (de)	válvula (f)	['vawvula]
injectie (de)	injetor (m)	[ĩʒɛ'tor]
generator (de)	gerador (m)	[ʒera'dor]
carburator (de)	carburador (m)	[karbura'dor]
motorolie (de)	óleo (m) de motor	['ɔlju de mo'tor]
radiator (de)	radiador (m)	[hadʒja'dor]
koelvloeistof (de)	líquido (m) de arrefecimento	['likidu de ahefesi'mẽtu]
ventilator (de)	ventilador (m)	[vẽtʃila'dor]
accu (de)	bateria (f)	[bate'ria]
starter (de)	dispositivo (m) de arranque	[dʒispozi'tʃivu de a'hãki]

| contact (ontsteking) | ignição (f) | [igni'sãw] |
| bougie (de) | vela (f) de ignição | ['vɛla de igni'sãw] |

pool (de)	terminal (m)	[termi'naw]
positieve pool (de)	terminal (m) positivo	[termi'naw pozi'tʃivu]
negatieve pool (de)	terminal (m) negativo	[termi'naw nega'tʃivu]
zekering (de)	fusível (m)	[fu'zivew]

luchtfilter (de)	filtro (m) de ar	['fiwtru de ar]
oliefilter (de)	filtro (m) de óleo	['fiwtru de 'ɔlju]
benzinefilter (de)	filtro (m) de combustível	['fiwtru de kõbus'tʃivew]

150. Auto's. Botsing. Reparatie

auto-ongeval (het)	acidente (m) de carro	[asi'dẽtʃi de 'kaho]
verkeersongeluk (het)	acidente (m) rodoviário	[asi'dẽtʃi hodo'vjarju]
aanrijden	bater ...	[ba'ter]
(tegen een boom, enz.)		

verongelukken (ww)	sofrer um acidente	[so'frer ũ asi'dẽtʃi]
beschadiging (de)	dano (m)	['danu]
heelhuids (bn)	intato	[ĩ'tatu]

pech (de)	pane (f)	['pani]
kapot gaan (zijn gebroken)	avariar (vi)	[ava'rjar]
sleeptouw (het)	cabo (m) de reboque	['kabu de he'bɔki]

lek (het)	furo (m)	['furu]
lekke krijgen (band)	estar furado	[is'tar fu'radu]
oppompen (ww)	encher (vt)	[ẽ'ʃer]
druk (de)	pressão (f)	[pre'sãw]
checken (ww)	verificar (vt)	[verifi'kar]

reparatie (de)	reparo (m)	[he'paru]
garage (de)	oficina (f) automotiva	[ɔfi'sina awtɔmo'tʃiva]
wisselstuk (het)	peça (f) de reposição	['pɛsa de hepozi'sãw]
onderdeel (het)	peça (f)	['pɛsa]

bout (de)	parafuso (m)	[para'fuzu]
schroef (de)	parafuso (m)	[para'fuzu]
moer (de)	porca (f)	['pɔrka]
sluitring (de)	arruela (f)	[a'hwɛla]
kogellager (de/het)	rolamento (m)	[hola'mẽtu]

pijp (de)	tubo (m)	['tubu]
pakking (de)	junta, gaxeta (f)	['ʒũta], [ga'ʃɛta]
kabel (de)	fio, cabo (m)	['fiu], ['kabu]

dommekracht (de)	macaco (m)	[ma'kaku]
moersleutel (de)	chave (f) de boca	['ʃavi de 'boka]
hamer (de)	martelo (m)	[mar'tɛlu]
pomp (de)	bomba (f)	['bõba]
schroevendraaier (de)	chave (f) de fenda	['ʃavi de 'fẽda]
brandblusser (de)	extintor (m)	[istʃĩ'tor]
gevarendriehoek (de)	triângulo (m) de emergência	['trjãgulu de imer'ʒẽsja]

afslaan (ophouden te werken)	morrer (vi)	[mo'her]
uitvallen (het)	paragem (f)	[pa'raʒẽ]
zijn gebroken	estar quebrado	[is'tar ke'bradu]

oververhitten (ww)	superaquecer-se (vr)	[superake'sersi]
verstopt raken (ww)	entupir-se (vr)	[ẽtu'pirsi]
bevriezen (autodeur, enz.)	congelar-se (vr)	[kõʒe'larsi]
barsten (leidingen, enz.)	rebentar (vi)	[hebẽ'tar]

druk (de)	pressão (f)	[pre'sãw]
niveau (bijv. olieniveau)	nível (m)	['nivew]
slap (de drijfriem is ~)	frouxo	['froʃu]

deuk (de)	batida (f)	[ba'tʃida]
geklop (vreemde geluiden)	ruído (m)	['hwidu]
barst (de)	fissura (f)	[fi'sura]
kras (de)	arranhão (m)	[aha'ɲãw]

151. Auto's. Weg

weg (de)	estrada (f)	[is'trada]
snelweg (de)	autoestrada (f)	[awtois'trada]
autoweg (de)	rodovia (f)	[hodo'via]
richting (de)	direção (f)	[dʒire'sãw]
afstand (de)	distância (f)	[dʒis'tãsja]

brug (de)	ponte (f)	['põtʃi]
parking (de)	parque (m) de estacionamento	['parki de istasjona'mẽtu]

plein (het)	praça (f)	['prasa]
verkeersknooppunt (het)	nó (m) rodoviário	[nɔ hodo'vjarju]
tunnel (de)	túnel (m)	['tunew]

benzinestation (het)	posto (m) de gasolina	['postu de gazo'lina]
parking (de)	parque (m) de estacionamento	['parki de istasjona'mẽtu]

benzinepomp (de)	bomba (f) de gasolina	['bõba de gazo'lina]
garage (de)	oficina (f) automotiva	[ɔfi'sina awtɔmo'tʃiva]
tanken (ww)	abastecer (vt)	[abaste'ser]
brandstof (de)	combustível (m)	[kõbus'tʃivew]
jerrycan (de)	galão (m) de gasolina	[ga'lãw de gazo'lina]

asfalt (het)	asfalto (m)	[as'fawtu]
markering (de)	marcação (f) de estradas	[marka'sãw de is'tradas]
trottoirband (de)	meio-fio (m)	['meju-'fiu]
geleiderail (de)	guard-rail (m)	[gward-'hejl]
greppel (de)	valeta (f)	[va'leta]
vluchtstrook (de)	acostamento (m)	[akosta'mẽtu]
lichtmast (de)	poste (m) de luz	['postʃi de luz]

besturen (een auto ~)	dirigir (vt)	[dʒiri'ʒir]
afslaan (naar rechts ~)	virar (vi)	[vi'rar]
U-bocht maken (ww)	dar retorno	[dar he'tornu]

achteruit (de)	ré (f)	[hɛ]
toeteren (ww)	buzinar (vi)	[buzi'nar]
toeter (de)	buzina (f)	[bu'zina]
vastzitten (in modder)	atolar-se (vr)	[ato'larsi]
spinnen (wielen gaan ~)	patinar (vi)	[patʃi'nar]
uitzetten (ww)	desligar (vt)	[dʒizli'gar]
snelheid (de)	velocidade (f)	[velosi'dadʒi]
een snelheidsovertreding maken	exceder a velocidade	[ese'der a velosi'dadʒi]
bekeuren (ww)	multar (vt)	[muw'tar]
verkeerslicht (het)	semáforo (m)	[se'maforu]
rijbewijs (het)	carteira (f) de motorista	[kar'tejra de moto'rista]
overgang (de)	passagem (f) de nível	[pa'saʒẽ de 'nivew]
kruispunt (het)	cruzamento (m)	[kruza'mẽtu]
zebrapad (oversteekplaats)	faixa (f)	['fajʃa]
bocht (de)	curva (f)	['kurva]
voetgangerszone (de)	zona (f) de pedestres	['zɔna de pe'dɛstris]

MENSEN. GEBEURTENISSEN IN HET LEVEN

152. Vakanties. Evenement

feest (het)	festa (f)	['fɛsta]
nationale feestdag (de)	feriado (m) nacional	[fe'rjadu nasjo'naw]
feestdag (de)	feriado (m)	[fe'rjadu]
herdenken (ww)	festejar (vt)	[feste'ʒar]
gebeurtenis (de)	evento (m)	[e'vẽtu]
evenement (het)	evento (m)	[e'vẽtu]
banket (het)	banquete (m)	[bã'ketʃi]
receptie (de)	recepção (f)	[hesep'sãw]
feestmaal (het)	festim (m)	[fes'tʃĩ]
verjaardag (de)	aniversário (m)	[aniver'sarju]
jubileum (het)	jubileu (m)	[ʒubi'lew]
vieren (ww)	celebrar (vt)	[sele'brar]
Nieuwjaar (het)	Ano (m) Novo	['anu 'novu]
Gelukkig Nieuwjaar!	Feliz Ano Novo!	[fe'liz 'anu 'novu]
Sinterklaas (de)	Papai Noel (m)	[pa'paj nɔ'ɛl]
Kerstfeest (het)	Natal (m)	[na'taw]
Vrolijk kerstfeest!	Feliz Natal!	[fe'liz na'taw]
kerstboom (de)	árvore (f) de Natal	['arvori de na'taw]
vuurwerk (het)	fogos (m pl) de artifício	['fogus de artʃi'fisju]
bruiloft (de)	casamento (m)	[kaza'mẽtu]
bruidegom (de)	noivo (m)	['nojvu]
bruid (de)	noiva (f)	['nojva]
uitnodigen (ww)	convidar (vt)	[kõvi'dar]
uitnodigingskaart (de)	convite (m)	[kõ'vitʃi]
gast (de)	convidado (m)	[kõvi'dadu]
op bezoek gaan	visitar (vt)	[vizi'tar]
gasten verwelkomen	receber os convidados	[hese'ber us kõvi'dadus]
geschenk, cadeau (het)	presente (m)	[pre'zẽtʃi]
geven (iets cadeau ~)	oferecer, dar (vt)	[ofere'ser], [dar]
geschenken ontvangen	receber presentes	[hese'ber pre'zẽtʃis]
boeket (het)	buquê (m) de flores	[bu'ke de 'floris]
felicitaties (mv.)	felicitações (f pl)	[felisita'sõjs]
feliciteren (ww)	felicitar (vt)	[felisi'tar]
wenskaart (de)	cartão (m) de parabéns	[kar'tãw de para'bẽjs]
een kaartje versturen	enviar um cartão postal	[ẽ'vjar ũ kart'ãw pos'taw]
een kaartje ontvangen	receber um cartão postal	[hese'ber ũ kart'ãw pos'taw]

toast (de)	brinde (m)	['brĩdʒi]
aanbieden (een drankje ~)	oferecer (vt)	[ofere'ser]
champagne (de)	champanhe (m)	[ʃã'paɲi]

plezier hebben (ww)	divertir-se (vr)	[dʒiver'tʃirsi]
plezier (het)	diversão (f)	[dʒiver'sãw]
vreugde (de)	alegria (f)	[ale'gria]

| dans (de) | dança (f) | ['dãsa] |
| dansen (ww) | dançar (vi) | [dã'sar] |

| wals (de) | valsa (f) | ['vawsa] |
| tango (de) | tango (m) | ['tãgu] |

153. Begrafenissen. Begrafenis

kerkhof (het)	cemitério (m)	[semi'tɛrju]
graf (het)	sepultura (f), túmulo (m)	[sepuw'tura], ['tumulu]
kruis (het)	cruz (f)	[kruz]
grafsteen (de)	lápide (f)	['lapidʒi]
omheining (de)	cerca (f)	['serka]
kapel (de)	capela (f)	[ka'pɛla]

dood (de)	morte (f)	['mɔrtʃi]
sterven (ww)	morrer (vi)	[mo'her]
overledene (de)	defunto (m)	[de'fũtu]
rouw (de)	luto (m)	['lutu]

begraven (ww)	enterrar, sepultar (vt)	[ẽte'har], [sepuw'tar]
begrafenisonderneming (de)	casa (f) funerária	['kaza fune'raria]
begrafenis (de)	funeral (m)	[fune'raw]

krans (de)	coroa (f) de flores	[ko'roa de 'flɔris]
doodskist (de)	caixão (m)	[kaɪ'ʃãw]
lijkwagen (de)	carro (m) funerário	['kaho fune'rarju]
lijkkleed (de)	mortalha (f)	[mor'taʎa]

begrafenisstoet (de)	procissão (f) funerária	[prosi'sãw fune'rarja]
urn (de)	urna (f) funerária	['urna fune'rarja]
crematorium (het)	crematório (m)	[krema'tɔrju]

overlijdensbericht (het)	obituário (m), necrologia (f)	[obi'twarju], [nekrolo'ʒia]
huilen (wenen)	chorar (vi)	[ʃo'rar]
snikken (huilen)	soluçar (vi)	[solu'sar]

154. Oorlog. Soldaten

peloton (het)	pelotão (m)	[pelo'tãw]
compagnie (de)	companhia (f)	[kõpa'ɲia]
regiment (het)	regimento (m)	[heʒi'mẽtu]
leger (armee)	exército (m)	[e'zɛrsitu]
divisie (de)	divisão (f)	[dʒivi'zãw]

143

| sectie (de) | esquadrão (m) | [iskwa'drãw] |
| troep (de) | hoste (f) | ['ɔste] |

| soldaat (militair) | soldado (m) | [sow'dadu] |
| officier (de) | oficial (m) | [ofi'sjaw] |

soldaat (rang)	soldado (m) raso	[sow'dadu 'hazu]
sergeant (de)	sargento (m)	[sar'ʒẽtu]
luitenant (de)	tenente (m)	[te'nẽtʃi]
kapitein (de)	capitão (m)	[kapi'tãw]
majoor (de)	major (m)	[ma'ʒɔr]
kolonel (de)	coronel (m)	[koro'nɛw]
generaal (de)	general (m)	[ʒene'raw]

matroos (de)	marujo (m)	[ma'ruʒu]
kapitein (de)	capitão (m)	[kapi'tãw]
bootsman (de)	contramestre (m)	[kõtra'mɛstri]
artillerist (de)	artilheiro (m)	[artʃi'ʎejru]
valschermjager (de)	soldado (m) paraquedista	[sow'dadu parake'dʒista]
piloot (de)	piloto (m)	[pi'lotu]
stuurman (de)	navegador (m)	[navega'dor]
mecanicien (de)	mecânico (m)	[me'kaniku]

sappeur (de)	sapador-mineiro (m)	[sapa'dor-mi'nejru]
parachutist (de)	paraquedista (m)	[parake'dʒista]
verkenner (de)	explorador (m)	[isplora'dor]
scherpschutter (de)	atirador (m) de tocaia	[atʃira'dor de to'kaja]

patrouille (de)	patrulha (f)	[pa'truʎa]
patrouilleren (ww)	patrulhar (vt)	[patru'ʎar]
wacht (de)	sentinela (f)	[sẽtʃi'nɛla]
krijger (de)	guerreiro (m)	[ge'hejru]
patriot (de)	patriota (m)	[pa'trjɔta]
held (de)	herói (m)	[e'rɔj]
heldin (de)	heroína (f)	[ero'ina]

| verrader (de) | traidor (m) | [traj'dor] |
| verraden (ww) | trair (vt) | [tra'ir] |

| deserteur (de) | desertor (m) | [dezer'tor] |
| deserteren (ww) | desertar (vt) | [deser'tar] |

huurling (de)	mercenário (m)	[merse'narju]
rekruut (de)	recruta (m)	[he'kruta]
vrijwilliger (de)	voluntário (m)	[volũ'tarju]

gedode (de)	morto (m)	['mortu]
gewonde (de)	ferido (m)	[fe'ridu]
krijgsgevangene (de)	prisioneiro (m) de guerra	[prizjo'nejru de 'gɛha]

155. Oorlog. Militaire acties. Deel 1

| oorlog (de) | guerra (f) | ['gɛha] |
| oorlog voeren (ww) | guerrear (vt) | [ge'hjar] |

burgeroorlog (de)	guerra (f) civil	['gɛha si'viw]
achterbaks (bw)	perfidamente	[perfida'mɛtʃi]
oorlogsverklaring (de)	declaração (f) de guerra	[deklara'sãw de 'gɛha]
verklaren (de oorlog ~)	declarar guerra	[dekla'rar 'gɛha]
agressie (de)	agressão (f)	[agre'sãw]
aanvallen (binnenvallen)	atacar (vt)	[ata'kar]

binnenvallen (ww)	invadir (vt)	[ĩva'dʒir]
invaller (de)	invasor (m)	[ĩva'zor]
veroveraar (de)	conquistador (m)	[kõkista'dor]

verdediging (de)	defesa (f)	[de'feza]
verdedigen (je land ~)	defender (vt)	[defẽ'der]
zich verdedigen (ww)	defender-se (vr)	[defẽ'dersi]

vijand (de)	inimigo (m)	[ini'migu]
tegenstander (de)	adversário (m)	[adʒiver'sarju]
vijandelijk (bn)	inimigo	[ini'migu]

| strategie (de) | estratégia (f) | [istra'tɛʒa] |
| tactiek (de) | tática (f) | ['tatʃika] |

order (de)	ordem (f)	['ordẽ]
bevel (het)	comando (m)	[ko'mãdu]
bevelen (ww)	ordenar (vt)	[orde'nar]
opdracht (de)	missão (f)	[mi'sãw]
geheim (bn)	secreto	[se'krɛtu]

| veldslag (de) | batalha (f) | [ba'taʎa] |
| strijd (de) | combate (m) | [kõ'batʃi] |

aanval (de)	ataque (m)	[a'taki]
bestorming (de)	assalto (m)	[a'sawtu]
bestormen (ww)	assaltar (vt)	[asaw'tar]
bezetting (de)	assédio, sítio (m)	[a'sɛdʒu], ['sitʃu]

| aanval (de) | ofensiva (f) | [ɔfẽ'siva] |
| in het offensief te gaan | tomar à ofensiva | [to'mar a ofẽ'siva] |

| terugtrekking (de) | retirada (f) | [hetʃi'rada] |
| zich terugtrekken (ww) | retirar-se (vr) | [hetʃi'rarse] |

| omsingeling (de) | cerco (m) | ['serku] |
| omsingelen (ww) | cercar (vt) | [ser'kar] |

bombardement (het)	bombardeio (m)	[bõbar'deju]
een bom gooien	lançar uma bomba	[lã'sar 'uma 'bõba]
bombarderen (ww)	bombardear (vt)	[bõbar'dʒjar]
ontploffing (de)	explosão (f)	[isplo'zãw]

schot (het)	tiro (m)	['tʃiru]
een schot lossen	dar um tiro	[dar ũ 'tʃiru]
schieten (het)	tiroteio (m)	[tʃiro'teju]

| mikken op (ww) | apontar para ... | [apõ'tar 'para] |
| aanleggen (een wapen ~) | apontar (vt) | [apõ'tar] |

treffen (doelwit ~) | acertar (vt) | [aser'tar]
zinken (tot zinken brengen) | afundar (vt) | [afũ'dar]
kogelgat (het) | brecha (f) | ['brɛʃa]
zinken (gezonken zijn) | afundar-se (vr) | [afũ'darse]

front (het) | frente (m) | ['frẽtʃi]
evacuatie (de) | evacuação (f) | [evakwa'sãw]
evacueren (ww) | evacuar (vt) | [eva'kwar]

loopgraaf (de) | trincheira (f) | [trĩ'ʃejra]
prikkeldraad (de) | arame (m) enfarpado | [a'rami ẽfar'padu]
verdedigingsobstakel (het) | barreira (f) anti-tanque | [ba'hejra ãtʃi-'tãki]
wachttoren (de) | torre (f) de vigia | ['tohi de vi'ʒia]

hospitaal (het) | hospital (m) militar | [ospi'taw mili'tar]
verwonden (ww) | ferir (vt) | [fe'rir]
wond (de) | ferida (f) | [fe'rida]
gewonde (de) | ferido (m) | [fe'ridu]
gewond raken (ww) | ficar ferido | [fi'kar fe'ridu]
ernstig (~e wond) | grave | ['gravi]

156. Wapens

wapens (mv.) | arma (f) | ['arma]
vuurwapens (mv.) | arma (f) de fogo | ['arma de 'fogu]
koude wapens (mv.) | arma (f) branca | ['arma 'brãka]

chemische wapens (mv.) | arma (f) química | ['arma 'kimika]
kern-, nucleair (bn) | nuclear | [nu'kljar]
kernwapens (mv.) | arma (f) nuclear | ['arma nu'kljar]

bom (de) | bomba (f) | ['bõba]
atoombom (de) | bomba (f) atômica | ['bõba a'tomika]

pistool (het) | pistola (f) | [pis'tɔla]
geweer (het) | rifle (m) | ['hifli]
machinepistool (het) | semi-automática (f) | [semi-awto'matʃika]
machinegeweer (het) | metralhadora (f) | [metraʎa'dora]

loop (schietbuis) | boca (f) | ['boka]
loop (bijv. geweer met kortere ~) | cano (m) | ['kanu]
kaliber (het) | calibre (m) | [ka'libri]

trekker (de) | gatilho (m) | [ga'tʃiʎu]
korrel (de) | mira (f) | ['mira]
magazijn (het) | carregador (m) | [kahega'dor]
geweerkolf (de) | coronha (f) | [ko'rɔɲa]

granaat (handgranaat) | granada (f) de mão | [gra'nada de mãw]
explosieven (mv.) | explosivo (m) | [isplo'zivu]

kogel (de) | bala (f) | ['bala]
patroon (de) | cartucho (m) | [kar'tuʃu]

lading (de)	**carga** (f)	['karga]
ammunitie (de)	**munições** (f pl)	[muni'sõjs]
bommenwerper (de)	**bombardeiro** (m)	[bõbar'dejru]
straaljager (de)	**avião** (m) **de caça**	[a'vjãw de 'kasa]
helikopter (de)	**helicóptero** (m)	[eli'kɔpteru]
afweergeschut (het)	**canhão** (m) **antiaéreo**	[ka'ɲãw ãtʃja'ɛrju]
tank (de)	**tanque** (m)	['tãki]
kanon (tank met een ~ van 76 mm)	**canhão** (m)	[ka'ɲãw]
artillerie (de)	**artilharia** (f)	[artʃiʎa'ria]
kanon (het)	**canhão** (m)	[ka'ɲãw]
aanleggen (een wapen ~)	**fazer a pontaria**	[fa'zer a põta'ria]
projectiel (het)	**projétil** (m)	[pro'ʒɛtʃiw]
mortiergranaat (de)	**granada** (f) **de morteiro**	[gra'nada de mor'tejru]
mortier (de)	**morteiro** (m)	[mor'tejru]
granaatscherf (de)	**estilhaço** (m)	[istʃi'ʎasu]
duikboot (de)	**submarino** (m)	[subma'rinu]
torpedo (de)	**torpedo** (m)	[tor'pedu]
raket (de)	**míssil** (m)	['misiw]
laden (geweer, kanon)	**carregar** (vt)	[kahe'gar]
schieten (ww)	**disparar, atirar** (vi)	[dʒispa'rar], [atʃi'rar]
richten op (mikken)	**apontar para …**	[apõ'tar 'para]
bajonet (de)	**baioneta** (f)	[bajo'neta]
degen (de)	**espada** (f)	[is'pada]
sabel (de)	**sabre** (m)	['sabri]
speer (de)	**lança** (f)	['lãsa]
boog (de)	**arco** (m)	['arku]
pijl (de)	**flecha** (f)	['flɛʃa]
musket (de)	**mosquete** (m)	[mos'ketʃi]
kruisboog (de)	**besta** (f)	['besta]

157. Oude mensen

primitief (bn)	**primitivo**	[primi'tʃivu]
voorhistorisch (bn)	**pré-histórico**	[prɛ-is'tɔriku]
eeuwenoude (~ beschaving)	**antigo**	[ã'tʃigu]
Steentijd (de)	**Idade** (f) **da Pedra**	[i'dadʒi da 'pɛdra]
Bronstijd (de)	**Idade** (f) **do Bronze**	[i'dadʒi du 'brõzi]
IJstijd (de)	**Era** (f) **do Gelo**	['ɛra du 'ʒelu]
stam (de)	**tribo** (f)	['tribu]
menseneter (de)	**canibal** (m)	[kani'baw]
jager (de)	**caçador** (m)	[kasa'dor]
jagen (ww)	**caçar** (vi)	[ka'sar]
mammoet (de)	**mamute** (m)	[ma'mutʃi]
grot (de)	**caverna** (f)	[ka'vɛrna]

vuur (het)	fogo (m)	['fogu]
kampvuur (het)	fogueira (f)	[fo'gejra]
rotstekening (de)	pintura (f) rupestre	[pĩ'tura hu'pɛstri]

werkinstrument (het)	ferramenta (f)	[feha'mẽta]
speer (de)	lança (f)	['lãsa]
stenen bijl (de)	machado (m) de pedra	[ma'ʃadu de 'pɛdra]
oorlog voeren (ww)	guerrear (vt)	[ge'hjar]
temmen (bijv. wolf ~)	domesticar (vt)	[domestʃi'kar]

idool (het)	ídolo (m)	['idolu]
aanbidden (ww)	adorar, venerar (vt)	[ado'rar], [vene'rar]
bijgeloof (het)	superstição (f)	[superstʃi'sãw]
ritueel (het)	ritual (m)	[hi'twaw]

evolutie (de)	evolução (f)	[evolu'sãw]
ontwikkeling (de)	desenvolvimento (m)	[dʒizẽvowvi'mẽtu]
verdwijning (de)	extinção (f)	[istʃi'sãw]
zich aanpassen (ww)	adaptar-se (vr)	[adap'tarse]

archeologie (de)	arqueologia (f)	[arkjolo'ʒia]
archeoloog (de)	arqueólogo (m)	[ar'kjɔlogu]
archeologisch (bn)	arqueológico	[arkjo'lɔʒiku]

opgravingsplaats (de)	escavação (f)	[iskava'sãw]
opgravingen (mv.)	escavações (f pl)	[iskava'sõjs]
vondst (de)	achado (m)	[a'ʃadu]
fragment (het)	fragmento (m)	[frag'mẽtu]

158. Middeleeuwen

volk (het)	povo (m)	['povu]
volkeren (mv.)	povos (m pl)	['pɔvus]
stam (de)	tribo (f)	['tribu]
stammen (mv.)	tribos (f pl)	['tribus]

barbaren (mv.)	bárbaros (pl)	['barbarus]
Galliërs (mv.)	gauleses (pl)	[gaw'lezes]
Goten (mv.)	godos (pl)	['godus]
Slaven (mv.)	eslavos (pl)	[iʃ'lavus]
Vikings (mv.)	viquingues (pl)	['vikĩgis]

| Romeinen (mv.) | romanos (pl) | [ho'manus] |
| Romeins (bn) | romano | [ho'manu] |

Byzantijnen (mv.)	bizantinos (pl)	[bizã'tʃinus]
Byzantium (het)	Bizâncio	[bi'zãsju]
Byzantijns (bn)	bizantino	[bizã'tʃinu]

keizer (bijv. Romeinse ~)	imperador (m)	[ĩpera'dor]
opperhoofd (het)	líder (m)	['lider]
machtig (bn)	poderoso	[pode'rozu]
koning (de)	rei (m)	[hej]
heerser (de)	governante (m)	[gover'nãtʃi]

ridder (de)	cavaleiro (m)	[kava'lejru]
feodaal (de)	senhor feudal (m)	[se'ɲor few'daw]
feodaal (bn)	feudal	[few'daw]
vazal (de)	vassalo (m)	[va'salu]

hertog (de)	duque (m)	['duki]
graaf (de)	conde (m)	['kõdʒi]
baron (de)	barão (m)	[ba'rãw]
bisschop (de)	bispo (m)	['bispu]

harnas (het)	armadura (f)	[arma'dura]
schild (het)	escudo (m)	[is'kudu]
zwaard (het)	espada (f)	[is'pada]
vizier (het)	viseira (f)	[vi'zejra]
maliënkolder (de)	cota (f) de malha	['kɔta de 'maʎa]
kruistocht (de)	cruzada (f)	[kru'zada]
kruisvaarder (de)	cruzado (m)	[kru'zadu]

gebied (bijv. bezette ~en)	território (m)	[tehi'tɔrju]
aanvallen (binnenvallen)	atacar (vt)	[ata'kar]
veroveren (ww)	conquistar (vt)	[kõkis'tar]
innemen (binnenvallen)	ocupar, invadir (vt)	[oku'parsi], [ĩva'dʒir]

bezetting (de)	assédio, sítio (m)	[a'sɛdʒu], ['sitʃu]
belegerd (bn)	sitiado	[si'tʃadu]
belegeren (ww)	assediar, sitiar (vt)	[ase'dʒjar], [si'tʃar]

inquisitie (de)	inquisição (f)	[ĩkizi'sãw]
inquisiteur (de)	inquisidor (m)	[ĩkizi'dor]
foltering (de)	tortura (f)	[tor'tura]
wreed (bn)	cruel	[kru'ɛw]
ketter (de)	herege (m)	[e'reʒi]
ketterij (de)	heresia (f)	[ere'zia]

zeevaart (de)	navegação (f) marítima	[navega'sãu ma'ritʃima]
piraat (de)	pirata (m)	[pi'rata]
piraterij (de)	pirataria (f)	[pirata'ria]
enteren (het)	abordagem (f)	[abor'daʒẽ]
buit (de)	presa (f), butim (m)	['preza], [bu'tĩ]
schatten (mv.)	tesouros (m pl)	[te'zorus]

ontdekking (de)	descobrimento (m)	[dʒiskobri'mẽtu]
ontdekken (bijv. nieuw land)	descobrir (vt)	[dʒisko'brir]
expeditie (de)	expedição (f)	[ispedʒi'sãw]

musketier (de)	mosqueteiro (m)	[moske'tejru]
kardinaal (de)	cardeal (m)	[kar'dʒjaw]
heraldiek (de)	heráldica (f)	[e'rawdʒika]
heraldisch (bn)	heráldico	[e'rawdʒiku]

159. Leider. Baas. Autoriteiten

| koning (de) | rei (m) | [hej] |
| koningin (de) | rainha (f) | [ha'iɲa] |

koninklijk (bn)	real	[he'aw]
koninkrijk (het)	reino (m)	['hejnu]

prins (de)	príncipe (m)	['prĩsipi]
prinses (de)	princesa (f)	[prĩ'seza]

president (de)	presidente (m)	[prezi'dẽtʃi]
vicepresident (de)	vice-presidente (m)	['visi-prezi'dẽtʃi]
senator (de)	senador (m)	[sena'dor]

monarch (de)	monarca (m)	[mo'narka]
heerser (de)	governante (m)	[gover'nãtʃi]
dictator (de)	ditador (m)	[dʒita'dor]
tiran (de)	tirano (m)	[tʃi'ranu]
magnaat (de)	magnata (m)	[mag'nata]

directeur (de)	diretor (m)	[dʒire'tor]
chef (de)	chefe (m)	['ʃɛfi]
beheerder (de)	gerente (m)	[ʒe'rẽtʃi]
baas (de)	patrão (m)	[pa'trãw]
eigenaar (de)	dono (m)	['donu]

hoofd (bijv. ~ van de delegatie)	chefe (m)	['ʃɛfi]
autoriteiten (mv.)	autoridades (f pl)	[awtori'dadʒis]
superieuren (mv.)	superiores (m pl)	[supe'rjores]

gouverneur (de)	governador (m)	[governa'dor]
consul (de)	cônsul (m)	['kõsuw]
diplomaat (de)	diplomata (m)	[dʒiplo'mata]
burgemeester (de)	Presidente (m) da Câmara	[prezi'dẽtʃi da 'kamara]
sheriff (de)	xerife (m)	[ʃe'rifi]

keizer (bijv. Romeinse ~)	imperador (m)	[ĩpera'dor]
tsaar (de)	czar (m)	['kzar]
farao (de)	faraó (m)	[fara'ɔ]
kan (de)	cã, khan (m)	[kã]

160. De wet overtreden. Criminelen. Deel 1

bandiet (de)	bandido (m)	[bã'dʒidu]
misdaad (de)	crime (m)	['krimi]
misdadiger (de)	criminoso (m)	[krimi'nozu]

dief (de)	ladrão (m)	[la'drãw]
stelen (ww)	roubar (vt)	[ho'bar]
stelen (de)	furto (m)	['furtu]
diefstal (de)	furto (m)	['furtu]

kidnappen (ww)	raptar, sequestrar (vt)	[hap'tar], [sekwes'trar]
kidnapping (de)	sequestro (m)	[se'kwɛstru]
kidnapper (de)	sequestrador (m)	[sekwestra'dor]
losgeld (het)	resgate (m)	[hez'gatʃi]
eisen losgeld (ww)	pedir resgate	[pe'dʒir hez'gatʃi]

overvallen (ww)	roubar (vt)	[ho'bar]
overval (de)	assalto, roubo (m)	[a'sawtu], ['hobu]
overvaller (de)	assaltante (m)	[asaw'tãtʃi]

afpersen (ww)	extorquir (vt)	[istor'kir]
afperser (de)	extorsionário (m)	[istorsjo'narju]
afpersing (de)	extorsão (f)	[istor'sãw]

vermoorden (ww)	matar, assassinar (vt)	[ma'tar], [asasi'nar]
moord (de)	homicídio (m)	[omi'siʤu]
moordenaar (de)	homicida, assassino (m)	[ɔmi'sida], [asa'sinu]

schot (het)	tiro (m)	['tʃiru]
een schot lossen	dar um tiro	[dar ũ 'tʃiru]
neerschieten (ww)	matar a tiro	[ma'tar a 'tʃiru]
schieten (ww)	disparar, atirar (vi)	[ʤispa'rar], [atʃi'rar]
schieten (het)	tiroteio (m)	[tʃiro'teju]

ongeluk (gevecht, enz.)	incidente (m)	[ĩsi'dẽtʃi]
gevecht (het)	briga (f)	['briga]
Help!	Socorro!	[so'kohu]
slachtoffer (het)	vítima (f)	['vitʃima]

beschadigen (ww)	danificar (vt)	[danifi'kar]
schade (de)	dano (m)	['danu]
lijk (het)	cadáver (m)	[ka'daver]
zwaar (~ misdrijf)	grave	['gravi]

aanvallen (ww)	atacar (vt)	[ata'kar]
slaan (iemand ~)	bater (vt)	[ba'ter]
in elkaar slaan (toetakelen)	espancar (vt)	[ispã'kar]
ontnemen (beroven)	tirar (vt)	[tʃi'rar]
steken (met een mes)	esfaquear (vt)	[isfaki'ar]

| verminken (ww) | mutilar (vt) | [mutʃi'lar] |
| verwonden (ww) | ferir (vt) | [fe'rir] |

chantage (de)	chantagem (f)	[ʃã'taʒẽ]
chanteren (ww)	chantagear (vt)	[ʃãta'ʒjar]
chanteur (de)	chantagista (m)	[ʃãta'ʒista]

| afpersing (de) | extorsão (f) | [istor'sãw] |
| afperser (de) | extorsionário (m) | [istorsjo'narju] |

| gangster (de) | gângster (m) | ['gãŋster] |
| maffia (de) | máfia (f) | ['mafja] |

| kruimeldief (de) | punguista (m) | [pũ'gista] |
| inbreker (de) | assaltante, ladrão (m) | [asaw'tãtʃi], [la'drãw] |

| smokkelen (het) | contrabando (m) | [kõtra'bãdu] |
| smokkelaar (de) | contrabandista (m) | [kõtrabã'ʤista] |

namaak (de)	falsificação (f)	[fawsifika'sãw]
namaken (ww)	falsificar (vt)	[fawsifi'kar]
namaak-, vals (bn)	falsificado	[fawsifi'kadu]

151

161. De wet overtreden. Criminelen. Deel 2

verkrachting (de)	estupro (m)	[is'tupru]
verkrachten (ww)	estuprar (vt)	[istu'prar]
verkrachter (de)	estuprador (m)	[istupra'dor]
maniak (de)	maníaco (m)	[ma'niaku]
prostituee (de)	prostituta (f)	[prostʃi'tuta]
prostitutie (de)	prostituição (f)	[prostʃitwi'sãw]
pooier (de)	cafetão (m)	[kafe'tãw]
drugsverslaafde (de)	drogado (m)	[dro'gadu]
drugshandelaar (de)	traficante (m)	[trafi'kãtʃi]
opblazen (ww)	explodir (vt)	[isplo'dʒir]
explosie (de)	explosão (f)	[isplo'zãw]
in brand steken (ww)	incendiar (vt)	[ĩsẽ'dʒjar]
brandstichter (de)	incendiário (m)	[ĩsẽ'dʒjarju]
terrorisme (het)	terrorismo (m)	[teho'rizmu]
terrorist (de)	terrorista (m)	[teho'rista]
gijzelaar (de)	refém (m)	[he'fẽ]
bedriegen (ww)	enganar (vt)	[ẽga'nar]
bedrog (het)	engano (m)	[ẽ'gãnu]
oplichter (de)	vigarista (m)	[viga'rista]
omkopen (ww)	subornar (vt)	[subor'nar]
omkoperij (de)	suborno (m)	[su'bornu]
smeergeld (het)	suborno (m)	[su'bornu]
vergif (het)	veneno (m)	[ve'nɛnu]
vergiftigen (ww)	envenenar (vt)	[ẽvene'nar]
vergif innemen (ww)	envenenar-se (vr)	[ẽvene'narsi]
zelfmoord (de)	suicídio (m)	[swi'sidʒju]
zelfmoordenaar (de)	suicida (m)	[swi'sida]
bedreigen (bijv. met een pistool)	ameaçar (vt)	[amea'sar]
bedreiging (de)	ameaça (f)	[ame'asa]
een aanslag plegen	atentar contra a vida de ...	[atẽ'tar 'kõtra a 'vida de]
aanslag (de)	atentado (m)	[atẽ'tadu]
stelen (een auto)	roubar (vt)	[ho'bar]
kapen (een vliegtuig)	sequestrar (vt)	[sekwes'trar]
wraak (de)	vingança (f)	[vĩ'gãsa]
wreken (ww)	vingar (vt)	[vĩ'gar]
martelen (gevangenen)	torturar (vt)	[tortu'rar]
foltering (de)	tortura (f)	[tor'tura]
folteren (ww)	atormentar (vt)	[atormẽ'tar]
piraat (de)	pirata (m)	[pi'rata]
straatschender (de)	desordeiro (m)	[dʒizor'dejru]

gewapend (bn)	armado	[ar'madu]
geweld (het)	violência (f)	[vjo'lẽsja]
onwettig (strafbaar)	ilegal	[ile'gaw]

| spionage (de) | espionagem (f) | [ispio'naʒẽ] |
| spioneren (ww) | espionar (vi) | [ispjo'nar] |

162. Politie. Wet. Deel 1

| justitie (de) | justiça (f) | [ʒus'tʃisa] |
| gerechtshof (het) | tribunal (m) | [tribu'naw] |

rechter (de)	juiz (m)	[ʒwiz]
jury (de)	jurados (m pl)	[ʒu'radus]
juryrechtspraak (de)	tribunal (m) do júri	[tribu'naw du 'ʒuri]
berechten (ww)	julgar (vt)	[ʒuw'gar]

advocaat (de)	advogado (m)	[adʒivo'gadu]
beklaagde (de)	réu (m)	['hɛw]
beklaagdenbank (de)	banco (m) dos réus	['bãku dus hɛws]

| beschuldiging (de) | acusação (f) | [akuza'sãw] |
| beschuldigde (de) | acusado (m) | [aku'zadu] |

vonnis (het)	sentença (f)	[sẽ'tẽsa]
veroordelen	sentenciar (vt)	[sẽtẽ'sjar]
(in een rechtszaak)		

schuldige (de)	culpado (m)	[kuw'padu]
straffen (ww)	punir (vt)	[pu'nir]
bestraffing (de)	punição (f)	[puni'sãw]

boete (de)	multa (f)	['muwta]
levenslange opsluiting (de)	prisão (f) perpétua	[pri'zãw per'pɛtwa]
doodstraf (de)	pena (f) de morte	['pena de 'mɔrtʃi]
elektrische stoel (de)	cadeira (f) elétrica	[ka'dejra e'lɛtrika]
schavot (het)	forca (f)	['forka]

| executeren (ww) | executar (vt) | [ezeku'tar] |
| executie (de) | execução (f) | [ezeku'sãw] |

| gevangenis (de) | prisão (f) | [pri'zãw] |
| cel (de) | cela (f) de prisão | ['sɛla de pri'zãw] |

konvooi (het)	escolta (f)	[is'kɔwta]
gevangenisbewaker (de)	guarda (m) prisional	['gwarda prizjo'naw]
gedetineerde (de)	preso (m)	['prezu]

| handboeien (mv.) | algemas (f pl) | [aw'ʒɛmas] |
| handboeien omdoen | algemar (vt) | [awʒe'mar] |

ontsnapping (de)	fuga, evasão (f)	['fuga], [eva'zãw]
ontsnappen (ww)	fugir (vi)	[fu'ʒir]
verdwijnen (ww)	desaparecer (vi)	[dʒizapare'ser]

vrijlaten (uit de gevangenis)	soltar, libertar (vt)	[sow'tar], [liber'tar]
amnestie (de)	anistia (f)	[anis'tʃia]

politie (de)	polícia (f)	[po'lisja]
politieagent (de)	polícia (m)	[po'lisja]
politiebureau (het)	delegacia (f) de polícia	[delega'sia de po'lisja]
knuppel (de)	cassetete (m)	[kase'tɛtʃi]
megafoon (de)	megafone (m)	[mega'fɔni]

patrouilleerwagen (de)	carro (m) de patrulha	['kaho de pa'truʎa]
sirene (de)	sirene (f)	[si'rɛni]
de sirene aansteken	ligar a sirene	[li'gar a si'rɛni]
geloei (het) van de sirene	toque (m) da sirene	['tɔki da si'rɛni]

plaats delict (de)	cena (f) do crime	['sɛna du 'krimi]
getuige (de)	testemunha (f)	[teste'muɲa]
vrijheid (de)	liberdade (f)	[liber'dadʒi]
handlanger (de)	cúmplice (m)	['kũplisi]
ontvluchten (ww)	escapar (vi)	[iska'par]
spoor (het)	traço (m)	['trasu]

163. Politie. Wet. Deel 2

opsporing (de)	procura (f)	[pro'kura]
opsporen (ww)	procurar (vt)	[proku'rar]
verdenking (de)	suspeita (f)	[sus'pejta]
verdacht (bn)	suspeito	[sus'pejtu]
aanhouden (stoppen)	parar (vt)	[pa'rar]
tegenhouden (ww)	deter (vt)	[de'ter]

strafzaak (de)	caso (m)	['kazu]
onderzoek (het)	investigação (f)	[ĩvestʃiga'sãw]
detective (de)	detetive (m)	[dete'tʃivi]
onderzoeksrechter (de)	investigador (m)	[ĩvestʃiga'dor]
versie (de)	versão (f)	[ver'sãw]

motief (het)	motivo (m)	[mo'tʃivu]
verhoor (het)	interrogatório (m)	[ĩtehoga'tɔrju]
ondervragen (door de politie)	interrogar (vt)	[ĩteho'gar]
ondervragen (omstanders ~)	questionar (vt)	[kestʃo'nar]
controle (de)	verificação (f)	[verifika'sãw]

razzia (de)	batida (f) policial	[ba'tʃida poli'sjaw]
huiszoeking (de)	busca (f)	['buska]
achtervolging (de)	perseguição (f)	[persegi'sãw]
achtervolgen (ww)	perseguir (vt)	[perse'gir]
opsporen (ww)	seguir, rastrear (vt)	[se'gir], [has'trjar]

arrest (het)	prisão (f)	[pri'zãw]
arresteren (ww)	prender (vt)	[prẽ'der]
vangen, aanhouden (een dief, enz.)	pegar, capturar (vt)	[pe'gar], [kaptu'rar]
aanhouding (de)	captura (f)	[kap'tura]
document (het)	documento (m)	[doku'mẽtu]

bewijs (het)	prova (f)	['prɔva]
bewijzen (ww)	provar (vt)	[pro'var]
voetspoor (het)	pegada (f)	[pe'gada]
vingerafdrukken (mv.)	impressões (f pl) digitais	[impre'sõjs dʒiʒi'tajs]
bewijs (het)	prova (f)	['prɔva]

alibi (het)	álibi (m)	['alibi]
onschuldig (bn)	inocente	[ino'sẽtʃi]
onrecht (het)	injustiça (f)	[ĩʒus'tʃisa]
onrechtvaardig (bn)	injusto	[ĩ'ʒustu]

crimineel (bn)	criminal	[krimi'naw]
confisqueren (in beslag nemen)	confiscar (vt)	[kõfis'kar]
drug (de)	droga (f)	['drɔga]
wapen (het)	arma (f)	['arma]
ontwapenen (ww)	desarmar (vt)	[dʒizar'mar]
bevelen (ww)	ordenar (vt)	[orde'nar]
verdwijnen (ww)	desaparecer (vi)	[dʒizapare'ser]

wet (de)	lei (f)	[lej]
wettelijk (bn)	legal	[le'gaw]
onwettelijk (bn)	ilegal	[ile'gaw]

| verantwoordelijkheid (de) | responsabilidade (f) | [hespõsabili'dadʒi] |
| verantwoordelijk (bn) | responsável | [hespõ'savew] |

NATUUR

De Aarde. Deel 1

164. De kosmische ruimte

kosmos (de)	espaço, cosmo (m)	[is'pasu], ['kɔzmu]
kosmisch (bn)	espacial, cósmico	[ispa'sjaw], ['kɔzmiku]
kosmische ruimte (de)	espaço (m) cósmico	[is'pasu 'kɔzmiku]
wereld (de)	mundo (m)	['mũdu]
heelal (het)	universo (m)	[uni'vɛrsu]
sterrenstelsel (het)	galáxia (f)	[ga'laksja]
ster (de)	estrela (f)	[is'trela]
sterrenbeeld (het)	constelação (f)	[kõstela'sãw]
planeet (de)	planeta (m)	[pla'neta]
satelliet (de)	satélite (m)	[sa'tɛlitʃi]
meteoriet (de)	meteorito (m)	[meteo'ritu]
komeet (de)	cometa (m)	[ko'meta]
asteroïde (de)	asteroide (m)	[aste'rɔjdʒi]
baan (de)	órbita (f)	['ɔrbita]
draaien (om de zon, enz.)	girar (vi)	[ʒi'rar]
atmosfeer (de)	atmosfera (f)	[atmos'fɛra]
Zon (de)	Sol (m)	[sɔw]
zonnestelsel (het)	Sistema (m) Solar	[sis'tɛma so'lar]
zonsverduistering (de)	eclipse (m) solar	[e'klipsi so'lar]
Aarde (de)	Terra (f)	['tɛha]
Maan (de)	Lua (f)	['lua]
Mars (de)	Marte (m)	['martʃi]
Venus (de)	Vênus (f)	['venus]
Jupiter (de)	Júpiter (m)	['ʒupiter]
Saturnus (de)	Saturno (m)	[sa'turnu]
Mercurius (de)	Mercúrio (m)	[mer'kurju]
Uranus (de)	Urano (m)	[u'ranu]
Neptunus (de)	Netuno (m)	[ne'tunu]
Pluto (de)	Plutão (m)	[plu'tãw]
Melkweg (de)	Via Láctea (f)	['via 'laktja]
Grote Beer (de)	Ursa Maior (f)	[ursa ma'jɔr]
Poolster (de)	Estrela Polar (f)	[is'trela po'lar]
marsmannetje (het)	marciano (m)	[mar'sjanu]
buitenaards wezen (het)	extraterrestre (m)	[estrate'hɛstri]

| bovenaards (het) | alienígena (m) | [alje'niʒena] |
| vliegende schotel (de) | disco (m) voador | ['dʒisku vwa'dor] |

ruimtevaartuig (het)	nave (f) espacial	['navi ispa'sjaw]
ruimtestation (het)	estação (f) orbital	[eʃta'sãw orbi'taw]
start (de)	lançamento (m)	[lãsa'mẽtu]

motor (de)	motor (m)	[mo'tor]
straalpijp (de)	bocal (m)	[bo'kaw]
brandstof (de)	combustível (m)	[kõbus'tʃivew]

cabine (de)	cabine (f)	[ka'bini]
antenne (de)	antena (f)	[ä'tɛna]
patrijspoort (de)	vigia (f)	[vi'ʒia]
zonnebatterij (de)	bateria (f) solar	[bate'ria so'lar]
ruimtepak (het)	traje (m) espacial	['traʒi ispa'sjaw]

| gewichtloosheid (de) | imponderabilidade (f) | [ĩpõderabili'dadʒi] |
| zuurstof (de) | oxigênio (m) | [oksi'ʒenju] |

| koppeling (de) | acoplagem (f) | [ako'plaʒẽ] |
| koppeling maken | fazer uma acoplagem | [fa'zer 'uma ako'plaʒẽ] |

observatorium (het)	observatório (m)	[observa'tɔrju]
telescoop (de)	telescópio (m)	[tele'skɔpju]
waarnemen (ww)	observar (vt)	[obser'var]
exploreren (ww)	explorar (vt)	[isplo'rar]

165. De Aarde

Aarde (de)	Terra (f)	['tɛha]
aardbol (de)	globo (m) terrestre	['globu te'hɛstri]
planeet (de)	planeta (m)	[pla'neta]

atmosfeer (de)	atmosfera (f)	[atmos'fɛra]
aardrijkskunde (de)	geografia (f)	[ʒeogra'fia]
natuur (de)	natureza (f)	[natu'reza]

wereldbol (de)	globo (m)	['globu]
kaart (de)	mapa (m)	['mapa]
atlas (de)	atlas (m)	['atlas]

| Europa (het) | Europa (f) | [ew'rɔpa] |
| Azië (het) | Ásia (f) | ['azja] |

| Afrika (het) | África (f) | ['afrika] |
| Australië (het) | Austrália (f) | [aws'tralja] |

Amerika (het)	América (f)	[a'mɛrika]
Noord-Amerika (het)	América (f) do Norte	[a'mɛrika du 'nɔrtʃi]
Zuid-Amerika (het)	América (f) do Sul	[a'mɛrika du suw]

| Antarctica (het) | Antártida (f) | [ã'tartʃida] |
| Arctis (de) | Ártico (m) | ['artʃiku] |

166. Windrichtingen

noorden (het)	norte (m)	['nɔrtʃi]
naar het noorden	para norte	['para 'nɔrtʃi]
in het noorden	no norte	[nu 'nɔrtʃi]
noordelijk (bn)	do norte	[du 'nɔrtʃi]

zuiden (het)	sul (m)	[suw]
naar het zuiden	para sul	['para suw]
in het zuiden	no sul	[nu suw]
zuidelijk (bn)	do sul	[du suw]

westen (het)	oeste, ocidente (m)	['wɛstʃi], [osi'dẽtʃi]
naar het westen	para oeste	['para 'wɛstʃi]
in het westen	no oeste	[nu 'wɛstʃi]
westelijk (bn)	ocidental	[osidẽ'taw]

oosten (het)	leste, oriente (m)	['lɛstʃi], [o'rjẽtʃi]
naar het oosten	para leste	['para 'lɛstʃi]
in het oosten	no leste	[nu 'lɛstʃi]
oostelijk (bn)	oriental	[orjẽ'taw]

167. Zee. Oceaan

zee (de)	mar (m)	[mah]
oceaan (de)	oceano (m)	[o'sjanu]
golf (baai)	golfo (m)	['gowfu]
straat (de)	estreito (m)	[is'trejtu]

grond (vaste grond)	terra (f) firme	['tɛha 'firmi]
continent (het)	continente (m)	[kõtʃi'nẽtʃi]
eiland (het)	ilha (f)	['iʎa]
schiereiland (het)	península (f)	[pe'nĩsula]
archipel (de)	arquipélago (m)	[arki'pɛlagu]

baai, bocht (de)	baía (f)	[ba'ia]
haven (de)	porto (m)	['portu]
lagune (de)	lagoa (f)	[la'goa]
kaap (de)	cabo (m)	['kabu]

atol (de)	atol (m)	[a'tɔw]
rif (het)	recife (m)	[he'sifi]
koraal (het)	coral (m)	[ko'raw]
koraalrif (het)	recife (m) de coral	[he'sifi de ko'raw]

diep (bn)	profundo	[pro'fũdu]
diepte (de)	profundidade (f)	[profũdʒi'dadʒi]
diepzee (de)	abismo (m)	[a'bizmu]
trog (bijv. Marianentrog)	fossa (f) oceânica	['fɔsa o'sjanika]

stroming (de)	corrente (f)	[ko'hẽtʃi]
omspoelen (ww)	banhar (vt)	[ba'ɲar]
oever (de)	litoral (m)	[lito'raw]

kust (de)	costa (f)	['kɔsta]
vloed (de)	maré (f) alta	[ma'rɛ 'awta]
eb (de)	refluxo (m)	[he'fluksu]
ondiepte (ondiep water)	restinga (f)	[hes'tʃĩga]
bodem (de)	fundo (m)	['fũdu]

golf (hoge ~)	onda (f)	['õda]
golfkam (de)	crista (f) da onda	['krista da 'õda]
schuim (het)	espuma (f)	[is'puma]

storm (de)	tempestade (f)	[tẽpes'tadʒi]
orkaan (de)	furacão (m)	[fura'kãw]
tsunami (de)	tsunami (m)	[tsu'nami]
windstilte (de)	calmaria (f)	[kawma'ria]
kalm (bijv. ~e zee)	calmo	['kawmu]

| pool (de) | polo (m) | ['pɔlu] |
| polair (bn) | polar | [po'lar] |

breedtegraad (de)	latitude (f)	[latʃi'tudʒi]
lengtegraad (de)	longitude (f)	[lõʒi'tudʒi]
parallel (de)	paralela (f)	[para'lɛla]
evenaar (de)	equador (m)	[ekwa'dor]

hemel (de)	céu (m)	[sɛw]
horizon (de)	horizonte (m)	[ori'zõtʃi]
lucht (de)	ar (m)	[ar]

vuurtoren (de)	farol (m)	[fa'rɔw]
duiken (ww)	mergulhar (vi)	[mergu'ʎar]
zinken (ov. een boot)	afundar-se (vr)	[afũ'darse]
schatten (mv.)	tesouros (m pl)	[te'zorus]

168. Bergen

berg (de)	montanha (f)	[mõ'taɲa]
bergketen (de)	cordilheira (f)	[kordʒi'ʎejra]
gebergte (het)	serra (f)	['sɛha]

bergtop (de)	cume (m)	['kumi]
bergpiek (de)	pico (m)	['piku]
voet (ov. de berg)	pé (m)	[pɛ]
helling (de)	declive (m)	[de'klivi]

vulkaan (de)	vulcão (m)	[vuw'kãw]
actieve vulkaan (de)	vulcão (m) ativo	[vuw'kãw a'tʃivu]
uitgedoofde vulkaan (de)	vulcão (m) extinto	[vuw'kãw is'tʃĩtu]

uitbarsting (de)	erupção (f)	[erup'sãw]
krater (de)	cratera (f)	[kra'tɛra]
magma (het)	magma (m)	['magma]
lava (de)	lava (f)	['lava]
gloeiend (~e lava)	fundido	[fũ'dʒidu]
kloof (canyon)	cânion, desfiladeiro (m)	['kanjon], [dʒisfila'dejru]

bergkloof (de)	garganta (f)	[gar'gãta]
spleet (de)	fenda (f)	['fẽda]
afgrond (de)	precipício (m)	[presi'pisju]

bergpas (de)	passo, colo (m)	['pasu], ['kɔlu]
plateau (het)	planalto (m)	[pla'nawtu]
klip (de)	falésia (f)	[fa'lɛzja]
heuvel (de)	colina (f)	[ko'lina]

gletsjer (de)	geleira (f)	[ʒe'lejra]
waterval (de)	cachoeira (f)	[kaʃ'wejra]
geiser (de)	gêiser (m)	['ʒɛjzer]
meer (het)	lago (m)	['lagu]

vlakte (de)	planície (f)	[pla'nisi]
landschap (het)	paisagem (f)	[paj'zaʒẽ]
echo (de)	eco (m)	['ɛku]

alpinist (de)	alpinista (m)	[awpi'nista]
bergbeklimmer (de)	escalador (m)	[iskala'dor]
trotseren (berg ~)	conquistar (vt)	[kõkis'tar]
beklimming (de)	subida, escalada (f)	[su'bida], [iska'lada]

169. Rivieren

rivier (de)	rio (m)	['hiu]
bron (~ van een rivier)	fonte, nascente (f)	['fõtʃi], [na'sẽtʃi]
riverbedding (de)	leito (m) de rio	['lejtu de 'hiu]
riverbekken (het)	bacia (f)	[ba'sia]
uitmonden in ...	desaguar no ...	[dʒiza'gwar nu]

zijrivier (de)	afluente (m)	[a'flwẽtʃi]
oever (de)	margem (f)	['marʒẽ]

stroming (de)	corrente (f)	[ko'hẽtʃi]
stroomafwaarts (bw)	rio abaixo	['hiu a'baɪʃu]
stroomopwaarts (bw)	rio acima	['hiu a'sima]

overstroming (de)	inundação (f)	[ĩtrodu'sãw]
overstroming (de)	cheia (f)	['ʃeja]
buiten zijn oevers treden	transbordar (vi)	[trãzbor'dar]
overstromen (ww)	inundar (vt)	[inũ'dar]

zandbank (de)	banco (m) de areia	['bãku de a'reja]
stroomversnelling (de)	corredeira (f)	[kohe'dejra]

dam (de)	barragem (f)	[ba'haʒẽ]
kanaal (het)	canal (m)	[ka'naw]
spaarbekken (het)	reservatório (m) de água	[hezerva'tɔrju de 'agwa]
sluis (de)	eclusa (f)	[e'kluza]

waterlichaam (het)	corpo (m) de água	['korpu de 'agwa]
moeras (het)	pântano (m)	['pãtanu]
broek (het)	lamaçal (m)	[lama'saw]

draaikolk (de)	rodamoinho (m)	[hodamo'iɲu]
stroom (de)	riacho (m)	['hjaʃu]
drink- (abn)	potável	[po'tavew]
zoet (~ water)	doce	['dosi]

| ijs (het) | gelo (m) | ['ʒelu] |
| bevriezen (rivier, enz.) | congelar-se (vr) | [kõʒe'larsi] |

170. Bos

| bos (het) | floresta (f), bosque (m) | [flo'rɛsta], ['bɔski] |
| bos- (abn) | florestal | [flores'taw] |

oerwoud (dicht bos)	mata (f) fechada	['mata fe'ʃada]
bosje (klein bos)	arvoredo (m)	[arvo'redu]
open plek (de)	clareira (f)	[kla'rejra]

| struikgewas (het) | matagal (m) | [mata'gaw] |
| struiken (mv.) | mato (m), caatinga (f) | ['matu], [ka'tʃĩga] |

| paadje (het) | trilha, vereda (f) | ['triʎa], [ve'reda] |
| ravijn (het) | ravina (f) | [ha'vina] |

boom (de)	árvore (f)	['arvori]
blad (het)	folha (f)	['foʎa]
gebladerte (het)	folhagem (f)	[fo'ʎaʒẽ]

vallende bladeren (mv.)	queda (f) das folhas	['kɛda das 'foʎas]
vallen (ov. de bladeren)	cair (vi)	[ka'ir]
boomtop (de)	topo (m)	['topu]

tak (de)	ramo (m)	['hamu]
ent (de)	galho (m)	['gaʎu]
knop (de)	botão (m)	[bo'tãw]
naald (de)	agulha (f)	[a'guʎa]
dennenappel (de)	pinha (f)	['piɲa]

boom holte (de)	buraco (m) de árvore	[bu'raku de 'arvori]
nest (het)	ninho (m)	['niɲu]
hol (het)	toca (f)	['tɔka]

stam (de)	tronco (m)	['trõku]
wortel (bijv. boom~s)	raiz (f)	[ha'iz]
schors (de)	casca (f) de árvore	['kaska de 'arvori]
mos (het)	musgo (m)	['muzgu]

ontwortelen (een boom)	arrancar pela raiz	[ahã'kar 'pɛla ha'iz]
kappen (een boom ~)	cortar (vt)	[kor'tar]
ontbossen (ww)	desflorestar (vt)	[dʒisflores'tar]
stronk (de)	toco, cepo (m)	['toku], ['sepu]

kampvuur (het)	fogueira (f)	[fo'gejra]
bosbrand (de)	incêndio (m) florestal	[ĩ'sẽdʒju flores'taw]
blussen (ww)	apagar (vt)	[apa'gar]

boswachter (de)	guarda-parque (m)	['gwarda 'parki]
bescherming (de)	proteção (f)	[prote'sãw]
beschermen (bijv. de natuur ~)	proteger (vt)	[prote'ʒer]
stroper (de)	caçador (m) furtivo	[kasa'dor fur'tʃivu]
val (de)	armadilha (f)	arma'dʒiʎa]

| plukken (vruchten, enz.) | colher (vt) | [ko'ʎer] |
| verdwalen (de weg kwijt zijn) | perder-se (vr) | [per'dersi] |

171. Natuurlijke hulpbronnen

natuurlijke rijkdommen (mv.)	recursos (m pl) naturais	[he'kursus natu'rajs]
delfstoffen (mv.)	minerais (m pl)	[mine'rajs]
lagen (mv.)	depósitos (m pl)	[de'pozitus]
veld (bijv. olie~)	jazida (f)	[ʒa'zida]

winnen (uit erts ~)	extrair (vt)	[istra'jir]
winning (de)	extração (f)	[istra'sãw]
erts (het)	minério (m)	[mi'nɛrju]
mijn (bijv. kolenmijn)	mina (f)	['mina]
mijnschacht (de)	poço (m) de mina	['posu de 'mina]
mijnwerker (de)	mineiro (m)	[mi'nejru]

| gas (het) | gás (m) | [gajs] |
| gasleiding (de) | gasoduto (m) | [gazo'dutu] |

olie (aardolie)	petróleo (m)	[pe'trɔlju]
olieleiding (de)	oleoduto (m)	[oljo'dutu]
oliebron (de)	poço (m) de petróleo	['posu de pe'trɔlju]
boortoren (de)	torre (f) petrolífera	['tohi petro'lifera]
tanker (de)	petroleiro (m)	[petro'lejru]
zand (het)	areia (f)	[a'reja]
kalksteen (de)	calcário (m)	[kaw'karju]
grind (het)	cascalho (m)	[kas'kaʎu]
veen (het)	turfa (f)	['turfa]
klei (de)	argila (f)	[ar'ʒila]
steenkool (de)	carvão (m)	[kar'vãw]

ijzer (het)	ferro (m)	['fɛhu]
goud (het)	ouro (m)	['oru]
zilver (het)	prata (f)	['prata]
nikkel (het)	níquel (m)	['nikew]
koper (het)	cobre (m)	['kɔbri]

zink (het)	zinco (m)	['zĩku]
mangaan (het)	manganês (m)	[mãga'nes]
kwik (het)	mercúrio (m)	[mer'kurju]
lood (het)	chumbo (m)	['ʃũbu]

mineraal (het)	mineral (m)	[mine'raw]
kristal (het)	cristal (m)	[kris'taw]
marmer (het)	mármore (m)	['marmori]
uraan (het)	urânio (m)	[u'ranju]

De Aarde. Deel 2

172. Weer

weer (het)	tempo (m)	['tẽpu]
weersvoorspelling (de)	previsão (f) do tempo	[previ'zãw du 'tẽpu]
temperatuur (de)	temperatura (f)	[tẽpera'tura]
thermometer (de)	termômetro (m)	[ter'mometru]
barometer (de)	barômetro (m)	[ba'rometru]

vochtig (bn)	úmido	['umidu]
vochtigheid (de)	umidade (f)	[umi'dadʒi]
hitte (de)	calor (m)	[ka'lor]
heet (bn)	tórrido	['tɔhidu]
het is heet	está muito calor	[is'ta 'mwĩtu ka'lor]

| het is warm | está calor | [is'ta ka'lor] |
| warm (bn) | quente | ['kẽtʃi] |

| het is koud | está frio | [is'ta 'friu] |
| koud (bn) | frio | ['friu] |

zon (de)	sol (m)	[sɔw]
schijnen (de zon)	brilhar (vi)	[bri'ʎar]
zonnig (~e dag)	de sol, ensolarado	[de sɔw], [ẽsola'radu]
opgaan (ov. de zon)	nascer (vi)	[na'ser]
ondergaan (ww)	pôr-se (vr)	['porsi]

wolk (de)	nuvem (f)	['nuvẽj]
bewolkt (bn)	nublado	[nu'bladu]
regenwolk (de)	nuvem (f) preta	['nuvẽj 'preta]
somber (bn)	escuro	[is'kuru]

| regen (de) | chuva (f) | ['ʃuva] |
| het regent | está a chover | [is'ta a ʃo'ver] |

| regenachtig (bn) | chuvoso | [ʃu'vozu] |
| motregenen (ww) | chuviscar (vi) | [ʃuvis'kar] |

plensbui (de)	chuva (f) torrencial	['ʃuva tohẽ'sjaw]
stortbui (de)	aguaceiro (m)	[agwa'sejru]
hard (bn)	forte	['fɔrtʃi]

| plas (de) | poça (f) | ['posa] |
| nat worden (ww) | molhar-se (vr) | [mo'ʎarsi] |

mist (de)	nevoeiro (m)	[nevo'ejru]
mistig (bn)	de nevoeiro	[de nevu'ejru]
sneeuw (de)	neve (f)	['nɛvi]
het sneeuwt	está nevando	[is'ta ne'vãdu]

173. Zwaar weer. Natuurrampen

noodweer (storm)	trovoada (f)	[tro'vwada]
bliksem (de)	relâmpago (m)	[he'lãpagu]
flitsen (ww)	relampejar (vi)	[helãpe'ʒar]
donder (de)	trovão (m)	[tro'vãw]
donderen (ww)	trovejar (vi)	[trove'ʒar]
het dondert	está trovejando	[is'ta trove'ʒãdu]
hagel (de)	granizo (m)	[gra'nizu]
het hagelt	está caindo granizo	[is'ta ka'ĩdu gra'nizu]
overstromen (ww)	inundar (vt)	[inũ'dar]
overstroming (de)	inundação (f)	[ĩtrodu'sãw]
aardbeving (de)	terremoto (m)	[tehe'mɔtu]
aardschok (de)	abalo, tremor (m)	[a'balu], [tre'mor]
epicentrum (het)	epicentro (m)	[epi'sẽtru]
uitbarsting (de)	erupção (f)	[erup'sãw]
lava (de)	lava (f)	['lava]
wervelwind (de)	tornado (m)	[tor'nadu]
windhoos (de)	tornado (m)	[tor'nadu]
tyfoon (de)	tufão (m)	[tu'fãw]
orkaan (de)	furacão (m)	[fura'kãw]
storm (de)	tempestade (f)	[tẽpes'tadʒi]
tsunami (de)	tsunami (m)	[tsu'nami]
cycloon (de)	ciclone (m)	[si'klɔni]
onweer (het)	mau tempo (m)	[maw 'tẽpu]
brand (de)	incêndio (m)	[ĩ'sẽdʒju]
ramp (de)	catástrofe (f)	[ka'tastrofi]
meteoriet (de)	meteorito (m)	[meteo'ritu]
lawine (de)	avalanche (f)	[ava'lãʃi]
sneeuwverschuiving (de)	deslizamento (m) de neve	[dʒizliza'mẽtu de 'nɛvi]
sneeuwjacht (de)	nevasca (f)	[ne'vaska]
sneeuwstorm (de)	tempestade (f) de neve	[tẽpes'tadʒi de 'nɛvi]

Fauna

174. Zoogdieren. Roofdieren

roofdier (het)	predador (m)	[preda'dor]
tijger (de)	tigre (m)	['tʃigri]
leeuw (de)	leão (m)	[le'ãw]
wolf (de)	lobo (m)	['lobu]
vos (de)	raposa (f)	[ha'pozu]
jaguar (de)	jaguar (m)	[ʒa'gwar]
luipaard (de)	leopardo (m)	[ljo'pardu]
jachtluipaard (de)	chita (f)	['ʃita]
panter (de)	pantera (f)	[pã'tɛra]
poema (de)	puma (m)	['puma]
sneeuwluipaard (de)	leopardo-das-neves (m)	[ljo'pardu das 'nɛvis]
lynx (de)	lince (m)	['lĩsi]
coyote (de)	coiote (m)	[ko'jɔtʃi]
jakhals (de)	chacal (m)	[ʃa'kaw]
hyena (de)	hiena (f)	['jena]

175. Wilde dieren

dier (het)	animal (m)	[ani'maw]
beest (het)	besta (f)	['besta]
eekhoorn (de)	esquilo (m)	[is'kilu]
egel (de)	ouriço (m)	[o'risu]
haas (de)	lebre (f)	['lɛbri]
konijn (het)	coelho (m)	[ko'eʎu]
das (de)	texugo (m)	[te'ʃugu]
wasbeer (de)	guaxinim (m)	[gwaʃi'nĩ]
hamster (de)	hamster (m)	['amster]
marmot (de)	marmota (f)	[mah'mɔta]
mol (de)	toupeira (f)	[to'pejra]
muis (de)	rato (m)	['hatu]
rat (de)	ratazana (f)	[hata'zana]
vleermuis (de)	morcego (m)	[mor'segu]
hermelijn (de)	arminho (m)	[ar'miɲu]
sabeldier (het)	zibelina (f)	[zibe'lina]
marter (de)	marta (f)	['mahta]
wezel (de)	doninha (f)	[dɔ'niɲa]
nerts (de)	visom (m)	[vi'zõ]

| bever (de) | castor (m) | [kas'tor] |
| otter (de) | lontra (f) | ['lõtra] |

paard (het)	cavalo (m)	[ka'valu]
eland (de)	alce (m)	['awsi]
hert (het)	veado (m)	['vjadu]
kameel (de)	camelo (m)	[ka'melu]

bizon (de)	bisão (m)	[bi'zãw]
wisent (de)	auroque (m)	[aw'rɔki]
buffel (de)	búfalo (m)	['bufalu]

zebra (de)	zebra (f)	['zebra]
antilope (de)	antílope (m)	[ã'tʃilopi]
ree (de)	corça (f)	['korsa]
damhert (het)	gamo (m)	['gamu]
gems (de)	camurça (f)	[ka'mursa]
everzwijn (het)	javali (m)	[ʒava'li]

walvis (de)	baleia (f)	[ba'leja]
rob (de)	foca (f)	['fɔka]
walrus (de)	morsa (f)	['mɔhsa]
zeebeer (de)	urso-marinho (m)	['ursu ma'riɲu]
dolfijn (de)	golfinho (m)	[gow'fiɲu]

beer (de)	urso (m)	['ursu]
ijsbeer (de)	urso (m) polar	['ursu po'lar]
panda (de)	panda (m)	['pãda]

aap (de)	macaco (m)	[ma'kaku]
chimpansee (de)	chimpanzé (m)	[ʃĩpã'zɛ]
orang-oetan (de)	orangotango (m)	[orãgu'tãgu]
gorilla (de)	gorila (m)	[go'rila]
makaak (de)	macaco (m)	[ma'kaku]
gibbon (de)	gibão (m)	[ʒi'bãw]

olifant (de)	elefante (m)	[ele'fãtʃi]
neushoorn (de)	rinoceronte (m)	[hinose'rõtʃi]
giraffe (de)	girafa (f)	[ʒi'rafa]
nijlpaard (het)	hipopótamo (m)	[ipo'pɔtamu]

| kangoeroe (de) | canguru (m) | [kãgu'ru] |
| koala (de) | coala (m) | ['kwala] |

mangoest (de)	mangusto (m)	[mã'gustu]
chinchilla (de)	chinchila (f)	[ʃĩ'ʃila]
stinkdier (het)	cangambá (f)	[kã'gãba]
stekelvarken (het)	porco-espinho (m)	['pɔrku is'piɲu]

176. Huisdieren

poes (de)	gata (f)	['gata]
kater (de)	gato (m) macho	['gatu 'maʃu]
hond (de)	cão (m)	['kãw]

paard (het)	cavalo (m)	[ka'valu]
hengst (de)	garanhão (m)	[gara'ɲãw]
merrie (de)	égua (f)	['ɛgwa]

koe (de)	vaca (f)	['vaka]
bul, stier (de)	touro (m)	['toru]
os (de)	boi (m)	[boj]

schaap (het)	ovelha (f)	[o'veʎa]
ram (de)	carneiro (m)	[kar'nejru]
geit (de)	cabra (f)	['kabra]
bok (de)	bode (m)	['bɔdʒi]

| ezel (de) | burro (m) | ['buhu] |
| muilezel (de) | mula (f) | ['mula] |

varken (het)	porco (m)	['porku]
biggetje (het)	leitão (m)	[lej'tãw]
konijn (het)	coelho (m)	[ko'eʎu]

| kip (de) | galinha (f) | [ga'liɲa] |
| haan (de) | galo (m) | ['galu] |

eend (de)	pata (f)	['pata]
woerd (de)	pato (m)	['patu]
gans (de)	ganso (m)	['gãsu]

| kalkoen haan (de) | peru (m) | [pe'ru] |
| kalkoen (de) | perua (f) | [pe'rua] |

huisdieren (mv.)	animais (m pl) domésticos	[ani'majs do'mɛstʃikus]
tam (bijv. hamster)	domesticado	[domestʃi'kadu]
temmen (tam maken)	domesticar (vt)	[domestʃi'kar]
fokken (bijv. paarden ~)	criar (vt)	[krjar]

boerderij (de)	fazenda (f)	[fa'zẽda]
gevogelte (het)	aves (f pl) domésticas	['avis do'mɛstʃikas]
rundvee (het)	gado (m)	['gadu]
kudde (de)	rebanho (m), manada (f)	[he'baɲu], [ma'nada]

paardenstal (de)	estábulo (m)	[is'tabulu]
zwijnenstal (de)	chiqueiro (m)	[ʃi'kejru]
koeienstal (de)	estábulo (m)	[is'tabulu]
konijnenhok (het)	coelheira (f)	[kue'ʎejra]
kippenhok (het)	galinheiro (m)	[gali'ɲejru]

177. Honden. Hondenrassen

hond (de)	cão (m)	['kãw]
herdershond (de)	cão pastor (m)	['kãw pas'tor]
Duitse herdershond (de)	pastor-alemão (m)	[pas'tor ale'mãw]
poedel (de)	poodle (m)	['pudw]
teckel (de)	linguicinha (m)	[lĩgwi'siɲa]
buldog (de)	buldogue (m)	[buw'dɔgi]

boxer (de)	boxer (m)	['bɔkser]
mastiff (de)	mastim (m)	[mas'tʃĩ]
rottweiler (de)	rottweiler (m)	[hɔt'vejler]
doberman (de)	dóberman (m)	['dɔberman]

basset (de)	basset (m)	[ba'sɛt]
bobtail (de)	pastor inglês (m)	[pas'tor ĩ'gles]
dalmatiër (de)	dálmata (m)	['dalmata]
cockerspaniël (de)	cocker spaniel (m)	['kɔker spa'njel]

| Newfoundlander (de) | terra-nova (m) | ['tɛha-'nɔva] |
| sint-bernard (de) | são-bernardo (m) | [sãw-ber'nardu] |

husky (de)	husky (m) siberiano	['aski sibe'rjanu]
chowchow (de)	Chow-chow (m)	[ʃou'ʃou]
spits (de)	spitz alemão (m)	['spits ale'mãw]
mopshond (de)	pug (m)	[pug]

178. Dierengeluiden

geblaf (het)	latido (m)	[la'tʃidu]
blaffen (ww)	latir (vi)	[la'tʃir]
miauwen (ww)	miar (vi)	[mjar]
spinnen (katten)	ronronar (vi)	[hõho'nar]

loeien (ov. een koe)	mugir (vi)	[mu'ʒir]
brullen (stier)	bramir (vi)	[bra'mir]
grommen (ov. de honden)	rosnar (vi)	[hoz'nar]

gehuil (het)	uivo (m)	['wivu]
huilen (wolf, enz.)	uivar (vi)	[wi'var]
janken (ov. een hond)	ganir (vi)	[ga'nir]

mekkeren (schapen)	balir (vi)	[ba'lih]
knorren (varkens)	grunhir (vi)	[gru'ɲir]
gillen (bijv. varken)	guinchar (vi)	[gĩ'ʃar]

kwaken (kikvorsen)	coaxar (vi)	[koa'ʃar]
zoemen (hommel, enz.)	zumbir (vi)	[zũ'bir]
tjirpen (sprinkhanen)	ziziar (vi)	[zi'zjar]

179. Vogels

vogel (de)	pássaro (m), ave (f)	['pasaru], ['avi]
duif (de)	pombo (m)	['põbu]
mus (de)	pardal (m)	[par'daw]
koolmees (de)	chapim-real (m)	[ʃa'pĩ-he'aw]
ekster (de)	pega-rabuda (f)	['pega-ha'buda]

raaf (de)	corvo (m)	['korvu]
kraai (de)	gralha-cinzenta (f)	['graʎa sĩ'zẽta]
kauw (de)	gralha-de-nuca-cinzenta (f)	['graʎa de 'nuka sĩ'zẽta]

roek (de)	gralha-calva (f)	['graʎa 'kawvu]
eend (de)	pato (m)	['patu]
gans (de)	ganso (m)	['gãsu]
fazant (de)	faisão (m)	[faj'zãw]

arend (de)	águia (f)	['agja]
havik (de)	açor (m)	[a'sor]
valk (de)	falcão (m)	[faw'kãw]

| gier (de) | abutre (m) | [a'butri] |
| condor (de) | condor (m) | [kõ'dor] |

zwaan (de)	cisne (m)	['sizni]
kraanvogel (de)	grou (m)	[grow]
ooievaar (de)	cegonha (f)	[se'goɲa]

papegaai (de)	papagaio (m)	[papa'gaju]
kolibrie (de)	beija-flor (m)	[bejʒa'flɔr]
pauw (de)	pavão (m)	[pa'vãw]

| struisvogel (de) | avestruz (m) | [aves'truz] |
| reiger (de) | garça (f) | ['garsa] |

| flamingo (de) | flamingo (m) | [fla'mĩgu] |
| pelikaan (de) | pelicano (m) | [peli'kanu] |

| nachtegaal (de) | rouxinol (m) | [hoʃi'nɔw] |
| zwaluw (de) | andorinha (f) | [ãdo'riɲa] |

lijster (de)	tordo-zornal (m)	['tɔrdu-zor'nal]
zanglijster (de)	tordo-músico (m)	['tɔrdu-'muziku]
merel (de)	melro-preto (m)	['mɛwhu 'pretu]

gierzwaluw (de)	andorinhão (m)	[ãdori'ɲãw]
leeuwerik (de)	laverca, cotovia (f)	[la'verka], [kutu'via]
kwartel (de)	codorna (f)	[ko'dɔrna]

specht (de)	pica-pau (m)	['pika 'paw]
koekoek (de)	cuco (m)	['kuku]
uil (de)	coruja (f)	[ko'ruʒa]
oehoe (de)	bufo-real (m)	['bufu-he'aw]
auerhoen (het)	tetraz-grande (m)	[tɛ'tras-'grãdʒi]

| korhoen (het) | tetraz-lira (m) | [tɛ'tras-'lira] |
| patrijs (de) | perdiz-cinzenta (f) | [per'dis sĩ'zɛta] |

spreeuw (de)	estorninho (m)	[istor'niɲu]
kanarie (de)	canário (m)	[ka'narju]
hazelhoen (het)	galinha-do-mato (f)	[ga'liɲa du 'matu]

| vink (de) | tentilhão (m) | [tẽtʃi'ʎãw] |
| goudvink (de) | dom-fafe (m) | [dõ'fafi] |

meeuw (de)	gaivota (f)	[gaj'vota]
albatros (de)	albatroz (m)	[alba'trɔs]
pinguïn (de)	pinguim (m)	[pĩ'gwĩ]

180. Vogels. Zingen en geluiden

fluiten, zingen (ww)	**cantar** (vi)	[kã'tar]
schreeuwen (dieren, vogels)	**gritar, chamar** (vi)	[gri'tar], [ʃa'mar]
kraaien (ov. een haan)	**cantar** (vi)	[kã'tar]
kukeleku	**cocorocó** (m)	[kɔkuru'kɔ]
klokken (hen)	**cacarejar** (vi)	[kakare'ʒar]
krassen (kraai)	**crocitar, grasnar** (vi)	[krosi'tar], [graz'nar]
kwaken (eend)	**grasnar** (vi)	[graz'nar]
piepen (kuiken)	**piar** (vi)	[pjar]
tjilpen (bijv. een mus)	**chilrear, gorjear** (vi)	[ʃiw'hjar], [gor'ʒjar]

181. Vis. Zeedieren

brasem (de)	**brema** (f)	['brema]
karper (de)	**carpa** (f)	['karpa]
baars (de)	**perca** (f)	['pehka]
meerval (de)	**siluro** (m)	[si'luru]
snoek (de)	**lúcio** (m)	['lusju]
zalm (de)	**salmão** (m)	[saw'mãw]
steur (de)	**esturjão** (m)	[istur'ʒãw]
haring (de)	**arenque** (m)	[a'rẽki]
atlantische zalm (de)	**salmão** (m) **do Atlântico**	[saw'mãw du at'lãtʃiku]
makreel (de)	**cavala, sarda** (f)	[ka'vala], ['sarda]
platvis (de)	**solha** (f), **linguado** (m)	['soʎa], [lĩ'gwadu]
snoekbaars (de)	**lúcio perca** (m)	['lusju 'perka]
kabeljauw (de)	**bacalhau** (m)	[baka'ʎaw]
tonijn (de)	**atum** (m)	[a'tũ]
forel (de)	**truta** (f)	['truta]
paling (de)	**enguia** (f)	[ẽ'gia]
sidderrog (de)	**raia** (f) **elétrica**	['haja e'lɛtrika]
murene (de)	**moreia** (f)	[mo'reja]
piranha (de)	**piranha** (f)	[pi'raɲa]
haai (de)	**tubarão** (m)	[tuba'rãw]
dolfijn (de)	**golfinho** (m)	[gow'fiɲu]
walvis (de)	**baleia** (f)	[ba'leja]
krab (de)	**caranguejo** (m)	[karã'geʒu]
kwal (de)	**água-viva** (f)	['agwa 'viva]
octopus (de)	**polvo** (m)	['powvu]
zeester (de)	**estrela-do-mar** (f)	[is'trela du 'mar]
zee-egel (de)	**ouriço-do-mar** (m)	[o'risu du 'mar]
zeepaardje (het)	**cavalo-marinho** (m)	[ka'valu ma'riɲu]
oester (de)	**ostra** (f)	['ostra]
garnaal (de)	**camarão** (m)	[kama'rãw]

| kreeft (de) | lagosta (f) | [la'gosta] |
| langoest (de) | lagosta (f) | [la'gosta] |

182. Amfibieën. Reptielen

| slang (de) | cobra (f) | ['kɔbra] |
| giftig (slang) | venenoso | [vene'nozu] |

adder (de)	víbora (f)	['vibora]
cobra (de)	naja (f)	['naʒa]
python (de)	píton (m)	['piton]
boa (de)	jiboia (f)	[ʒi'bɔja]

ringslang (de)	cobra-de-água (f)	[kɔbra de 'agwa]
ratelslang (de)	cascavel (f)	[kaska'vɛw]
anaconda (de)	anaconda, sucuri (f)	[ana'kõda], [sukuri]

hagedis (de)	lagarto (m)	[la'gartu]
leguaan (de)	iguana (f)	[i'gwana]
varaan (de)	varano (m)	[va'ranu]
salamander (de)	salamandra (f)	[sala'mãdra]
kameleon (de)	camaleão (m)	[kamale'ãu]
schorpioen (de)	escorpião (m)	[iskorpi'ãw]

schildpad (de)	tartaruga (f)	[tarta'ruga]
kikker (de)	rã (f)	[hã]
pad (de)	sapo (m)	['sapu]
krokodil (de)	crocodilo (m)	[kroko'dʒilu]

183. Insecten

insect (het)	inseto (m)	[ĩ'sɛtu]
vlinder (de)	borboleta (f)	[borbo'leta]
mier (de)	formiga (f)	[for'miga]
vlieg (de)	mosca (f)	['moska]
mug (de)	mosquito (m)	[mos'kitu]
kever (de)	escaravelho (m)	[iskara'veʎu]

wesp (de)	vespa (f)	['vespa]
bij (de)	abelha (f)	[a'beʎa]
hommel (de)	mamangaba (f)	[mamã'gaba]
horzel (de)	moscardo (m)	[mos'kardu]

| spin (de) | aranha (f) | [a'raɲa] |
| spinnenweb (het) | teia (f) de aranha | ['teja de a'raɲa] |

libel (de)	libélula (f)	[li'bɛlula]
sprinkhaan (de)	gafanhoto (m)	[gafa'ɲotu]
nachtvlinder (de)	traça (f)	['trasa]

| kakkerlak (de) | barata (f) | [ba'rata] |
| teek (de) | carrapato (m) | [kaha'patu] |

171

| vlo (de) | pulga (f) | ['puwga] |
| kriebelmug (de) | borrachudo (m) | [boha'ʃudu] |

treksprinkhaan (de)	gafanhoto-migratório (m)	[gafa'ɲotu-migra'tɔrju]
slak (de)	caracol (m)	[kara'kɔw]
krekel (de)	grilo (m)	['grilu]
glimworm (de)	pirilampo, vaga-lume (m)	[piri'lãpu], [vaga-'lumi]
lieveheersbeestje (het)	joaninha (f)	[ʒwa'niɲa]
meikever (de)	besouro (m)	[be'zoru]

bloedzuiger (de)	sanguessuga (f)	[sãgi'suga]
rups (de)	lagarta (f)	[la'garta]
aardworm (de)	minhoca (f)	[mi'ɲɔka]
larve (de)	larva (f)	['larva]

184. Dieren. Lichaamsdelen

snavel (de)	bico (m)	['biku]
vleugels (mv.)	asas (f pl)	['azas]
poot (ov. een vogel)	pata (f)	['pata]
verenkleed (het)	plumagem (f)	[plu'maʒẽ]
veer (de)	pena, pluma (f)	['pena], ['pluma]
kuifje (het)	crista (f)	['krista]

kieuwen (mv.)	guelras (f pl)	['gɛwhas]
kuit, dril (de)	ovas (f pl)	['ɔvas]
larve (de)	larva (f)	['larva]
vin (de)	barbatana (f)	[barba'tana]
schubben (mv.)	escama (f)	[is'kama]

slagtand (de)	presa (f)	['preza]
poot (bijv. ~ van een kat)	pata (f)	['pata]
muil (de)	focinho (m)	[fo'siɲu]
bek (mond van dieren)	boca (f)	['boka]
staart (de)	cauda (f), rabo (m)	['kawda], ['habu]
snorharen (mv.)	bigodes (m pl)	[bi'gɔdʒis]

| hoef (de) | casco (m) | ['kasku] |
| hoorn (de) | corno (m) | ['kornu] |

schild (schildpad, enz.)	carapaça (f)	[kara'pasa]
schelp (de)	concha (f)	['kõʃa]
eierschaal (de)	casca (f) de ovo	['kaska de 'ovu]

| vacht (de) | pelo (m) | ['pelu] |
| huid (de) | pele (f), couro (m) | ['pɛli], ['koru] |

185. Dieren. Leefomgevingen

leefgebied (het)	hábitat (m)	['abitatʃi]
migratie (de)	migração (f)	[migra'sãw]
berg (de)	montanha (f)	[mõ'taɲa]

rif (het)	**recife** (m)	[he'sifi]
klip (de)	**falésia** (f)	[fa'lɛzja]
bos (het)	**floresta** (f)	[flo'rɛsta]
jungle (de)	**selva** (f)	['sɛwva]
savanne (de)	**savana** (f)	[sa'vana]
toendra (de)	**tundra** (f)	['tũdra]
steppe (de)	**estepe** (f)	[is'tɛpi]
woestijn (de)	**deserto** (m)	[de'zɛrtu]
oase (de)	**oásis** (m)	[o'asis]
zee (de)	**mar** (m)	[mah]
meer (het)	**lago** (m)	['lagu]
oceaan (de)	**oceano** (m)	[o'sjanu]
moeras (het)	**pântano** (m)	['pãtanu]
zoetwater- (abn)	**de água doce**	[de 'agwa 'dosi]
vijver (de)	**lagoa** (f)	[la'goa]
rivier (de)	**rio** (m)	['hiu]
berenhol (het)	**toca** (f) **do urso**	['tɔka du 'ursu]
nest (het)	**ninho** (m)	['niɲu]
boom holte (de)	**buraco** (m) **de árvore**	[bu'raku de 'arvori]
hol (het)	**toca** (f)	['tɔka]
mierenhoop (de)	**formigueiro** (m)	[formi'gejru]

Flora

186. Bomen

boom (de)	árvore (f)	['arvori]
loof- (abn)	decídua	[de'sidwa]
dennen- (abn)	conífera	[ko'nifera]
groenblijvend (bn)	perene	[pe'rɛni]
appelboom (de)	macieira (f)	[ma'sjejra]
perenboom (de)	pereira (f)	[pe'rejra]
zoete kers (de)	cerejeira (f)	[sere'ʒejra]
zure kers (de)	ginjeira (f)	[ʒĩ'ʒejra]
pruimelaar (de)	ameixeira (f)	[amej'ʃejra]
berk (de)	bétula (f)	['bɛtula]
eik (de)	carvalho (m)	[kar'vaʎu]
linde (de)	tília (f)	['tʃilja]
esp (de)	choupo-tremedor (m)	['ʃopu-treme'dor]
esdoorn (de)	bordo (m)	['bɔrdu]
spar (de)	espruce (m)	[is'pruse]
den (de)	pinheiro (m)	[pi'ɲejru]
lariks (de)	alerce, lariço (m)	[a'lɛrse], [la'risu]
zilverspar (de)	abeto (m)	[a'bɛtu]
ceder (de)	cedro (m)	['sɛdru]
populier (de)	choupo, álamo (m)	['ʃopu], ['alamu]
lijsterbes (de)	tramazeira (f)	[trama'zejra]
wilg (de)	salgueiro (m)	[saw'gejru]
els (de)	amieiro (m)	[a'mjejru]
beuk (de)	faia (f)	['faja]
iep (de)	ulmeiro, olmo (m)	[ul'mejru], ['ɔwmu]
es (de)	freixo (m)	['frejʃu]
kastanje (de)	castanheiro (m)	[kasta'ɲejru]
magnolia (de)	magnólia (f)	[mag'nɔlja]
palm (de)	palmeira (f)	[paw'mejra]
cipres (de)	cipreste (m)	[si'prɛstʃi]
mangrove (de)	mangue (m)	['mãgi]
baobab (apenbroodboom)	embondeiro, baobá (m)	[ẽbõ'dejru], [bao'ba]
eucalyptus (de)	eucalipto (m)	[ewka'liptu]
mammoetboom (de)	sequoia (f)	[se'kwɔja]

187. Heesters

struik (de)	arbusto (m)	[ar'bustu]
heester (de)	arbusto (m), moita (f)	[ar'bustu], ['mɔjta]

wijnstok (de)	videira (f)	[vi'dejra]
wijngaard (de)	vinhedo (m)	[vi'ɲedu]

frambozenstruik (de)	framboeseira (f)	[frãboe'zejra]
zwarte bes (de)	groselheira-negra (f)	[groze'ʎejra 'negra]
rode bessenstruik (de)	groselheira-vermelha (f)	[grozɛ'ʎejra ver'meʎa]
kruisbessenstruik (de)	groselheira (f) espinhosa	[groze'ʎejra ispi'ɲoza]

acacia (de)	acácia (f)	[a'kasja]
zuurbes (de)	bérberis (f)	['bɛrberis]
jasmijn (de)	jasmim (m)	[ʒaz'mĩ]

jeneverbes (de)	junípero (m)	[ʒu'niperu]
rozenstruik (de)	roseira (f)	[ho'zejra]
hondsroos (de)	roseira (f) brava	[ho'zejra 'brava]

188. Champignons

paddenstoel (de)	cogumelo (m)	[kogu'mɛlu]
eetbare paddenstoel (de)	cogumelo (m) comestível	[kogu'mɛlu komes'tʃivew]
giftige paddenstoel (de)	cogumelo (m) venenoso	[kogu'mɛlu vene'nozu]
hoed (de)	chapéu (m)	[ʃa'pɛw]
steel (de)	pé, caule (m)	[pɛ], ['kauli]

eekhoorntjesbrood (het)	boleto, porcino (m)	[bu'letu], [pɔrsinu]
rosse populierboleet (de)	boleto (m) alaranjado	[bu'letu alarã'ʒadu]
berkenboleet (de)	boleto (m) de bétula	[bu'letu de 'bɛtula]
cantharel (de)	cantarelo (m)	[kãta'rɛlu]
russula (de)	rússula (f)	['rusula]

morielje (de)	morchella (f)	[mor'ʃɛla]
vliegenzwam (de)	agário-das-moscas (m)	[a'garju das 'moskas]
groene knolamaniet (de)	cicuta (f) verde	[si'kuta 'verdʒi]

189. Vruchten. Bessen

vrucht (de)	fruta (f)	['fruta]
vruchten (mv.)	frutas (f pl)	['frutas]
appel (de)	maçã (f)	[ma'sã]
peer (de)	pera (f)	['pera]
pruim (de)	ameixa (f)	[a'mejʃa]

aardbei (de)	morango (m)	[mo'rãgu]
zure kers (de)	ginja (f)	['ʒĩʒa]
zoete kers (de)	cereja (f)	[se'reʒa]
druif (de)	uva (f)	['uva]

framboos (de)	framboesa (f)	[frãbo'eza]
zwarte bes (de)	groselha (f) negra	[gro'zɛʎa 'negra]
rode bes (de)	groselha (f) vermelha	[[gro'zɛʎa ver'meʎa]
kruisbes (de)	groselha (f) espinhosa	[gro'zɛʎa ispi'ɲoza]
veenbes (de)	oxicoco (m)	[oksi'koku]

sinaasappel (de)	laranja (f)	[la'rãʒa]
mandarijn (de)	tangerina (f)	[tãʒe'rina]
ananas (de)	abacaxi (m)	[abaka'ʃi]
banaan (de)	banana (f)	[ba'nana]
dadel (de)	tâmara (f)	['tamara]

citroen (de)	limão (m)	[li'mãw]
abrikoos (de)	damasco (m)	[da'masku]
perzik (de)	pêssego (m)	['pesegu]
kiwi (de)	quiuí (m)	[ki'vi]
grapefruit (de)	toranja (f)	[to'rãʒa]

bes (de)	baga (f)	['baga]
bessen (mv.)	bagas (f pl)	['bagas]
vossenbes (de)	arando (m) vermelho	[a'rãdu ver'meʎu]
bosaardbei (de)	morango-silvestre (m)	[mo'rãgu siw'vɛstri]
blauwe bosbes (de)	mirtilo (m)	[mih'tʃilu]

190. Bloemen. Planten

bloem (de)	flor (f)	[flɔr]
boeket (het)	buquê (m) de flores	[bu'ke de 'floris]

roos (de)	rosa (f)	['hɔza]
tulp (de)	tulipa (f)	[tu'lipa]
anjer (de)	cravo (m)	['kravu]
gladiool (de)	gladíolo (m)	[gla'dʒiolu]

korenbloem (de)	escovinha (f)	[isko'viɲa]
klokje (het)	campainha (f)	[kampa'iɲa]
paardenbloem (de)	dente-de-leão (m)	['dẽtʃĩ] de le'ãw]
kamille (de)	camomila (f)	[kamo'mila]

aloë (de)	aloé (m)	[alo'ɛ]
cactus (de)	cacto (m)	['kaktu]
ficus (de)	fícus (m)	['fikus]

lelie (de)	lírio (m)	['lirju]
geranium (de)	gerânio (m)	[ʒe'ranju]
hyacint (de)	jacinto (m)	[ʒa'sĩtu]

mimosa (de)	mimosa (f)	[mi'mɔza]
narcis (de)	narciso (m)	[nar'sizu]
Oost-Indische kers (de)	capuchinha (f)	[kapu'ʃiɲa]

orchidee (de)	orquídea (f)	[or'kidʒja]
pioenroos (de)	peônia (f)	[pi'onia]
viooltje (het)	violeta (f)	[vjo'leta]

driekleurig viooltje (het)	amor-perfeito (m)	[a'mor per'fejtu]
vergeet-mij-nietje (het)	não-me-esqueças (m)	['nãw mi is'kesas]
madeliefje (het)	margarida (f)	[marga'rida]
papaver (de)	papoula (f)	[pa'pola]
hennep (de)	cânhamo (m)	['kaɲamu]

munt (de)	hortelã, menta (f)	[orte'lã], ['mẽta]
lelietje-van-dalen (het)	lírio-do-vale (m)	['lirju du 'vali]
sneeuwklokje (het)	campânula-branca (f)	[kã'panula-'brãka]
brandnetel (de)	urtiga (f)	[ur'tʃiga]
veldzuring (de)	azedinha (f)	[aze'dʒinha]
waterlelie (de)	nenúfar (m)	[ne'nufar]
varen (de)	samambaia (f)	[samã'baja]
korstmos (het)	líquen (m)	['likẽ]
oranjerie (de)	estufa (f)	[is'tufa]
gazon (het)	gramado (m)	[gra'madu]
bloemperk (het)	canteiro (m) de flores	[kã'tejru de 'floris]
plant (de)	planta (f)	['plãta]
gras (het)	grama (f)	['grama]
grasspriet (de)	folha (f) de grama	['foʎa de 'grama]
blad (het)	folha (f)	['foʎa]
bloemblad (het)	pétala (f)	['pɛtala]
stengel (de)	talo (m)	['talu]
knol (de)	tubérculo (m)	[tu'berkulu]
scheut (de)	broto, rebento (m)	['brotu], [he'bẽtu]
doorn (de)	espinho (m)	[is'piɲu]
bloeien (ww)	florescer (vi)	[flore'ser]
verwelken (ww)	murchar (vi)	[mur'ʃar]
geur (de)	cheiro (m)	['ʃejru]
snijden (bijv. bloemen ~)	cortar (vt)	[kor'tar]
plukken (bloemen ~)	colher (vt)	[ko'ʎer]

191. Granen, graankorrels

graan (het)	grão (m)	['grãw]
graangewassen (mv.)	cereais (m pl)	[se'rjajs]
aar (de)	espiga (f)	[is'piga]
tarwe (de)	trigo (m)	['trigu]
rogge (de)	centeio (m)	[sẽ'teju]
haver (de)	aveia (f)	[a'veja]
gierst (de)	painço (m)	[pa'ĩsu]
gerst (de)	cevada (f)	[se'vada]
maïs (de)	milho (m)	['miʎu]
rijst (de)	arroz (m)	[a'hoz]
boekweit (de)	trigo-sarraceno (m)	['trigu-saha'sẽnu]
erwt (de)	ervilha (f)	[er'viʎa]
nierboon (de)	feijão (m) roxo	[fej'ʒãw 'hoʃu]
soja (de)	soja (f)	['sɔʒa]
linze (de)	lentilha (f)	[lẽ'tʃiʎa]
bonen (mv.)	feijão (m)	[fej'ʒãw]

REGIONALE AARDRIJKSKUNDE

192. Politiek. Overheid. Deel 1

politiek (de)	política (f)	[po'litʃika]
politiek (bn)	político	[po'litʃiku]
politicus (de)	político (m)	[po'litʃiku]
staat (land)	estado (m)	[i'stadu]
burger (de)	cidadão (m)	[sida'dãw]
staatsburgerschap (het)	cidadania (f)	[sidada'nia]
nationaal wapen (het)	brasão (m) de armas	[bra'zãw de 'armas]
volkslied (het)	hino (m) nacional	['inu nasjo'naw]
regering (de)	governo (m)	[go'vernu]
staatshoofd (het)	Chefe (m) de Estado	['ʃɛfi de i'stadu]
parlement (het)	parlamento (m)	[parla'mẽtu]
partij (de)	partido (m)	[par'tʃidu]
kapitalisme (het)	capitalismo (m)	[kapita'lizmu]
kapitalistisch (bn)	capitalista	[kapita'lista]
socialisme (het)	socialismo (m)	[sosja'lizmu]
socialistisch (bn)	socialista	[sosja'lista]
communisme (het)	comunismo (m)	[komu'nizmu]
communistisch (bn)	comunista	[komu'nista]
communist (de)	comunista (m)	[komu'nista]
democratie (de)	democracia (f)	[demokra'sia]
democraat (de)	democrata (m)	[demo'krata]
democratisch (bn)	democrático	[demo'kratʃiku]
democratische partij (de)	Partido (m) Democrático	[par'tʃidu demo'kratʃiku]
liberaal (de)	liberal (m)	[libe'raw]
liberaal (bn)	liberal	[libe'raw]
conservator (de)	conservador (m)	[kõserva'dor]
conservatief (bn)	conservador	[kõserva'dor]
republiek (de)	república (f)	[he'publika]
republikein (de)	republicano (m)	hepubli'kanu]
Republikeinse Partij (de)	Partido (m) Republicano	[par'tʃidu hepubli'kanu]
verkiezing (de)	eleições (f pl)	[elej'sõjs]
kiezen (ww)	eleger (vt)	[ele'ʒer]
kiezer (de)	eleitor (m)	[elej'tor]
verkiezingscampagne (de)	campanha (f) eleitoral	[kã'paɲa elejto'raw]
stemming (de)	votação (f)	[vota'sãw]

stemmen (ww)	**votar** (vi)	[vo'tar]
stemrecht (het)	**sufrágio** (m)	[su'fraʒu]
kandidaat (de)	**candidato** (m)	[kãdʒi'datu]
zich kandideren	**candidatar-se** (vi)	[kãdʒida'tarsi]
campagne (de)	**campanha** (f)	[kã'paɲa]
oppositie- (abn)	**da oposição**	[da opozi'sãw]
oppositie (de)	**oposição** (f)	[opozi'sãw]
bezoek (het)	**visita** (f)	[vi'zita]
officieel bezoek (het)	**visita** (f) **oficial**	[vi'zita ofi'sjaw]
internationaal (bn)	**internacional**	[ĩternasjo'naw]
onderhandelingen (mv.)	**negociações** (f pl)	[negosja'sõjs]
onderhandelen (ww)	**negociar** (vi)	[nego'sjar]

193. Politiek. Overheid. Deel 2

maatschappij (de)	**sociedade** (f)	[sosje'dadʒi]
grondwet (de)	**constituição** (f)	[kõstʃitwi'sãw]
macht (politieke ~)	**poder** (m)	[po'der]
corruptie (de)	**corrupção** (f)	[kohup'sãw]
wet (de)	**lei** (f)	[lej]
wettelijk (bn)	**legal**	[le'gaw]
rechtvaardigheid (de)	**justeza** (f)	[ʒus'teza]
rechtvaardig (bn)	**justo**	['ʒustu]
comité (het)	**comitê** (m)	[komi'te]
wetsvoorstel (het)	**projeto-lei** (m)	[pro'ʒɛtu-'lej]
begroting (de)	**orçamento** (m)	[orsa'mẽtu]
beleid (het)	**política** (f)	[po'litʃika]
hervorming (de)	**reforma** (f)	[he'fɔrma]
radicaal (bn)	**radical**	[hadʒi'kaw]
macht (vermogen)	**força** (f)	['fɔrsa]
machtig (bn)	**poderoso**	[pode'rozu]
aanhanger (de)	**partidário** (m)	[partʃi'darju]
invloed (de)	**influência** (f)	[ĩ'flwẽsja]
regime (het)	**regime** (m)	[he'ʒimi]
conflict (het)	**conflito** (m)	[kõ'flitu]
samenzwering (de)	**conspiração** (f)	[kõspira'sãw]
provocatie (de)	**provocação** (f)	[provoka'sãw]
omverwerpen (ww)	**derrubar** (vt)	[dehu'bar]
omverwerping (de)	**derrube** (m), **queda** (f)	[de'rube], ['kɛda]
revolutie (de)	**revolução** (f)	[hevolu'sãw]
staatsgreep (de)	**golpe** (m) **de Estado**	['gɔwpi de i'stadu]
militaire coup (de)	**golpe** (m) **militar**	['gɔwpi mili'tar]
crisis (de)	**crise** (f)	['krizi]

economische recessie (de)	recessão (f) econômica	[hesep'sãw eko'nomika]
betoger (de)	manifestante (m)	[manifes'tãtʃi]
betoging (de)	manifestação (f)	[manifesta'sãw]
krijgswet (de)	lei (f) marcial	[lej mar'sjaw]
militaire basis (de)	base (f) militar	['bazi mili'tar]
stabiliteit (de)	estabilidade (f)	[istabili'dadʒi]
stabiel (bn)	estável	[is'tavew]
uitbuiting (de)	exploração (f)	[isplora'sãw]
uitbuiten (ww)	explorar (vt)	[isplo'rar]
racisme (het)	racismo (m)	[ha'sizmu]
racist (de)	racista (m)	[ha'sista]
fascisme (het)	fascismo (m)	[fa'sizmu]
fascist (de)	fascista (m)	[fa'sista]

194. Landen. Diversen

vreemdeling (de)	estrangeiro (m)	[istrã'ʒejru]
buitenlands (bn)	estrangeiro	[istrã'ʒejru]
in het buitenland (bw)	no estrangeiro	[no istrã'ʒejru]
emigrant (de)	emigrante (m)	[emi'grãtʃi]
emigratie (de)	emigração (f)	[emigra'sãw]
emigreren (ww)	emigrar (vi)	[emi'grar]
Westen (het)	Ocidente (m)	[osi'dẽtʃi]
Oosten (het)	Oriente (m)	[o'rjẽtʃi]
Verre Oosten (het)	Extremo Oriente (m)	[is'trɛmu o'rjẽtʃi]
beschaving (de)	civilização (f)	[siviliza'sãw]
mensheid (de)	humanidade (f)	[umani'dadʒi]
wereld (de)	mundo (m)	['mũdu]
vrede (de)	paz (f)	[pajz]
wereld- (abn)	mundial	[mũ'dʒjaw]
vaderland (het)	pátria (f)	['patrja]
volk (het)	povo (m)	['povu]
bevolking (de)	população (f)	[popula'sãw]
mensen (mv.)	gente (f)	['ʒẽtʃi]
natie (de)	nação (f)	[na'sãw]
generatie (de)	geração (f)	[ʒera'sãw]
gebied (bijv. bezette ~en)	território (m)	[tehi'tɔrju]
regio, streek (de)	região (f)	[he'ʒjãw]
deelstaat (de)	estado (m)	[i'stadu]
traditie (de)	tradição (f)	[tradʒi'sãw]
gewoonte (de)	costume (m)	[kos'tumi]
ecologie (de)	ecologia (f)	[ekolo'ʒia]
Indiaan (de)	índio (m)	['ĩdʒju]
zigeuner (de)	cigano (m)	[si'ganu]

zigeunerin (de)	cigana (f)	[si'gana]
zigeuner- (abn)	cigano	[si'ganu]

rijk (het)	império (m)	[ĩ'pɛrju]
kolonie (de)	colônia (f)	[ko'lonja]
slavernij (de)	escravidão (f)	[iskravi'dãw]
invasie (de)	invasão (f)	[ĩva'zãw]
hongersnood (de)	fome (f)	['fɔmi]

195. Grote religieuze groepen. Bekentenissen

religie (de)	religião (f)	[heli'ʒãw]
religieus (bn)	religioso	[heli'ʒozu]

geloof (het)	crença (f)	['krẽsa]
geloven (ww)	crer (vt)	[krer]
gelovige (de)	crente (m)	['krẽtʃi]

atheïsme (het)	ateísmo (m)	[ate'izmu]
atheïst (de)	ateu (m)	[a'tew]

christendom (het)	cristianismo (m)	[kristʃja'nizmu]
christen (de)	cristão (m)	[kris'tãw]
christelijk (bn)	cristão	[kris'tãw]

katholicisme (het)	catolicismo (m)	[katoli'sizmu]
katholiek (de)	católico (m)	[ka'tɔliku]
katholiek (bn)	católico	[ka'tɔliku]

protestantisme (het)	protestantismo (m)	[protestã'tʃizmu]
Protestante Kerk (de)	Igreja (f) Protestante	[i'greʒa protes'tãtʃi]
protestant (de)	protestante (m)	[protes'tãtʃi]

orthodoxie (de)	ortodoxia (f)	[ortodok'sia]
Orthodoxe Kerk (de)	Igreja (f) Ortodoxa	[i'greʒa orto'dɔksa]
orthodox	ortodoxo (m)	[orto'dɔksu]

presbyterianisme (het)	presbiterianismo (m)	[prezbiterja'nizmu]
Presbyteriaanse Kerk (de)	Igreja (f) Presbiteriana	[i'greʒa prezbite'rjana]
presbyteriaan (de)	presbiteriano (m)	[prezbite'rjanu]

lutheranisme (het)	luteranismo (m)	[lutera'nizmu]
lutheraan (de)	luterano (m)	[lute'ranu]

baptisme (het)	Igreja (f) Batista	[i'greʒa ba'tʃista]
baptist (de)	batista (m)	[ba'tʃista]

Anglicaanse Kerk (de)	Igreja (f) Anglicana	[i'greʒa ãgli'kana]
anglicaan (de)	anglicano (m)	[ãgli'kanu]
mormonisme (het)	mormonismo (m)	[mormo'nizmu]
mormoon (de)	mórmon (m)	['mɔrmõ]
Jodendom (het)	Judaísmo (m)	[ʒuda'izmu]
jood (aanhanger van het Jodendom)	judeu (m)	[ʒu'dew]

boeddhisme (het)	**budismo** (m)	[bu'dʒizmu]
boeddhist (de)	**budista** (m)	[bu'dʒista]
hindoeïsme (het)	**hinduísmo** (m)	[ĩ'dwizmu]
hindoe (de)	**hindu** (m)	[ĩ'du]
islam (de)	**Islã** (m)	[iz'lã]
islamiet (de)	**muçulmano** (m)	[musuw'manu]
islamitisch (bn)	**muçulmano**	[musuw'manu]
sjiisme (het)	**xiismo** (m)	[ʃi'iʒmu]
sjiiet (de)	**xiita** (m)	[ʃi'ita]
soennisme (het)	**sunismo** (m)	[su'nismu]
soenniet (de)	**sunita** (m)	[su'nita]

196. Religies. Priesters

priester (de)	**padre** (m)	['padri]
paus (de)	**Papa** (m)	['papa]
monnik (de)	**monge** (m)	['mõʒi]
non (de)	**freira** (f)	['frejra]
pastoor (de)	**pastor** (m)	[pas'tor]
abt (de)	**abade** (m)	[a'badʒi]
vicaris (de)	**vigário** (m)	[vi'garju]
bisschop (de)	**bispo** (m)	['bispu]
kardinaal (de)	**cardeal** (m)	[kar'dʒjaw]
predikant (de)	**pregador** (m)	[prega'dor]
preek (de)	**sermão** (m)	[ser'mãw]
kerkgangers (mv.)	**paroquianos** (pl)	[paro'kjanus]
gelovige (de)	**crente** (m)	['krẽtʃi]
atheïst (de)	**ateu** (m)	[a'tew]

197. Geloof. Christendom. Islam

Adam	**Adão**	[a'dãw]
Eva	**Eva**	['ɛva]
God (de)	**Deus** (m)	['dews]
Heer (de)	**Senhor** (m)	[se'ɲor]
Almachtige (de)	**Todo Poderoso** (m)	['todu pode'rozu]
zonde (de)	**pecado** (m)	[pe'kadu]
zondigen (ww)	**pecar** (vi)	[pe'kar]
zondaar (de)	**pecador** (m)	[peka'dor]
zondares (de)	**pecadora** (f)	[peka'dora]
hel (de)	**inferno** (m)	[ĩ'fɛrnu]
paradijs (het)	**paraíso** (m)	[para'izu]

| Jezus | **Jesus** | [ʒe'zus] |
| Jezus Christus | **Jesus Cristo** | [ʒe'zus 'kristu] |

Heilige Geest (de)	**Espírito** (m) **Santo**	[is'piritu 'sãtu]
Verlosser (de)	**Salvador** (m)	[sawva'dor]
Maagd Maria (de)	**Virgem Maria** (f)	['virʒẽ ma'ria]

duivel (de)	**Diabo** (m)	['dʒjabu]
duivels (bn)	**diabólico**	[dʒja'bɔliku]
Satan	**Satanás** (m)	[sata'nas]
satanisch (bn)	**satânico**	[sa'taniku]

engel (de)	**anjo** (m)	['ãʒu]
beschermengel (de)	**anjo** (m) **da guarda**	['ãʒu da 'gwarda]
engelachtig (bn)	**angelical**	[ãʒeli'kaw]

apostel (de)	**apóstolo** (m)	[a'pɔstolu]
aartsengel (de)	**arcanjo** (m)	[ar'kãʒu]
antichrist (de)	**anticristo** (m)	[ãtʃi'kristu]

Kerk (de)	**Igreja** (f)	[i'greʒa]
bijbel (de)	**Bíblia** (f)	['biblja]
bijbels (bn)	**bíblico**	['bibliku]

Oude Testament (het)	**Velho Testamento** (m)	['vɛʎu testa'mẽtu]
Nieuwe Testament (het)	**Novo Testamento** (m)	['novu testa'mẽtu]
evangelie (het)	**Evangelho** (m)	[evã'ʒɛʎu]
Heilige Schrift (de)	**Sagradas Escrituras** (f pl)	[sa'gradas iskri'turas]
Hemel, Hemelrijk (de)	**Céu** (m)	[sɛw]

gebod (het)	**mandamento** (m)	[mãda'mẽtu]
profeet (de)	**profeta** (m)	[pro'fɛta]
profetie (de)	**profecia** (f)	[profe'sia]

Allah	**Alá** (m)	[a'la]
Mohammed	**Maomé** (m)	[mao'mɛ]
Koran (de)	**Alcorão** (m)	[awko'rãw]

moskee (de)	**mesquita** (f)	[mes'kita]
moellah (de)	**mulá** (m)	[mu'la]
gebed (het)	**oração** (f)	[ora'sãw]
bidden (ww)	**rezar, orar** (vi)	[he'zar], [o'rar]

pelgrimstocht (de)	**peregrinação** (f)	[peregrina'sãw]
pelgrim (de)	**peregrino** (m)	[pere'grinu]
Mekka	**Meca** (f)	['mɛka]

kerk (de)	**igreja** (f)	[i'greʒa]
tempel (de)	**templo** (m)	['tẽplu]
kathedraal (de)	**catedral** (f)	[kate'draw]
gotisch (bn)	**gótico**	['gɔtʃiku]
synagoge (de)	**sinagoga** (f)	[sina'gɔga]
moskee (de)	**mesquita** (f)	[mes'kita]

| kapel (de) | **capela** (f) | [ka'pɛla] |
| abdij (de) | **abadia** (f) | [aba'dʒia] |

nonnenklooster (het)	convento (m)	[kõ'vẽtu]
mannenklooster (het)	mosteiro, monastério (m)	[mos'tejru], [monas'tɛrju]
klok (de)	sino (m)	['sinu]
klokkentoren (de)	campanário (m)	[kãpa'narju]
luiden (klokken)	repicar (vi)	[hepi'kar]
kruis (het)	cruz (f)	[kruz]
koepel (de)	cúpula (f)	['kupula]
icoon (de)	ícone (m)	['ikoni]
ziel (de)	alma (f)	['awma]
lot, noodlot (het)	destino (m)	[des'tʃinu]
kwaad (het)	mal (m)	[maw]
goed (het)	bem (m)	[bẽj]
vampier (de)	vampiro (m)	[vã'piru]
heks (de)	bruxa (f)	['bruʃa]
demoon (de)	demônio (m)	[de'monju]
geest (de)	espírito (m)	[is'piritu]
verzoeningsleer (de)	redenção (f)	[hedẽ'sãw]
vrijkopen (ww)	redimir (vt)	[hedʒi'mir]
mis (de)	missa (f)	['misa]
de mis opdragen	celebrar a missa	[sele'brar a 'misa]
biecht (de)	confissão (f)	[kõfi'sãw]
biechten (ww)	confessar-se (vr)	[kõfe'sarsi]
heilige (de)	santo (m)	['sãtu]
heilig (bn)	sagrado	[sa'gradu]
wijwater (het)	água (f) benta	['agwa 'bẽta]
ritueel (het)	ritual (m)	[hi'twaw]
ritueel (bn)	ritual	[hi'twaw]
offerande (de)	sacrifício (m)	[sakri'fisju]
bijgeloof (het)	superstição (f)	[superstʃi'sãw]
bijgelovig (bn)	supersticioso	[superstʃi'sjozu]
hiernamaals (het)	vida (f) após a morte	['vida a'pɔjs a 'mortʃi]
eeuwige leven (het)	vida (f) eterna	['vida e'terna]

DIVERSEN

198. Diverse nuttige woorden

achtergrond (de)	fundo (m)	['fũdu]
balans (de)	equilíbrio (m)	[eki'librju]
basis (de)	base (f)	['bazi]
begin (het)	começo, início (m)	[ko'mesu], [i'nisju]
beurt (wie is aan de ~?)	vez (f)	[vez]
categorie (de)	categoria (f)	[katego'ria]
comfortabel (~ bed, enz.)	cômodo	['komodu]
compensatie (de)	compensação (f)	[kõpẽsa'sãw]
deel (gedeelte)	parte (f)	['partʃi]
deeltje (het)	partícula (f)	[par'tʃikula]
ding (object, voorwerp)	coisa (f)	['kojza]
dringend (bn, urgent)	urgente	[ur'ʒẽtʃi]
dringend (bw, met spoed)	urgentemente	[urʒẽte'mẽtʃi]
effect (het)	efeito (m)	[e'fejtu]
eigenschap (kwaliteit)	propriedade (f)	[proprje'dadʒi]
einde (het)	fim (m)	[fĩ]
element (het)	elemento (m)	[ele'mẽtu]
feit (het)	fato (m)	['fatu]
fout (de)	erro (m)	['ehu]
geheim (het)	segredo (m)	[se'gredu]
graad (mate)	grau (m)	[graw]
groei (ontwikkeling)	crescimento (m)	[kresi'mẽtu]
hindernis (de)	barreira (f)	[ba'hejra]
hinderpaal (de)	obstáculo (m)	[ob'stakulu]
hulp (de)	ajuda (f)	[a'ʒuda]
ideaal (het)	ideal (m)	[ide'jaw]
inspanning (de)	esforço (m)	[is'forsu]
keuze (een grote ~)	variedade (f)	[varje'dadʒi]
labyrint (het)	labirinto (m)	[labi'rĩtu]
manier (de)	modo (m)	['mɔdu]
moment (het)	momento (m)	[mo'mẽtu]
nut (bruikbaarheid)	utilidade (f)	[utʃili'dadʒi]
onderscheid (het)	diferença (f)	[dʒife'rẽsa]
ontwikkeling (de)	desenvolvimento (m)	[dʒizẽvowvi'mẽtu]
oplossing (de)	solução (f)	[solu'sãw]
origineel (het)	original (m)	[oriʒi'naw]
pauze (de)	pausa (f)	['pawza]
positie (de)	posição (f)	[pozi'sãw]
principe (het)	princípio (m)	[prĩ'sipju]

probleem (het)	problema (m)	[prob'lɛma]
proces (het)	processo (m)	[pru'sɛsu]
reactie (de)	reação (f)	[hea'sãw]

reden (om ~ van)	causa (f)	['kawza]
risico (het)	risco (m)	['hisku]
samenvallen (het)	coincidência (f)	[koïsi'dẽsja]
serie (de)	série (f)	['sɛri]

situatie (de)	situação (f)	[sitwa'sãw]
soort (bijv. ~ sport)	tipo (m)	['tʃipu]
standaard (bn)	padrão	[pa'drãw]
standaard (de)	padrão (m)	[pa'drãw]
stijl (de)	estilo (m)	[is'tʃilu]

stop (korte onderbreking)	paragem (f)	[pa'raʒẽ]
systeem (het)	sistema (m)	[sis'tɛma]
tabel (bijv. ~ van Mendelejev)	tabela (f)	[ta'bɛla]
tempo (langzaam ~)	ritmo (m)	['hitʃmu]
term (medische ~en)	termo (m)	['termu]

type (soort)	tipo (m)	['tʃipu]
variant (de)	variante (f)	[va'rjãtʃi]
veelvuldig (bn)	frequente	[fre'kwẽtʃi]
vergelijking (de)	comparação (f)	[kõpara'sãw]
voorbeeld (het goede ~)	exemplo (m)	[e'zẽplu]

voortgang (de)	progresso (m)	[pro'grɛsu]
voorwerp (ding)	objeto (m)	[ɔb'ʒɛtu]
vorm (uiterlijke ~)	forma (f)	['fɔrma]
waarheid (de)	verdade (f)	[ver'dadʒi]
zone (de)	zona (f)	['zɔna]

www.ingramcontent.com/pod-product-compliance
Lightning Source LLC
La Vergne TN
LVHW051308080426
835509LV00020B/3166